御嶽海の番付と成績（新入幕以降）

2015 年		
新入幕 九州場所	西前頭 11 枚目	8勝7敗
2016 年		
初場所	西前頭 10 枚目	5勝8敗2休
春場所	西前頭 13 枚目	10 勝5敗
夏場所	西前頭8枚目	11 勝4敗 敢闘賞
名古屋場所	東前頭筆頭	5勝 10 敗
秋場所	西前頭5枚目	10 勝5敗
新三役 九州場所	東小結	6勝9敗
2017 年		
初場所	西前頭筆頭	11 勝4敗 技能賞
春場所	東小結	9勝6敗
夏場所	東小結	8勝7敗 殊勲賞
新関脇 名古屋場所	西関脇	9勝6敗 殊勲賞
秋場所	東関脇	8勝7敗
九州場所	東関脇	9勝6敗
2018 年		
初場所	東関脇	8勝7敗
春場所	東関脇	7勝8敗
夏場所	東小結	9勝6敗
名古屋場所	西関脇	13 勝2敗 優勝 殊勲賞 技能賞
秋場所	東関脇	9勝6敗
九州場所	東関脇	7勝8敗

祝！優勝

入門から3年半で抱いた初賜杯

2018年名古屋場所で長野県出身力士としても初の幕内優勝を果たし、日本相撲協会の八角理事長（右）から天皇賜杯を受け取る御嶽海。初日から連勝街道を走り、14日目に優勝が決定。3横綱1大関が休場した名古屋場所の主役を奪った

平成最後の名古屋場所は3横綱、新大関が順に休場。「初日の時点では優勝できるとは思っていなかった」と言うのも、不思議ではない。初日からの連勝を伸ばす中、25歳は優勝の重圧を初めて感じた。「なかなか経験できないことをできて良かった」。最後まで前に出る相撲を取り、絶好機に栄冠をつかんだ。

小学1年で相撲を始め、福島中（現木曽町中）から木曽青峰高を経て東洋大へ。学生横綱、アマチュア横綱のタイトルを取った。社会人の強豪、和歌山県庁への就職が決まっていたが、日大出身の遠藤のスピード出世にも刺激され、角界入りを決意。当時、関取が不在だった出羽海部屋から再興に力を貸してほしいと誘われ、応じた。

入門から約3年半で優勝。「自分は早いかなと思ったけれど、もっと早く優勝した人もいるみたいなので」。初土俵から21場所目は、年6場所制となった１９５８年以降で幕下付け出しを含め3番目の速さ。三役11場所目の来場所は大関とりの可能性が出ており、「ここまで順調」と手応えを示す。

出羽海部屋では１９８０年の横綱三重ノ海以来、38年ぶりの優勝。ただ一人の関取として責任を果たし、「久しぶりなのは、頭に入っていた。部屋の皆さんにはお世話になりっぱなし」と感謝する。全国の後援者からは数百件の祝福メッセージや電話が相次いだ。

テレビ中継のインタビューでは感極まった。「涙は出ちゃったね、自然と。出さないって言っていたのに」と照れくさそうに話した。

殊勲、技能のダブル受賞が決まった三賞選考委員会。日本相撲協会審判部長の阿武松親方（元関脇益荒雄）が「優勝と、素晴らしい相撲を取り続けた。独特の反応の早さ、四つ身のうまさがある。膝がしっかりと曲がって、相手を追っていく時の体の寄せ方にはうなるものがある」と評価

敢闘賞の豊山（左）、朝乃山（右）とともに。御嶽海は殊勲賞が3度目、技能賞が2度目

優勝を決めた14日目、愛知県犬山市の出羽海部屋宿舎前で、師匠の出羽海親方とがっちり握手を交わす御嶽海

出羽海部屋の名古屋場所千秋楽パーティーで、師匠の出羽海親方（右）らから優勝の祝杯を受ける

次世代を担う　平成生まれの力士たち

御嶽海とライバルたちの過去の対戦成績一覧（2018 九州場所まで）

北勝富士　7戦5勝2敗

埼玉県出身、八角部屋　1992（平成4）年7月15日生まれ

場所	御嶽海番付	御嶽海勝敗	決まり手	相手番付
17 初場所 14 日目	西前頭筆頭	○	押し出し	東前頭８枚目
17 名古屋場所２日目	西関脇	○	押し出し	西前頭２枚目
17 秋場所８日目	東関脇	●	寄り切り	東前頭２枚目
17 九州場所２日目	東関脇	●	押し出し	西前頭３枚目
18 初場所６日目	東関脇	○	押し出し	東前頭筆頭
18 春場所 13 日目	東関脇	○	はたき込み	西前頭６枚目
18 九州場所６日目	東関脇	○	押し出し	西前頭筆頭

貴景勝　8戦5勝3敗

兵庫県出身、千賀ノ浦部屋　1996（平成８）年８月５日生まれ

場所	御嶽海番付	御嶽海勝敗	決まり手	相手番付
17 名古屋場所８日目	西関脇	●	押し倒し	西前頭筆頭
17 秋場所９日目	東関脇	○	引き落とし	西前頭５枚目
17 九州場所８日目	東関脇	●	押し出し	西前頭筆頭
18 初場所４日目	東関脇	○	引き落とし	東小結
18 春場所６日目	東関脇	●	押し出し	西前頭３枚目
18 名古屋場所３日目	西関脇	○	送り倒し	西前頭３枚目
18 秋場所７日目	東関脇	○	突き落とし	西小結
18 九州場所７日目	東関脇	○	はたき込み	東小結

阿武咲　5戦4勝1敗

青森県出身、阿武松部屋　1996（平成８）年７月４日生まれ

場所	御嶽海番付	御嶽海勝敗	決まり手	相手番付
15 秋場所 12 日目	西十両５枚目	○	引き落とし	東十両９枚目
17 名古屋場所千秋楽	西関脇	○	押し出し	西前頭６枚目
17 秋場所初日	東関脇	●	はたき込み	東前頭３枚目
17 九州場所６日目	東関脇	○	はたき込み	西小結
18 初場所３日目	東関脇	○	突き落とし	西小結

豊山　2戦1勝1敗

新潟県出身、時津風部屋　1993年（平成５）年９月22日生まれ

場所	御嶽海番付	御嶽海勝敗	決まり手	相手番付
18 夏場所９日目	東小結	○	押し出し	西前頭３枚目
18 名古屋場所千秋楽	西関脇	●	掛け投げ	西前頭９枚目

朝乃山　対戦なし

富山県出身、高砂部屋　1994（平成６）年３月１日生まれ

高安　15戦5勝10敗

茨城県出身、田子ノ浦部屋　1990（平成２）年２月28日生まれ

場所	御嶽海番付	御嶽海勝敗	決まり手	相手番付
15 九州場所２日目	西前頭11枚目	○	押し出し	西前頭12枚目
16 初場所４日目	西前頭10枚目	●	寄り切り	西前頭８枚目
16 夏場所５日目	西前頭８枚目	●	突き落とし	西前頭５枚目
16 秋場所13日目	西前頭５枚目	○	押し倒し	東関脇
16 九州場所３日目	東小結	●	首投げ	東関脇
17 初場所８日目	西前頭筆頭	○	寄り切り	東小結
17 春場所４日目	東小結	●	寄り切り	西関脇
17 夏場所４日目	東小結	●	首投げ	西関脇
17 名古屋場所４日目	西関脇	●	突き出し	東大関
17 九州場所９日目	東関脇	●	はたき込み	西大関
18 初場所千秋楽	東関脇	●	上手投げ	西大関
18 春場所14日目	東関脇	●	突き落とし	東大関
18 名古屋場所12日目	西関脇	●	突き落とし	西大関
18 秋場所 14 日目	東関脇	○	突き落とし	西大関
18 九州場所千秋楽	東関脇	○	すくい投げ	西大関

正代　16戦7勝9敗

熊本県出身、時津風部屋　1991（平成３）年11月５日生まれ

場所	御嶽海番付	御嶽海勝敗	決まり手	相手番付
15 夏場所初日	東幕下３枚目	●	下手投げ	西幕下２枚目
15 秋場所10日目	西十両５枚目	●	寄り倒し	西十両12枚目
16 初場所５日目	西前頭10枚目	●	寄り切り	西前頭12枚目
16 春場所千秋楽	西前頭13枚目	○	寄り切り	西前頭６枚目
16 名古屋場所10日目	東前頭筆頭	●	寄り切り	東前頭５枚目
17 初場所10日目	西前頭筆頭	○	寄り倒し	西関脇
17 春場所９日目	東小結	○	寄り切り	西小結
17 夏場所千秋楽	東小結	●	寄り切り	西前頭５枚目
17 名古屋場所10日目	西関脇	○	下手出し投げ	東前頭筆頭
17 秋場所12日目	東関脇	○	はたき込み	東前頭５枚目
18 初場所11日目	東関脇	●	押し出し	東前頭４枚目
18 春場所12日目	東関脇	●	下手投げ	西前頭４枚目
18 夏場所14日目	東小結	●	すくい投げ	西前頭４枚目
18 名古屋場所６日目	西関脇	○	押し出し	東前頭筆頭
18 秋場所初日	東関脇	○	押し出し	東前頭３枚目
18 九州場所10日目	東関脇	●	押し出し	東前頭４枚目

御嶽海 これまでの軌跡

御嶽海久司（みたけうみ・ひさし）
本名　大道久司（おおみち・ひさし）
長野県木曽郡上松町出身

1992年12月25日誕生。上松小1年だった99年、木曽福島少年相撲クラブで相撲を始める。福島（現木曽町）中、木曽青峰高を経て東洋大に進学。学生横綱、アマチュア横綱となり、幕下10枚目格付け出しで2015年3月の春場所で初土俵を踏んだ。同7月の名古屋場所で新十両優勝、同11月の九州場所で新入幕。16年11月の九州場所で新三役の小結、17年7月の名古屋場所で新関脇、18年7月の名古屋場所で初優勝。得意技は突き、押し。通算成績は18年11月の九州場所時点で、197勝130敗2休（幕内162勝121敗2休）。幕内優勝1回、殊勲賞3回、技能賞2回、敢闘賞1回、金星2個。180センチ、170キロ。

2018年名古屋場所14日目、初優勝を果たし、感極まった表情で観客の歓声にこたえる

先代の出羽海親方（元関脇鷲羽山）の石田佳員さん（東京都）が御嶽海の活躍や長い伝統を持つ出羽海部屋の再興への思いなどを、また元幕内大鷲の伊藤平さん（佐久市）が、自らの引退後37年ぶりに長野県出身関取の歴史を引き継いだ御嶽海への期待や評価を語ります。

伊藤 平（いとう・ひとし）**さん**

1962（昭和37）年、若松部屋に入門し初土俵。68年に幕下で全勝優勝し、十両に昇進。72年に新入幕を果たし、75年に最高位の前頭３枚目。78年に引退。62年から通算連続出場988回。80年から出身地の佐久市でちゃんこ料理店を営む。

石田 佳員（いしだ・よしかず）**さん**

元関脇鷲羽山《わしゅうやま》。1967（昭和42）年初土俵、72年新十両、73年新入幕、76年新三役。身長174センチと小柄だが、スピード感あふれる相撲で「ちびっ子ギャング」の異名を取った。技能賞5度、敢闘賞3度、金星2個。85年に現役引退。年寄境川を経て96年に出羽海（第10代）を襲名。日本相撲協会事業部長や相撲教習所所長も歴任した。14年4月に定年退職。岡山県出身。

木曽郡上松町での少年時代

3

2

1

7

4

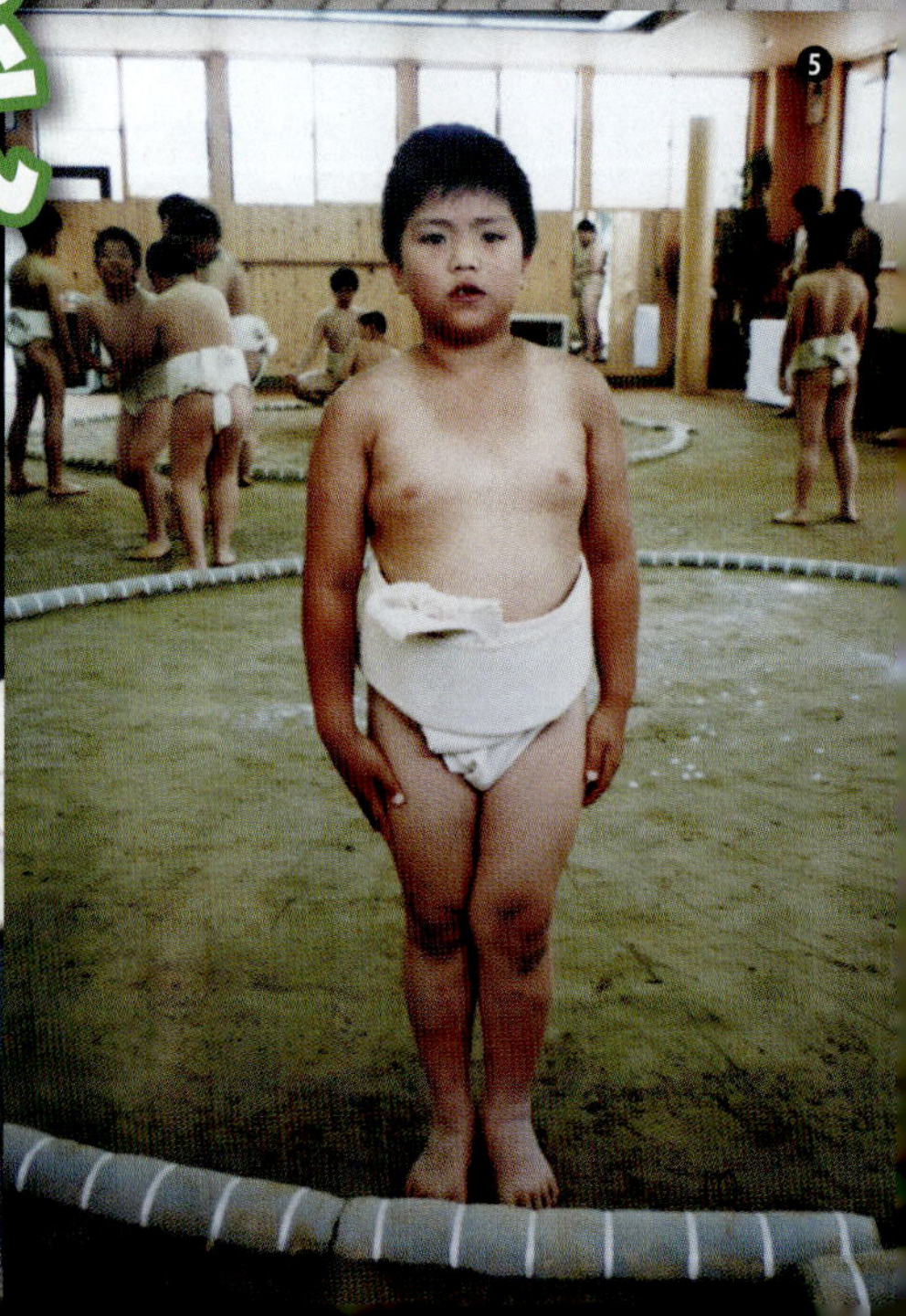
5

8

6

❶4歳の誕生日。12月25日はクリスマスと一緒に誕生日を祝う(1996年)
❷・❸相撲を始める前の保育園児のころ。上松町の赤沢自然休養林へ家族と
❹・❺上松小学校入学。1年生のとき木曽福島少年相撲クラブで相撲を始めた(1999年)
❻毎年7月に国技館で行われるわんぱく相撲全国大会にて(2002年)
❼日本小学生相撲優勝大会北信越大会の4年生以下のクラスで優勝、全国大会へ。木曽で中学生の胸を借りて練習に励む(手前左・2002年)
❽中津川わんぱく相撲秋場所、4年生のクラスで優勝(2002年)
❾福島(現木曽町)中学1年夏、学校登山で御嶽山へ(2005年)
❿中学3年秋、中山道福島宿の福島関所まつりに担ぎ手として参加(2007年)
⓫木曽青峰高校1年で大分国体相撲少年男子団体に副将として出場。決勝トーナメント1回戦で、埼玉の佐々木を寄り倒しで破る(2008年)
⓬高校2年の新潟国体では相撲少年個人決勝トーナメントで8強に進出(5位)。県選手の相撲少年入賞は団体、個人を通じて初。「初めての人になるとは思わず、光栄。恩返しが少しできた」(2009年)
⓭3年生の高校総体は坂元(鹿児島商)を豪快な上手投げで破って相撲個人8強へ。4強進出を懸けた一番で後藤(千葉・拓大紅陵)の突き押しに屈し、土俵を割った(2010年)
⓮高校最後の出場となった千葉国体。持ち味の押しを貫き、長野県勢過去最高の3位に(2010年)

⑩

⑨

⑪

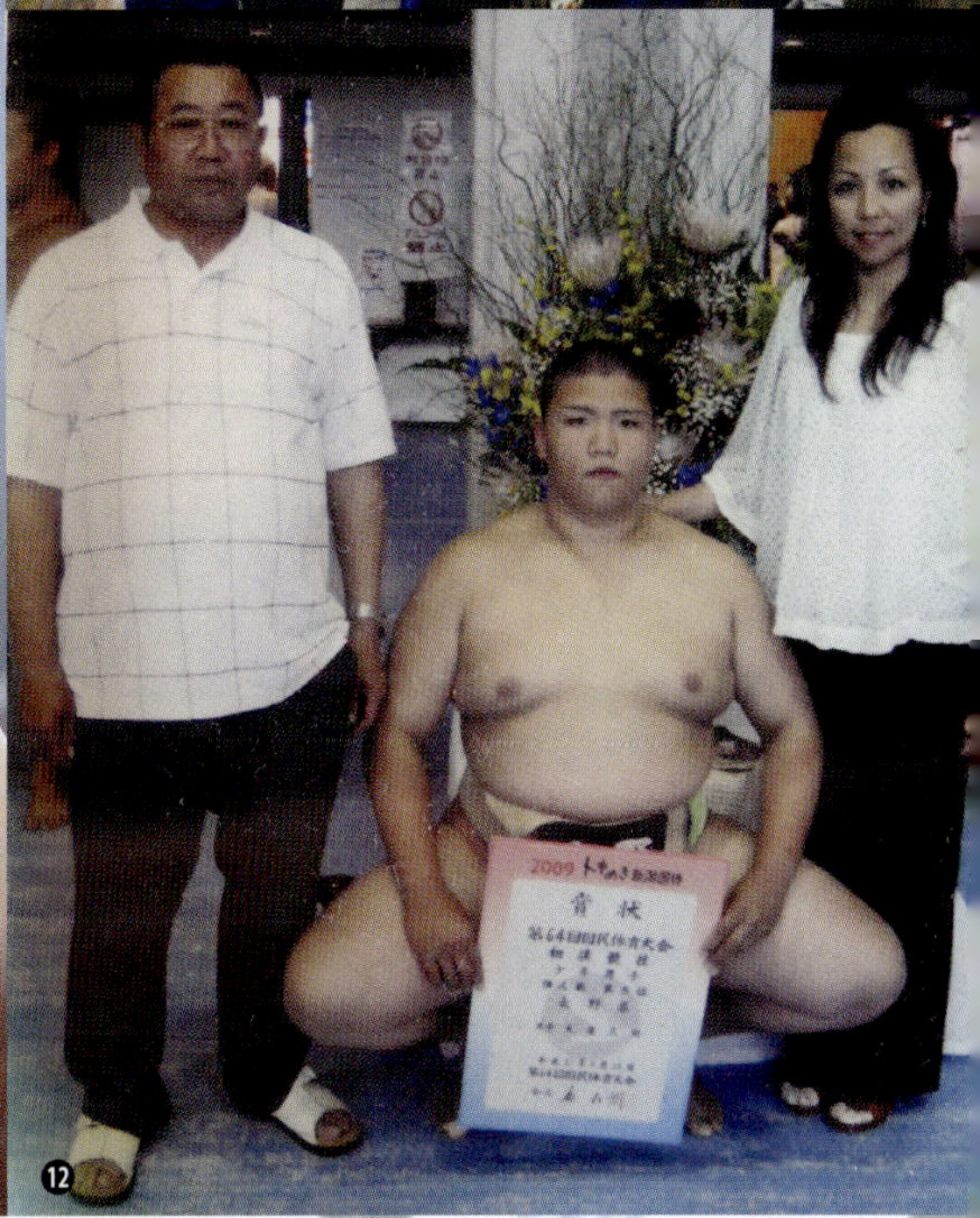
⑫

⑭

⑬

東洋大学時代

2

1

3

5

6

4

8

7

❶学生生活最後の年となる2014年、主将として相撲部を率いていた大学3年の正月にアマチュア横綱と学生横綱、国体の「3冠」を誓った（2014年1月1日）
❷台湾で開かれる世界相撲選手権に日本代表として出場。大会を前に上松町の実家に帰省、母校の木曽青峰高校で後輩たちを指導した（2014年8月20日）
❸世界選手権から帰国後、上松町役場を表敬訪問。先鋒を務めた団体戦は優勝、個人戦は重量級に出場し3位決定戦で敗れた（2014年9月12日）
❹「自分の相撲取れた」。全国学生選手権決勝で2年前の覇者、中村大輝（現北勝富士、日体大4年）を押し出して初優勝。長野県勢初の学生横綱に輝く（2014年11月8日）
❺・❻全日本相撲選手権決勝で、黒川宗一郎を押し出して初優勝。アマチュア横綱となり、土俵上で感極まった表情を見せる（2014年12月7日）
❼・❽県勢初のアマチュア横綱と学生横綱の二つのタイトルを獲得し、地元に凱旋（2014年12月10日）
❾・❿出羽海部屋への入門が決まった後、小学校1年生から高校3年まで所属した地元の木曽少年相撲クラブの新年初稽古に参加。「3月からプロとなる。みんなのことを思ってしっかり頑張っていきたい」とあいさつ（2015年1月17日）
⓫出羽海親方とともに角界入りの記者会見。東洋大にて（2015年1月27日）
⓬緊張した表情だった会見中から一転、記念撮影では大学の相撲部員たちと一緒に笑顔を見せ、部員が作る騎馬の上でガッツポーズ（2015年1月27日）
⓭県スポーツ栄誉賞を受賞後、阿部知事（左）と手の大きさを比べる（2015年1月28日）

1年目 2015春場所－2016初場所

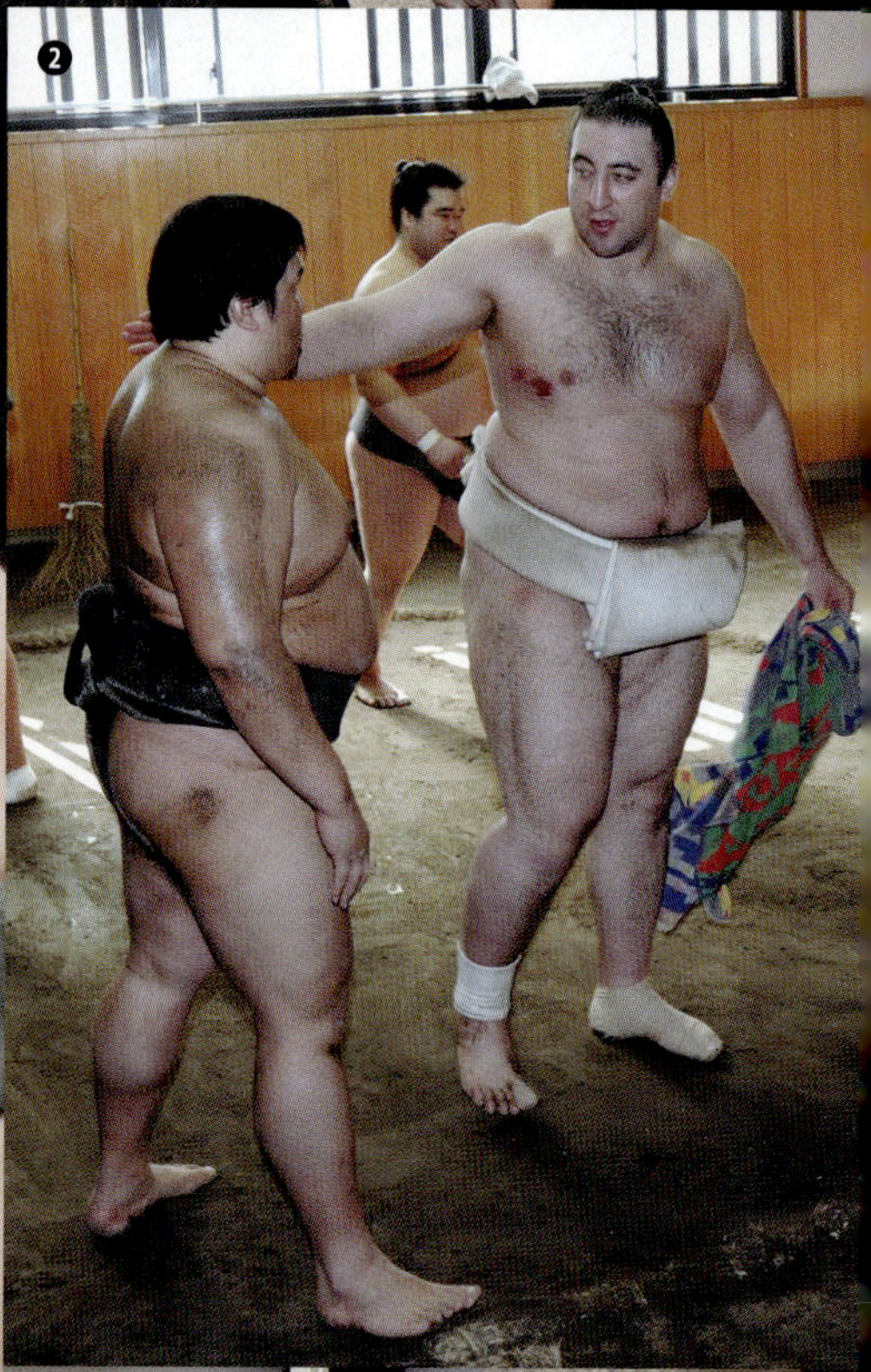

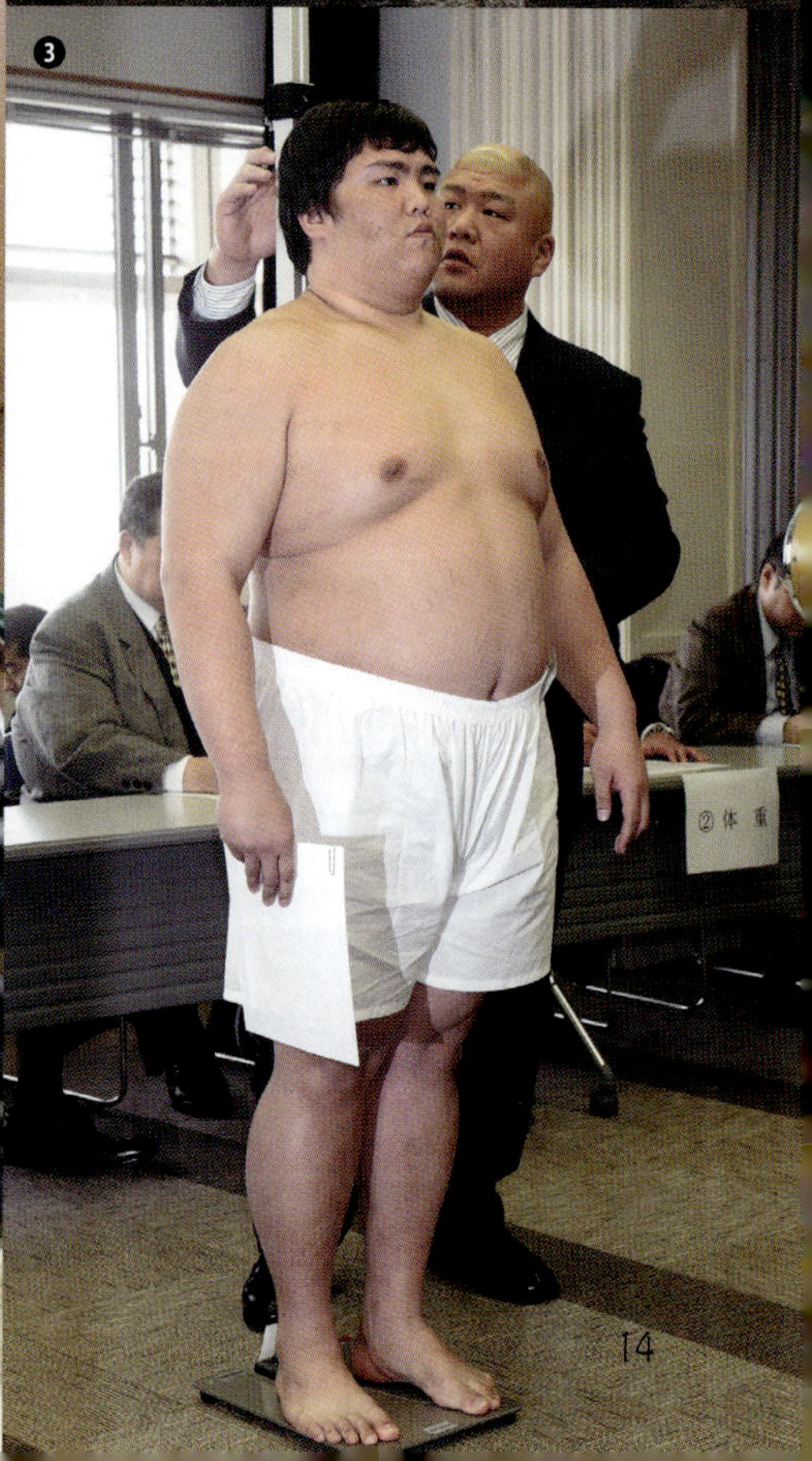

❶ 2015年2月12日　出羽海部屋に入門
❷ 稽古後、栃ノ心から「頑張れよ」と声をかけられる（2月12日）
❸ 大阪市の大阪警察病院で、新弟子検査に臨む。身長 179cm、体重149kgで体格基準をクリア（2月28日）
❹ 新弟子検査後、記者会見で自らのしこ名「御嶽海」を発表。2014 年 2 月に先代（元関脇鷲羽山）から部屋を継承し、初めてしこ名を付けた出羽海親方（元小城乃花）は、「地元で応援されるように、地元の有名な山や川の名前を入れて付けたかった。（御嶽海）は立ち合いの当たりは強いし、出足の瞬発力が一番の魅力。稽古をきちんとしながら、焦らずに上に上がってほしい」と伝統ある部屋の起爆剤になるよう期待（2月28日）
❺ 初土俵は、幕下10 枚目格付け出しでデビュー。明生を寄り切りで下し、初白星を飾った（3月8日）
❻ 初土俵を終えて引き揚げる際、ちょうど横綱白鵬が会場入り（3月8日）
❼ 東洋大の卒業式に出席。2014 仁川アジア大会の最優秀選手に選ばれた競泳男子の萩野公介選手（右）とともに学長賞を受け取った（3月23日）
❽ 大相撲の歴史や所作など角界で生きるための基本を学ぶ相撲教習所「通い」を開始。宇良（手前）らと列になってすり足する御嶽海（前から２人目）（4月7日）
❾ しこ名が初めて載った番付表を手にする（4月27日）
❿ 前頭筆頭栃ノ心（中央）の「かわいがり」を受ける御嶽海（中央下）。左端は小結栃煌山（5月1日）

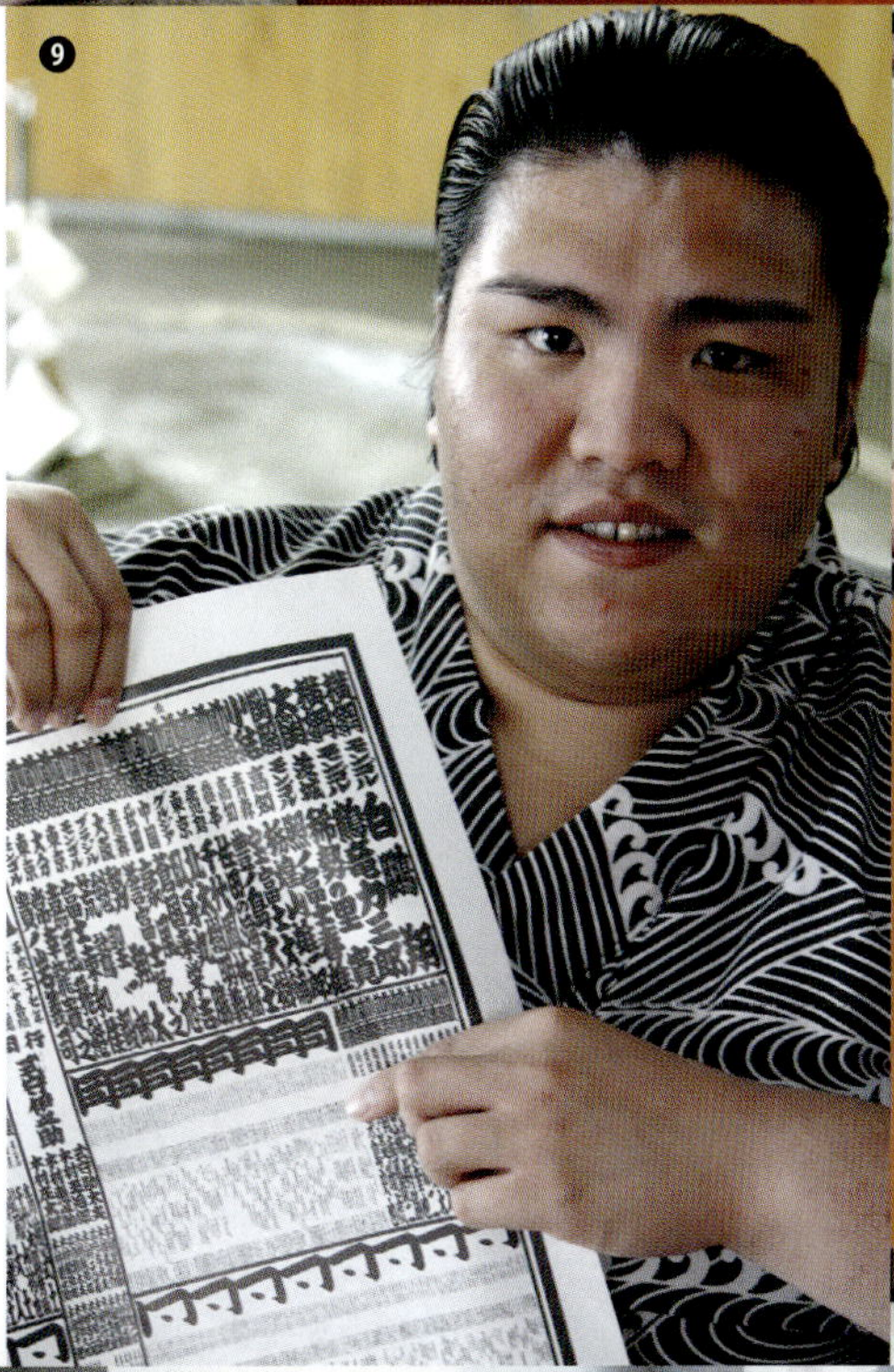

❸

❶

4

2

❺

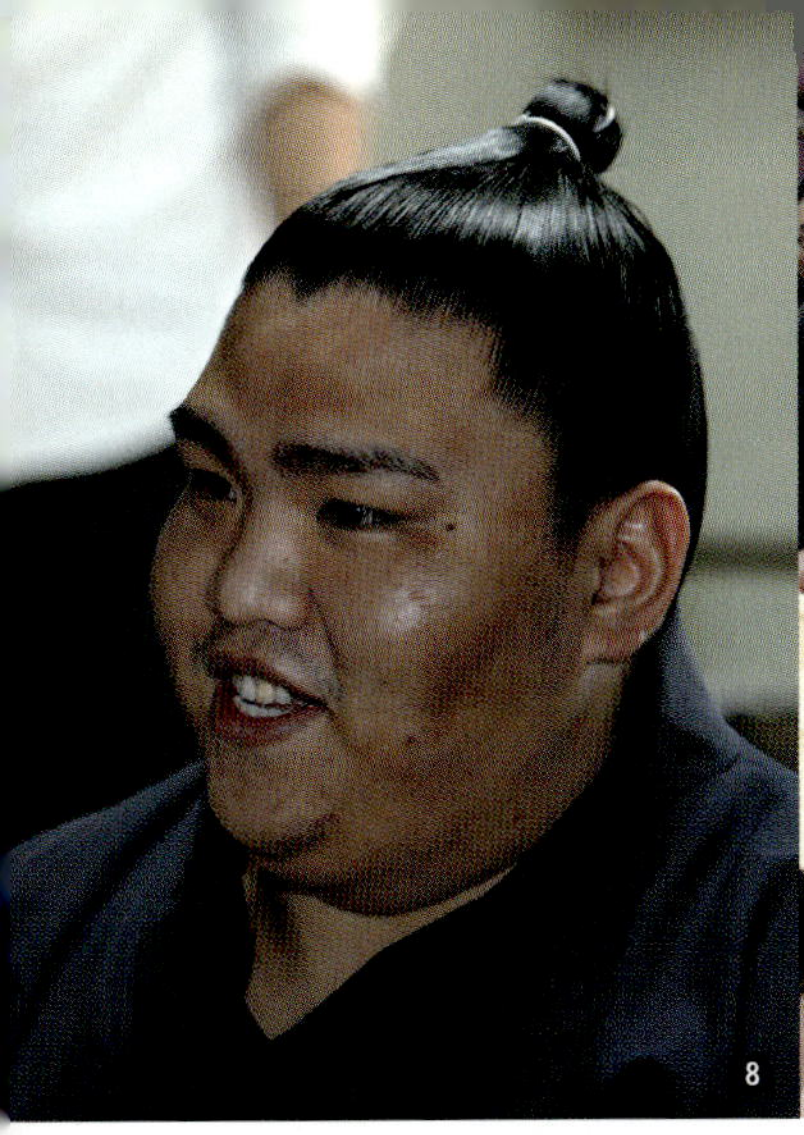

1年目 2015春場所―2016初場所

❶ 出羽海親方とともに十両昇進の会見（5月27日）
❷ 十両昇進にあわせて、母校から東洋大カラー「鉄紺」の化粧まわしを贈られる（6月26日）
❸ 愛知県犬山市の出羽海部屋宿舎で名古屋場所の番付表を見る。「自分のしこ名は画数が多いけれど、字が太字になったので読みやすい」（6月29日）
❹ 名古屋場所の初日前日、出羽海部屋の筆頭力士として手締めの音頭を取る御嶽海（中央）（7月11日）
❺ 長野県出身力士として39年ぶりの新入幕を果たし、成績次第では上位とも当たる九州場所を前に、春日野部屋の関脇栃煌山（左）と三番稽古（10月29日）
❻ 部屋後援会「出羽海会」が贈った化粧まわしで土俵入り（11月8日）
❼「金沢村田友の会」から贈られた化粧まわしで（11月13日）
❽ 初めてのマゲ姿にご満悦（12月14日）
❾ 2016年始動。出羽海一門の連合初稽古に参加（1月4日）
❿ 2学年上の遠藤との初対戦。15本の懸賞があった一番を押し倒しで制し、分厚い懸賞袋の束を手刀を切って受け取る（1月11日）
⓫ 木曽農協や県農協中央会など長野県内から初めて贈られた化粧まわしを締めて土俵入り（1月20日）
⓬ 大勢のファンの声援を受けながら、引き締まった表情でさっそうと千秋楽の国技館に入る御嶽海（中央前から2人目）ら（1月24日）

2年目 2016春場所―2017初場所

3

2

1

7

4

5

8

6

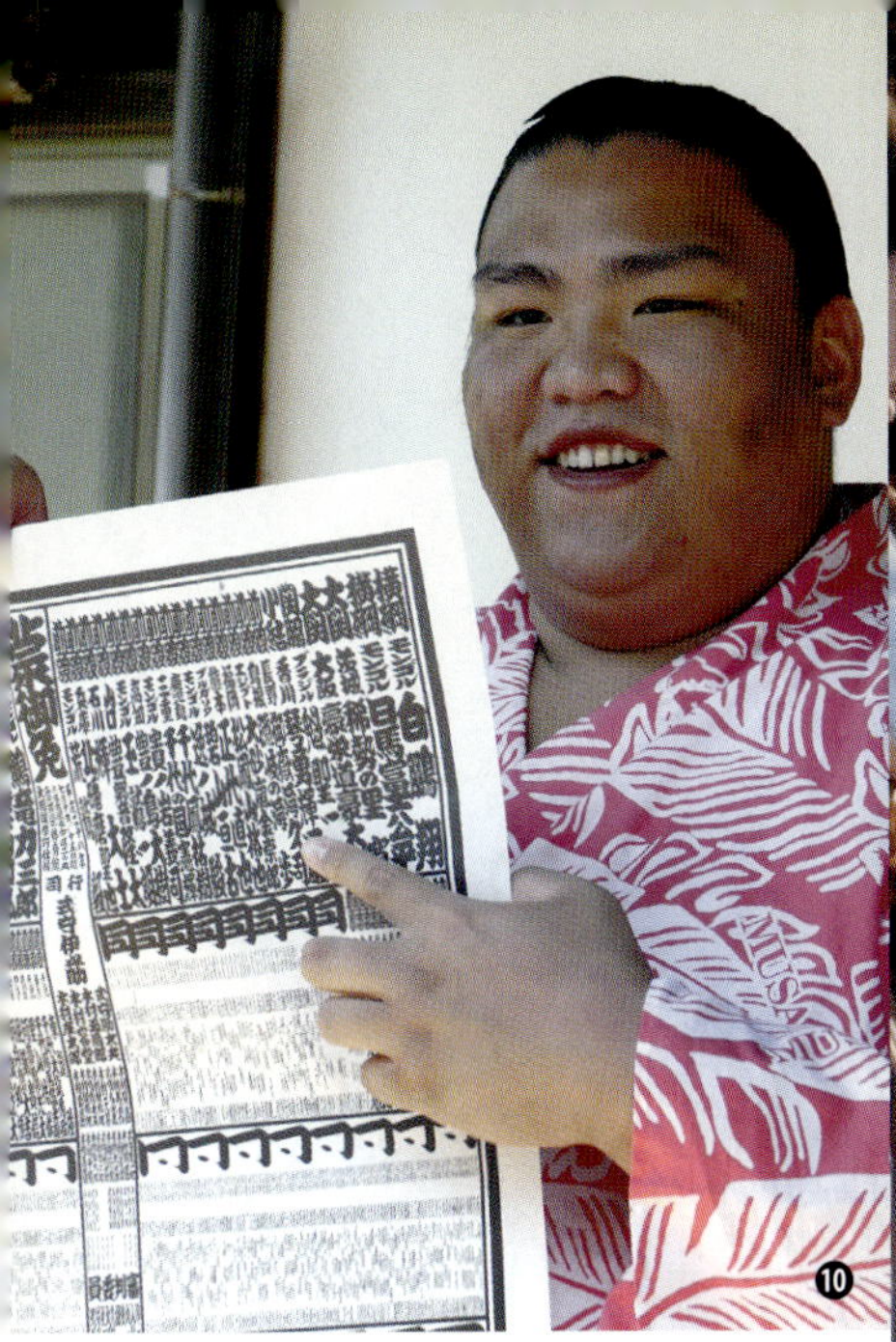

❿

❾

❶ 東京都墨田区の出羽海部屋で「鬼は外」と声を出しながら豆をまく御嶽海（2月3日）
❷ 入門1年の節目の日、部屋の力士たちと輪になって重い砂袋を回すといった体づくりのメニューをこなす（2月12日）
❸ モテモテ御嶽海。出羽海部屋宛てのバレンタインのプレゼントが次々と届き、「今年は人生で一番チョコをもらっています」と笑顔（2月14日）
❹ 地元の木曽町に事務局を置く御嶽海後援会から贈られた、地元のシンボルでしこ名の由来となった御嶽山の化粧まわし（3月6日）
❺ 3戦全敗だった宿敵正代に初勝利。意地の10勝を挙げる（3月27日）
❻ 夏場所に向け、朝稽古で黙々と四股を踏む（5月7日）
❼ 現行制度で3人しかいない幕下10枚目格付け出しデビューした同士、遠藤との対戦は2度目。立ち合いから激しく攻め合ったが寄り切りで敗れた（5月17日）
❽ 小豆色の「染め抜き」の正面に「海」と入れ、背中に「御」「嶽」を背負って、両国国技館に向かう（5月19日）
❾ 11勝で敢闘賞受賞。初めての表彰式後、祝福を受けながら花道を引き揚げる（5月22日）
❿ 名古屋場所で自己最高位を大きく更新して「東前頭筆頭」に。県出身力士としては1955年3月場所の大昇以来の前頭筆頭（6月27日）
⓫ 兄弟子の出羽疾風（左）と精力的に稽古をこなす（6月28日）
⓬ 境川部屋への出稽古で大関豪栄道（左）の攻めを受け、土俵外に出される（7月4日）

⓬

⓫

1

6

2

3

5

4

10

9

7

2年目 2016春場所―2017初場所

❶ 朝稽古ですり足を繰り返して汗
流す。幕内6場所目となる秋場所。
の痛みを抱え実戦的な稽古が積めず
不安なまま初日を迎える(9月9日)
❷ 初めて結った大銀杏(9月11日)
❸ 秋場所の優勝争いを演じていた
安をなぎ倒し9勝目(9月23日)
❹ 秋巡業が始まり、子どもたちと
稽古で会場を盛り上げる(10月5日)
❺ 新小結昇進が決まり、福岡県新
町の出羽海部屋宿舎で笑顔を見せ
御嶽海。県出身力士の新三役は193
(昭和7)年の元関脇高昇以来84年
り(10月31日)
❻ 稽古場に掛かる名札も小結に(1
月3日)
❼ エノキタケ生産・販売などのマ
ヨ(中野市)の松島栄太郎社長から
られた藍色の新しい締め込みで稽
に臨む(11月11日)
❽ 三役以上の関取が11人そろった
俵祭りに、初めて出席(11月12日)
❾ 大関琴奨菊を肩透かしで下し小
初白星。幕内50勝目を挙げた(11
14日)
❿ 冬巡業で「三役そろい踏み」の土
に初めて上がった御嶽海(中央)。
は横綱鶴竜、右は大関稀勢の里(12月
日)
⓫「西前頭筆頭」の初場所番付を
にする。「上がれるチャンスは逃さ
いようにしたい」(12月26日)
⓬ ⓭ 初場所4日目、2場所連続優勝
懸かる東横綱の鶴竜を押し出しで
り、2日目の日馬富士戦に続いて「
星」を獲得(1月9日・11日)
⓮ 初場所14日目、学生時代からの
イバル北勝富士に完勝。通算100勝
挙げた(1月21日)

3度目の春場所　2場所ぶりに三役復帰
初土俵の地…挑戦者として臨む

2017 春場所
東小結　9勝6敗

❶初日前日、付け人力士と力比べのような動きで調整

❷兄弟子出羽鳳（右）の胸を押して精力的に稽古

❸大阪府堺市の出羽海部屋宿舎で三役に返り咲いた番付表を手にする

❹２度目の三役となった御嶽海も土俵祭りに出席。冒頭、2011年に起きた東日本大震災の犠牲者へ黙とう

❺追手風部屋への出稽古で、大翔丸（右）を攻める

初日

御嶽海 0－1 ●下手出し投げ○ 鶴竜

西横綱 モンゴル出身、井筒部屋

土俵際詰め切れず 鶴竜に逆転許し黒星発進

御嶽海は土俵に腹ばいで倒れたまま、悔しさでしばらく動けなかった。「詰めが甘かったですね」。先場所で破った横綱鶴竜を再び土俵際まで追い詰めたが、下手出し投げを食らって逆転負け。「だめですね。白星につなげられないと」。鶴竜への2連勝、横綱戦3勝目はならなかった。

詰め切れなかった流れは、立ち合いに原因があった。この日の鶴竜は素早く立って距離を詰めてきた。御嶽海は手つきが浅い不十分な体勢のまま立ったため、武器の突き押しを繰り出しにくくなった。「今場所は相手が考えてきた。立ち遅れ、最初に流れをつくれなかった」と後手に回った。ただ「その後の流れは悪くなかった」。押し込まれると引く癖のある鶴竜。御嶽海は先場所の経験もあり、果敢に前に出た。回り込んだ鶴竜に右を差し込まれても構わずに寄って出た。しかし、腰が伸びてしまい、投げに倒れた。「足が滑った。腰がしっかりし、自分の形になっていれば、滑ることはなかった」と反省した。

2場所ぶり2度目の小結で臨む今場所。前日は安全祈願の「土俵祭り」、この日は中入り前に日本相撲協会の「御《ご》挨拶《あいさつ》」に加わり、三役以上の力士としての仕事もこなす。

さらなる昇進への意欲が増したかと問われると、「もう何場所か、三役（関脇、小結）でこうした機会を経験したい」と慎重な物言いをした。

もちろん、出世に後ろ向きなわけではない。横綱、大関陣との対戦は、心身のわずかな隙も許されない厳しさがあると分かっているからだ。鶴竜への惜敗を糧にして、2日目へと仕切り直す。

２日目、松鳳山（左）をもろ差しで攻める

2日目

御嶽海 1－1 ○押し出し● 松鳳山

東前頭3枚目 福岡県出身、二所ノ関部屋

呼吸合わず「待った」？ いや成立「体が反応できている」

御嶽海は館内が騒然とする中、勝ち名乗りを受けた。松鳳山との一戦は両者の手つきが浅く、呼吸も合わないまま立ち合いが成立。御嶽海が慌てずに33歳のベテランを押し出したが、「何てコメントすれば良いんですかね。まあ、ラッキーでした」。立ち合い不成立と思った観客と同じように、取り切った実感が得られない様子だった。

立ち合いは松鳳山が突っかけ気味に腰高のもろ手突きで来たところを、もろ差しでどっしり受け止めた。「2本入った瞬間は待ったなのかと思った。でも、行司さんが止める気配がなかったんで」。松鳳山は右腕で御嶽海の首を抱えて投げようとしたが、三役に復帰した24歳はこの苦し紛れの動きに乗じて前進。腰を落として押し出した。

御嶽海は松鳳山に対し、十両時代を含めて1勝3敗と分が悪かった。立ち合いで張り差しや、手つきのタイミングを変えて御嶽海のリズムを崩そうとするのが、松鳳山の常とう手段。御嶽海はそれが分かっているからこそ、この日のように何が起きても「慌てなかった」。２０１６年７月の名古屋場所での初勝利に続き、松鳳山戦2連勝とした。

初日に横綱鶴竜に惜敗して好発進できなかったものの、「昨日も内容的に悪くはないし、今日も体が反応できているので」と悲観的にはなっていない。「白星があるのは、（気分も、15日間を戦う流れの上でも）全然違います」と3日目以降に気持ちを切り替えていた。

3日目

御嶽海 2－1 ○上手出し投げ● 玉鷲

東関脇 モンゴル出身、片男波部屋

今場所も負けず6連勝 動きの感覚はすっきりせず

御嶽海は今場所も玉鷲に負けなかった。初顔合わせとなった２０１５年11月の九州場所から、これで6戦6勝。押し相撲同士だが、下から押し上げる身長１７８センチの御嶽海にとって、同１８９センチで高い位置から押してくる玉鷲は「やりやすい相手。的も大きい」という。

立ち合いは玉鷲の喉輪を交えた高圧力の突き押しに後退したが、体勢を低くして応戦。もろ手の押しが入った瞬間に反転攻勢に出た。追い込んでから引き、体勢を崩した玉鷲が右を差したのに乗じて左上手を取ると、素早く下がって上手出し投げを放った。「相手が崩れてくれたし、自分はまわしが取れたので」

ただ、玉鷲戦の連勝を伸ばしても「（これまでで）今日が一番危なかった。自分の立ち合いがしっくりこず、押し込めない」と浮かない表情だった。2横綱2大関を破って技能賞も獲得した1月の初場所とは、3日目を終えても動きの感覚が違う様子。「体自体は動いているけれど」とすっきりしない。場所前に計測した体重は初めて１６０キロを超える１６１キロ。動きの「軸」を意識して突き押しを繰り出す御嶽海は、進化した体を十分使いこなすのに時間が要りそうだ。

初日からの戦績を2勝1敗とし、三役場所で初めて白星を先行させた。「始まったばかりだけれど、気持ちは楽になった。ここから、です」 4日目は関脇高安戦。同じ東小結だった２０１６年11月の九州場所と今場所では、横綱、大関、関脇の人数が違う。そのために横綱、大関陣との連戦は九州場所より遅くなりそう。「前とは違うから、どうなるか分からない」と慎重に調子を整え、白星を狙っていく。

4日目

御嶽海 2－2 ●寄り切り○ **高安** 西関脇
茨城県出身、田子ノ浦部屋

自分の相撲取れず ホープ対決、高安に屈す

これまでの高安との対戦成績は3勝3敗の五分。しかし、今場所の取組に手応えをつかめない御嶽海は、突き放して主導権を握るという、自分の相撲が取れなかった。

踏み込みからいまひとつで、誘われるように入った左腕を高安に抱え上げられた。右は差し手の威力を外側からそぐおっつけでこらえたが、外されて高安の腕が入り、胸が合った。力尽き、土俵外へと寄り切られた。

「内容が駄目。ああいう形になったのがまずかった。今日のような守る相撲じゃなく、自分の相撲を取らないといけない」。風呂から上がって支度部屋では伏し目がちに話し、唇を時折かんで歯がゆさをにじませた。

27歳の関脇高安は初日から4連勝。三役在位は今場所で5場所連続で、先場所までの4場所中3場所で2桁勝利と三賞獲得を記録した。同部屋の兄弟子、稀勢の里の横綱昇進に刺激も受け、大関候補として存在感を高める。

高安とは母親がフィリピン出身という共通点もある24歳の御嶽海。ともに次世代の担い手として注目を集めている。4日目に2敗目を喫し、戦績はまだまだ挽回可能だが、本人が生み出している空気はどこか重い。

４日目、高安（左）に寄り切られ２敗目を喫した

5日目

御嶽海 3－2 □不戦勝■ **白鵬** 東横綱
モンゴル出身、宮城野部屋

初の不戦勝 実力を試す機会、白鵬戦期待も…

御嶽海は初土俵から13場所目、通算１６７戦目で初めて不戦勝を経験した。相手は第一人者の白鵬で、取組は結びの一番で予定されていた。一つ前の蒼国来―鶴竜戦が結びの一番に変わり、御嶽海は残り2戦の前に呼出が「不戦勝」の旗を掲げた土俵に上がり、行司から勝ち名乗りを受けた。

不戦勝によって白鵬戦初白星と、先場所（1月の初場所）の日馬富士、鶴竜戦に続いての横綱戦3勝目を記録した。ただ、仮に御嶽海が西前頭筆頭だった先場所のように平幕だったとしても、取組が行われていないため、金星にはならない。不戦敗はインフルエンザで途中休場した２０１６年1月の初場所で経験している。

白鵬の休場は堺市の宿舎で昼寝中に付け人から知らされた。「やってみたい気持ちはありました」。他の取組にかけ替えになった懸賞17本（手取り51万円）が欲しかったのが主な理由ではない。初日に1歳上のライバル正代が白鵬に初勝利を挙げた。自分も今場所の実力がどこまで通用するのか、確認したかった。

白鵬戦への意欲は見せたが、前日までの自身の調子はいまひとつだった。前日夜は日帰り入浴施設でサウナや気泡風呂に入り、この日の朝も稽古を回避してマッサージを受けた。部屋のちゃんこ料理を食べず、近くの市場で天ぷらをおかずに朝飯を食べ、心身の回復とリラックスに努めた。

不戦勝が決まっていても時間通りに土俵入りに加わり、「今日は、一日が長かった。相撲を取った方がリズムが出てくる」。三役2場所目は3勝2敗と白星先行で中盤戦へ。これまでとは違う一日が、取組への手応えをつかむ材料となるか。

6日目

御嶽海 3－3 ●寄り切り○ **琴奨菊** 東関脇
福岡県出身、佐渡ケ嶽部屋

悔しい黒星 立ち合い良すぎて「力をセーブ」

御嶽海は振り返った。「立ち合いが良すぎた。初日から6日間の中で一番良かった。『あれっ』と思い、自分で力をセーブしてしまった」。大関から関脇に陥落した琴奨菊との一戦。黒星を悔やんだが、生命線の立ち合いが復調し、取組の手応えが増していくかもしれない感覚があった。

この日の朝稽古。幕下兄弟子の胸を押すいつもの調整で、相手を身長１８６センチの出羽鳳から同１７８センチの海龍に変えた。元十両の31歳、出羽鳳は腰の重さを出すことができ、胸で受ける技術に長けるが、「相手が大きいと自分も伸び上がってしまいがち。相手が小さければ、（あごを引き、脇を締め、肘を絞って）自分が小さくならないと押していけない」。圧力の一点集中をテーマに押した。

仕切り板から俵までを10分間にわたって何度も押すと、足の運びにも好感触を得て、俵から俵までの長い距離をさらに5分間、押した。

琴奨菊戦の立ち合い後。力をセーブしたために左を中途半端に差し、相手十分の左四つに組まれてしまう。すくい投げで揺さぶられ、苦し紛れの右上手投げで呼び込み、失敗。足を運んだ相手に一方的に寄り切られた。「もろ差しで中に入って密着し、上体を浮かすつもりだったが…」

7日目は、今場所の大一番に据える新横綱、稀勢の里戦。この日の好感触を生かせるか。

7日目

御嶽海 3－4 ● 寄り切り ○ **稀勢の里** 西横綱
茨城県出身、田子ノ浦部屋

新横綱の壁 負けパターンの左四つ
「冷静さ足りなかった」

4度目の挑戦も、及ばなかった。御嶽海は右おっつけ、左はずで立ち合いから押し込み、左は差しにして稀勢の里を相手に土俵際まで詰め寄った。しかし「もっていけそうな感じがあった」という気持ちのはやりが、形勢逆転を許してしまった。

「中盤から体が起きた。冷静さが足りなかった。起きなければ良かったのに」。重心が浮いたことで、第72代の新横綱に左上手を取られた。その時点で右は外側から差し手の威力をそぐおっつけを外されており、過去3敗と同様に、負けパターンの左四つとなった。

両まわしを与え、逆襲の寄りに後退。右を巻き替えにいってもろ差しとなり、「(重心が低いままなら) 残せたと思う」と悔やんだが、万事休す。土俵を割った。見せ場をつくっても「白星につなげられないと意味がない。我慢してもっと下からいけば良かった」と詰めの甘さを反省した。

朝稽古の後は、自信を見せていた。「昨日から腰が下り、足が出てきた。どこまで通用するか、やりたい」。兄弟子の胸を押すいつものメニューは、前日に続いて普段の相手よりも小柄な力士を指名。圧力の一点集中を心掛けて何度も押し、腰の位置はまわしの幅の半分ほど低くなっていた。

19年ぶりの日本出身横綱に思惑通り初めての土をつけることは、できなかった。支度部屋で、勝てない相手ではないと思ったかと問われ、「だと思います」と答えた。

御嶽海が「どっしりと、余裕も持ってやっている」と見た、横綱昇進後の稀勢の里。不戦勝で、今場所の土俵で顔を合わせられなかった白鵬と並び、依然として、成長を目指す24歳が越えなければならない壁だ。

8日目

御嶽海 3－5 ● 押し出し ○ **照ノ富士** 西大関
モンゴル出身、伊勢ケ浜部屋

御嶽海、あっけなく
肘をきめられ…3連敗

御嶽海は照ノ富士にあっけなく敗れた。立ち合いは低い姿勢で鋭く当たり、固めた右ははず押しで、反対の左は差しかかったが、そこまでだった。今場所好調の大関に左を抱えられると、肘がきまってしまい、動きが止まった。上体も浮き、一気に後退。残る腰がなくて一方的に押し出された。

「立ち合いは良かった。左を巻き替えてのぞかせた時点で、伸び上がっていた」。さらにきめられ、「あれ以上、抵抗するとけがをすると思った」。対戦は5度目。2度目まで連勝したが、3度目以降は変化気味の立ち合いなどで揺さぶられ、「今場所の大関はめちゃくちゃ踏み込んでいて、うまかった」とこれで3連敗となった。

照ノ富士は2015年7月の名古屋場所で大関昇進後、膝のけがの影響もあって今場所が4度目のかど番。だが、ここまで1敗だけと復調ぶりを示し、御嶽海は「だてにずっと大関を張っていない」と対応力を認めた。

前日に新横綱の稀勢の里に敗れて今場所初の2連敗を喫し、黒星が先行。さらに3連敗で黒星二つ先行となった。

朝稽古を終えると、こう話していた。「まだ中日。負け越してもない。調子は上がってきているし、動きも悪くない。気持ちも抜いてない。うまく調整し、自分の相撲を取りたい」。目標とした初の三役勝ち越しを諦めず、9日目を迎える。

元幕内大鷲・伊藤平さん語る

実戦的稽古で詰めを強く

御嶽海は7日目、新横綱の稀勢の里に逆転負けした。実力ナンバーワンの力士に相手得意の左四つ(互いに左腕を相手の左脇に差し、密着して組み合う)を許してしまい、課題が改めて浮かび上がった。

土俵際へと押し込んだものの、右は相手の差し手の威力を自分の手から肘を使ってそぐ「おっつけ」が外から弱く、外されて自分の脇に稀勢の里の差し手が入った。もっと下から、自分の手で相手の二の腕辺りをつかみ、ねじり上げるくらいにやらないといけない。

御嶽海の左は最初、親指と残り4本の指の間を開いて矢筈の格好にし、相手の脇の下にあてがって攻める「はず押し」だった。だが、脇に腕を差してしまい、自分のまわしが稀勢の里と近くなって上手を取られた。流れでそうなったようだが、それは駄目。脳みそで相撲を取らなくても、体が覚えているくらいまで稽古を積まないといけない。

四つ相撲だった私は、おっつけやはず押しをやられる側だった。御嶽海はさらに上位に上がるため、詰めの部分を磨いて盤石になってほしい。立ち合いからの1発目は良い。2発目から甘さが出る。突っ張りや、体をかわして攻めて来た相手を崩す「いなし」などいろんな手の質を上げるべきだ。

稀勢の里を相手にしても押し込める力はある。相撲勘も良いし、やはり素質がある。その良さを磨くには、兄弟子の胸を押す一人での稽古もいいが、他の部屋の関取と相撲を取るなど実戦的な稽古を増やしてほしい。自分の弱点を消し、相手の弱点をつかんでおくためにも。三役力士としての自覚を周囲に感じさせるような姿勢を求めたい。

体重が増えたようだが、稽古をしていないと体への負担がかかる。稽古で関節を守る筋肉をつけ、臓器の辺りには脂が付きすぎないように。今は若いから動けるが、気をつけないといけない。

9日目

御嶽海 4－5 ○寄り切り● **正代** 西小結
熊本県出身、時津風部屋

冷静に好敵手制した
正代の四つ相撲封じ「見えていた」

正代との7度目の対戦は、東西の小結同士で迎えた。「(8日目を終えて3勝5敗と)星も同じ。ここは負けられなかった」と御嶽海。はやる気持ちを抑えた冷静な取り口で、1歳上のライバルに勝った。

前に出てくる正代の攻めを、突き、押しで距離を取りながらさばき、左を差されそうになっても右おっつけで防いだ。「相手が見えていた。まわしを取られないようにして我慢した」。左、右と入れてもろ差しに成功。腰を落として寄り切った。

正代は御嶽海よりも1年早く角界入り。御嶽海が翌年に幕下付け出しデビューし、新十両、新入幕、新三役と昇進する中、正代はいずれも1場所遅れで達成してきた。2人は同世代の学生相撲出身者の出世頭といえる活躍を見せ、御嶽海は「(正代を)意識はする」と改めて語った。

御嶽海にとって正代は幕下時代から数えて、対戦回数で最多の相手となった。これで2連勝。２０１６年の春場所以降は3勝1敗と分が良い。懐深く、粘り強い四つ相撲の正代の攻略に自信を増す。支度部屋では報道陣に「(引き揚げる際のテレビ中継の取材で)正代関は何て言っていました?」と逆質問する余裕もあった。

9日目を終えて戦績を4勝5敗として「後半戦のスタートとしては良い。負けが先行しているけれど、ここから挽回したい」と強調。白鵬への不戦勝を挟むため、土俵で相撲を取って白星を挙げたのは6日ぶり。連敗も3で止め、気持ちが前向きになった様子だった。

10日目

御嶽海 5－5 ○送り出し● **勢** 西前頭筆頭
大阪府出身、伊勢ノ海部屋

星五分に戻した立ち合い変化
「朝から決めていた」

立ち合いでの変化を、周囲が忘れたころにやってのけた。御嶽海は２０１６年5月の夏場所2日目の大砂嵐戦以来、5場所ぶりに狙い澄まして横にずれ、白星をもぎ取った。

「今日の朝稽古から決めてました。相手の状態を考えて」。対戦したのは1勝8敗と星が上がらず、右肘のサポーターや右足首のテーピングが目立つ30歳の勢。御嶽海は「突っ込んでくると思っていた」と構えていた。

立ち合い。大きく左へ跳ぶと、左上手を取って出し投げを打ち、勢を泳がせた。予想外の動きに後ろ向きになった勢に対して休むことなく足を運び、難なく送り出した。

「やり慣れている相手。自分が引いた(変わった)けれど、上手も取っていた。次の体勢もしっかりつくり、できていた」。3度目の対戦となった相手への策を抜かりなく実行し、納得した。

2連勝で5勝5敗と戦績を五分に戻した。「(変化は)星をどうにかしないといけなかったから」。ただ、24歳のホープの取り口に取組後の館内は大きくざわついた。かつても変化すれば、将来性を考えた親方衆から苦言を呈されてきた御嶽海。「あとの残り5日間は、自分の相撲を取ろうかと思います」。11日目の横綱日馬富士戦は、今場所の真価が試される。

11日目

御嶽海 5－6 ●寄り切り○ **日馬富士** 東横綱
モンゴル出身、伊勢ケ浜部屋

日馬富士に脱帽「速く低かった」
立ち合いで大勢決する

立ち合いで大勢が決した。御嶽海はわずかに踏み出した左足を支えに、右足で大きく踏み込もうとした。しかし、右足が宙に浮いている間に、遅れ気味に立った日馬富士に潜り込むように左足側に鋭く踏み込まれ、当たり負け。「横綱は速かったし、低かった。全然、踏み込ませてくれなかった」と脱帽した。

突き、押しを封じられ、上体も起きてしまった。右は深い差し手、左は前まわしを許すと、右に回り込んだ日馬富士に引きつけられて腰が浮いた。横綱の持ち味の速攻に棒立ちとなり、何もできずに寄り切られた。

御嶽海にとって、立ち合いの後、まわしに手をかけて自分の右に回り込んでくる日馬富士の動きは「来ると思っていた」と予測済みではあった。幕下の兄弟子に協力してもらった朝稽古でも、初金星を挙げた先場所のように、相手の膝に自分の膝を近づけて回り込みにくくさせる策を確認した。

「自分の立ち合いを封じ込めようとしている」。横綱、大関との4度目の総当たり戦を終え、御嶽海は語った。この日、右足で大きく踏み込もうとしたのは、日馬富士に自分の膝を近づけやすいからだろう。立ち合いの横綱は見透かしたように逆側から、自身の武器のスピードと低さで踏み込み、主導権を握った。

横綱鶴竜に惜敗した初日は、立ち合いで巧みに距離を詰められ、突き放しづらくなった。先場所は2横綱2大関を破ったが、今場所は途中休場した白鵬、豪栄道を除く3横綱、1大関に1人も勝てなかった。

「負けが込んでいるわけじゃないし、あと4日、白星をつなげたい」。三役以上との対戦を終えているため、平幕との連戦になる。苦手な蒼国来と対戦する可能性もある中、士気を落とさず、目標の初の三役勝ち越しに歩みを進める。

12日目

御嶽海 6−6 ○押し出し● 豪風

東前頭筆頭 秋田県出身、尾車部屋

よみがえった押し 豪風を圧倒 「ようやく手が伸びた」

御嶽海がよみがえってきた自分の相撲で圧勝した。「ようやく（突き、押しの）手が伸びてきた。今場所は伸びていなかったので、稽古場から少し意識していた」。くせ者のベテラン豪風を寄せ付けず、6勝目を手にした。

立ち合いで上体をやや起こされたものの、骨盤の前傾角度を維持。続く豪風の引きにも「相手は引くしかない。それには対応できる。ついていくしかなかった」と足を運び、間髪入れずに突き、押しで攻め立てた。しっかりと腰を落として前進。棒立ちになった豪風を休まずに押し出した。

前日の横綱日馬富士戦を最後に今場所は休場者を除く横綱、大関との総当たり4戦で一つも勝ち星を挙げられなかったが、気持ちを切らさず、落ち着いた取り口で星を五分に戻した。

三役との対戦も既に終わり、この日から平幕上位との残り4戦が始まった。「もう落とせない。しっかり9番、勝ちたい」。目標とする三役での初めての勝ち越しを通過点に、来場所につながる好内容を目指す。

13日目は、幕内で4戦して一度も勝っていない蒼国来が相手。捕らえづらく、力が強い四つ相撲の33歳への苦手意識を払拭《ふっしょく》できるか。御嶽海はいつも通り、意識し過ぎないように対戦当日朝に相手を確認し、夕方の取組に備える。

12日目、豪風（左）を休まず攻めて押し出し、星を五分に戻す

13日目

御嶽海 7−6 ○寄り切り● 蒼国来

東前頭2枚目 中国出身、荒汐部屋

苦手蒼国来に初勝利 勝ち越し王手

「良かったね。いやぁ、良かった」。支度部屋に戻ってきた御嶽海は、荒い息遣いのままで喜んだ。幕内に入って4戦全敗だった蒼国来に、自分の相撲で快勝。7勝6敗として勝ち越しに王手とし、「苦手意識を持つ相手に良い内容で勝ち、白星を先行させたのは次につながる」と強調した。

蒼国来は捕らえづらく、力の強さを生かした四つ相撲が得意。御嶽海は十両時代に一度勝っているが、この時は唇に大けがを抱え、立ち合いで変化を選択した。幕内では常につかまって敗れてきたため、この日は「差されなかったり、まわしを取られなかったりしたら自分の攻めができる」と対策の実行に集中した。

鋭く踏み込んで主導権を握ると、突き、押しに絡みつく蒼国来の手を払うように、常に先に攻めた。いったん膠着《こうちゃく》気味になったが、右を差して再び攻め込むと、自分の左は、手から肘を使って相手の差し手の威力をそぐおっつけで万全に。密着を避けて蒼国来の重心を浮かせ、休まず寄り切った。

「我慢して、自分の前傾姿勢を保てた」。好内容の取り口で、三役の座の維持へ大きく弾みをつけた。残りも平幕との2連戦。「あと2日。9勝6敗で終わりたい」

14日目

御嶽海 8−6 ○押し出し● 千代の国

東前頭6枚目 三重県出身、九重部屋

真っ向勝負で勝ち越し 崩れず、取りこぼさず

突き、押しの真っ向勝負で、御嶽海は圧勝した。「自分の相撲が出て良かった」。立ち合いの当たりで上回り、すかさず突いて前進。起きた千代の国をさらに下から押し上げると、たまらずに引いた相手に対して足を運んだ。力なく後退する千代の国に「最後は足がついていかなかった」とつんのめりそうになったが、勢いで押し出した。

12日目から平幕相手の3連勝で勝ち越しを決めた。13日目は幕内で4戦全敗だった蒼国来に快勝。この日の朝稽古に姿を見せると、師匠の出羽海親方（元幕内小城乃花）から「やっと、勝ったなあ」と声をかけられ、多くの見学者が温かく見守る中で「はいっ」と声を張り上げた。心身の状態を上げ、持ち前の終盤戦の強さを見せる。

新三役だった2場所前の上位陣は3横綱、4大関がおり、6勝9敗と負け越した。今場所はここまで8勝6敗だが、上位陣との対決は、休場などのため3横綱、1大関と人数が違う。ただ、出羽海親方は「あの位置（三役）で勝ち越すには、取りこぼしがないことが必要。上には勝っていないが、下には負けていない。そこは大事」と評価する。

初日は横綱鶴竜に惜敗してつまずき、新横綱稀勢の里に対しても4戦連続で壁を越えられなかった。体調も動きの感覚も11勝4敗で技能賞を獲得した先場所（1月の初場所）ほど良くなかったが、それでも勝ち越しまでこぎつけたのは、精神的なスタミナがついた証しだ。

関脇3人が全員勝ち越し、勝ち越した御嶽海が来場所の新関脇になれる可能性は、今のところ大きくはない。本人も「関脇は上の状況次第。まずは勝ち越せて良かった」と割り切っていた。

千秋楽、引き落としで栃煌山を下し、9勝を挙げた

14日目、三役初の勝ち越しを決め、声援を受けながら支度部屋に引き揚げる

千秋楽

御嶽海 ○ 引き落とし ● 栃煌山

9－6

西前頭10枚目
高知県出身、春日野部屋

自信の9勝 体重・三役の重圧、苦しみの先へ

2横綱2大関を破って11勝した先場所（1月の初場所）と比べ、仕切りの段階から気迫が前面に出ず、立ち合い後の動きも躍動感に乏しいと感じたファンも少なくなかっただろう。御嶽海本人も今場所、白星を積み上げながら苦しんでいた。

場所前に量った体重は161キロ。初めて160キロを超え、自己最高を更新したが、「重過ぎました」と振り返る。張り出た腹部が邪魔で、踏み込み時に前傾姿勢が取りづらかった。「肝臓に負担がかかっているのか、だるさも抜けなかった」

先場所は158キロで戦った。その後、巨漢の幕内碧山と1日15番を計12日間取ってたくましくなった一方、三賞にも選出された先場所の活躍を祝う後援者との宴席が続き、増量につながった。

「わずか3キロの差でも全然違った。これ以上増やしては駄目。夜の炭水化物から減らしたい」。御嶽海は身長178センチ。14センチも高い192センチの白鵬が御嶽海よりも軽い156キロであるように、適正体重はそれぞれ違う。

師匠の出羽海親方（元幕内小城乃花）は「（長期遠征となる）巡業もあるから、自己管理してほしい」と忠告。糖尿病で土俵人生を狂わす力士が少なくないこともあり、まな弟子を心配する。

御嶽海がもう一つ苦しんだのは、三役2場所目で改めて実感した新たな心境だった。三役は日本相撲協会の公式の場に加わる機会が増える。巡業先によっては平幕とは支度部屋が違うなど、扱いも特別だ。「三役の座を維持したいという、今までとは違った気持ちがあった」。それは〝負けてもともと〟の姿勢で臨める取組を減らしてしまうことにつながりかねない。

ただ、御嶽海は出世欲が薄れたわけではない。「今も挑戦の途中であるのは確か。勢いを持って、さらに上位に上がりたい。三役の土俵で取るのにまだ慣れていないが、これは慣れていけばいい」。三役の重圧は大関や横綱が感じる重圧の序章のようなもの。世代交代の担い手も、年数がたてば、やがて次の担い手から挑戦を受ける立場となる。御嶽海はそれを理解している。番付を上げれば、挑戦のテーマも変わる。24歳のホープは三役で経験を積み、地力を強固にする。

元幕内大鷲・伊藤平さん語る

士気落とさず、もっと稽古を

三役で初めて勝ち越して自信がつくし、良かった。中日から後半戦は一日一番の気持ちで毎日、開き直って取っている感じだった。このままで大丈夫かと不安になるような内容で負けても、翌日には勝つし、良い相撲も取っていた。

相性が良い相手にはめっぽう強い。立ち合いの圧力で勝っているから、豪風戦では流れが良かったし、千代の国は引いてくれた。勢には変化したが、横に逃げるのもうまい。幕内で4戦全敗だった苦手な蒼国来にも下からどんどんいって勝った。

ただ、日馬富士は立ち合いの力が2枚も3枚も上だった。照ノ富士には片腕をきめられた。はず押しではなく、ただ差して、かいなを返さないからそうなる。御嶽海は押す時の手の形が開き気味だが、猫の手のように丸くした方が良いと思う。

私の現役時代、同じ高砂一門で関脇になった押し相撲の富士桜は、ぶつかり稽古を徹底的にやった。朝稽古に来ると、ぶつかり稽古をやってから申し合い稽古をやって、さらに仕上げのぶつかり稽古をやった。御嶽海も量を増やしてほしい。

今場所は関脇が3人とも勝ち越しているから、来場所は小結にとどまると思う。自分がもっと勝つか、小結に上げざるを得ないような快進撃の平幕上位がいれば別だったが、難しい。それでも士気を落とさず、勝ち星を積み上げてほしい。

❶三役の自覚から、春巡業は「しっかり稽古場に」と観客の前で調整
❷新しい番付表を手に気を引き締める。
❸部屋前の道路でロープを使ったトレーニング
❹砂袋を肩に乗せ、体幹を鍛える
❺夏場所の安全を祈った土俵祭り。御嶽海は後列左端

2場所連続「東小結」2桁勝利狙う
左手の故障抱え、じっくり体づくり

2017 夏場所

東小結　8勝7敗

初日

御嶽海 1－0 ○押し出し● 鶴竜

西横綱 モンゴル出身、井筒部屋

チャンス逃さず 引いた鶴竜に再び土つける

御嶽海は左手の故障が癒えぬまま入った夏場所初日で、横綱鶴竜を相手に、持ち味の本場所での強さを発揮。皇太子ご夫妻が来場された満員札止めの国技館を沸かせた。

場所前に実戦的な稽古が不足した影響からか、立ち合いは鶴竜に大きく踏み込まれた。先場所でも、巧みに間合いを詰められて惜敗していただけに「2場所連続で踏み込まれては駄目」。相手の強烈な突き、押しに上体を起こされて後退した。

それでも、土俵際で右にしぶとく回り込んで体を残すと、今場所で横綱になって4年目に入った31歳の鶴竜が、引き技に転じる悪い癖を出した。

「相手が見えていた。チャンスの時の出足が良かった」と御嶽海。鶴竜に初めて勝った1月の初場所と同様の隙を逃さず、はたきを食わずに足を運んで一気に押し出した。

鶴竜には、4月14日に行われた春巡業松本場所の稽古で胸を出してもらった。ただ、御嶽海は前日まで稽古の土俵に上がらず、一人で体づくりをしていた。そのため、鶴竜は報道陣を前に「普通はもっと稽古する。稽古場（の土俵）で力を出さないと」と注文した。

御嶽海は松本場所の稽古中に左手を痛めたため、結局、夏場所まで稽古の土俵にほぼ立てなかった。それでも、先場所で課題に感じた足の運びをテーマにした体づくりの成果で、番狂わせを演じた。「周囲の声に流されず、自分で考えてやっているからこそ、本場所で勝てる」と話した。

母の日のこの日、母のマルガリータさんを観戦に招いた。マルガリータさんはフィリピンに里帰りして15日に帰国予定だったが、御嶽海の希望に応じて早めに帰国していた。「目の前で勝てて良かった。ホテルにも花を贈ってある」。24歳のホープは、ここ一番でやはり強い。

2日目

御嶽海 2－0 ○押し出し● 大栄翔

東前頭3枚目 埼玉県出身、追手風部屋

寄せ付けず突進 「自分の相撲」で2連勝

御嶽海は押し相撲同士の大栄翔を問題にしなかった。右喉輪で上体を起こすと、相手の突き、押しに対し、右は下からあてがい、左は痛めている手を悪化させないように肘を使って払い、前進。足を終始よく運んで押し出し、「自分の相撲でしたね。相手も引かないと思っていた。突き続けることが大事だった」と口調も滑らかだった。

1歳下の大栄翔は強豪の埼玉栄高を出て入門。遠藤ら学生相撲出身者が居並ぶ追手風部屋に所属する。次世代の担い手への成長を期待される一人だ。御嶽海は3月の春場所前に行った出稽古では、手の内を知られたくないこともあり、大栄翔に勝ったり負けたり。4月の春巡業中は年齢が近いこともあり、支度部屋で談笑する姿もあった。

ただ、東前頭3枚目の今場所が自己最高位の大栄翔に対し、御嶽海は三役になって計3場所目。「自分は負けられない。気持ちでも（経験の差によって）余裕を持っている」と、本場所の厳しさを見せつけた。横綱鶴竜に勝った初日から2連勝とし、「気持ちも乗っていける。白星を先行していきたい」と強調した。

東小結の番付は2場所連続。対戦相手の番付が初日に西横綱、2日目が東前頭3枚目になったのも先場所と同様で、3日目の相手も先場所と同じく東関脇の玉鷲となった。4日目も先場所と同じになれば、大関とりの西関脇高安と当たる。過去6戦負けなしと分の良い玉鷲に勝ち、勢いを増すことができるか。

3日目

御嶽海 3－0 ○すくい投げ● 玉鷲

東関脇 モンゴル出身、片男波部屋

3連勝 光る冷静さ 押し相撲対決、土俵際逆転

御嶽海が初日から3連勝を飾るのは4場所ぶり。三役場所では初めてだ。「上の番付で勝ってきた自信がある。（場所前に実戦的な）稽古はできていないが、体づくりは十分できていた。ここまで自分のペースで来られている」。左手の故障を抱えながら気持ちの入った自分の相撲で白星を連ね、手応えを示した。

押し相撲同士の玉鷲を7度目の対戦でもまた退けた。「自分の方が背が（9センチ）低い。下からいくのは鉄則」と突き押しの質の高さで土俵際まで追い込んだ。左に玉鷲の強烈なおっつけを受けてバランスを崩し、一気に反対側の俵まで追い込まれたが、冷静だった。

「相手が見えていた。体を入れ替えようと思って、あとはとっさだった」。強引な両喉輪で仕留めようとした玉鷲の空いた脇に腕を差し、体の伸びた相手を力強い左すくい投げで転がした。

支度部屋で報道陣から圧倒的な分の良さの要因を問われると、「相手がただやりにくいと思っているだけ。自分はいつも通り」と涼しい顔。4日目に対戦する大関とりの関脇高安について、意識するかと問われたが「特に。自分も好調なので、好調同士ってことです」。

朝のちゃんこ場では、初日に県内の後援者が届けた山菜を天ぷらにして出してもらった。子どものころ、父と一緒に木曽で山菜採りをした御嶽海は、タラノメやコシアブラを口に入れ、「うまい」を連発。気分を良くした。本場所に懸け、自分の心身の状態を上げる術にたけている24歳は「（9勝6敗だった）先場所よりも、集中できている」と言い切った。

4日目

御嶽海　3－1　●首投げ○　高安

西関脇　茨城県出身、田子ノ浦部屋

土俵際に落とし穴
押し込んで…高安の首投げに屈す

首投げに転がった御嶽海は、右手で土俵をぽんとたたいて悔しがった。2度目の大関とりに勢いづく27歳の高安を、自分の相撲で追い込みながら逆転負け。支度部屋に戻っても険しい表情を崩さず、「結果が全て。興奮してよく覚えてないが、ああいう相撲は取りたくない」といら立っていた。

高安は、同じ田子ノ浦部屋に所属する稀勢の里の横綱昇進に刺激されて力を伸ばし、直近の2場所で計23勝を挙げ、三賞も連続で取った。ただ、御嶽海も三役3場所目の今場所は横綱鶴竜を破るなど初日から3連勝と好調。次世代の担い手同士の対決に周囲の注目も高かった。

頭から鋭くぶつかった御嶽海は互角以上の当たり。高安の突っ張りを下からあてがい、好調を支える足の運びで押し込んだ。だが、ここで落とし穴。右はずで押し上げて相手を追い詰めたものの、「腰が高かった」と自身も浮いた。首に高安の左腕が掛かっていたことが相手の勝機となり、素早い首投げを打たれた。

高安とは通算3勝4敗だった。朝稽古を終え、「僕にとってはやりやすい相手。これまで負けたときも完敗じゃなくて、相手に捨て身（の攻め手）に出られただけで、自分が詰め切れなかっただけ」と話していた。胸を合わせて把握した高安の体の特徴を踏まえて攻略法を描き、実践しようとしたが、8度目の対戦は再び詰め切れず、高安に大関昇進への前進を許した。

5日目

御嶽海　3－2　●上手投げ○　白鵬

西横綱　モンゴル出身、宮城野部屋

封じられた出足
「速かった」白鵬の攻めに脱帽

御嶽海は右ほおに白鵬の張り手を受けると、左は強烈なかち上げをまともに受けた。ただ、この立ち合いは「想定していた」ととらえ、かち上げを自分の左腕で下から跳ね上げた。しかし、「そこからが速かった」と横綱の攻め手に脱帽した。

白鵬は読んでいたかのように、腕を上げたために空いた御嶽海の左脇に右腕を瞬時に差し、左上手も取って万全の右四つ。御嶽海は突き、押しと生命線の出足を完全に封じられた。「ああなったら無理です」。上手投げを懸命にこらえたが、腰が伸びて力尽きた。

御嶽海は今場所、左は手を前に出さず、差し手を防ぐ時のように脇を締め、腕から手を内側に絞り固めて立ち合っている。4月の巡業で痛めた左手が癒えないため、初日の稽古で師匠の出羽海親方（元幕内小城乃花）から助言された対処法を守っているとみられる。

白鵬に対し、先々場所から「立ち合いで押し込まれなくなった」と成長の手応えを感じていた御嶽海。朝稽古を終えた時点で「今日は走ろうと思う」と、好調な足の運びで前に出る考えを口にしていた。不戦勝だった先場所を挟んで2場所ぶりに相対したものの、横綱になって２０１７年7月で10年になる32歳の対応力としなやかさに再び屈した。

序盤の5日間を終え、「3勝はできている。中盤もしっかり白星をつなげたい」。稀勢の里、日馬富士の2横綱と2大関との対戦を残している。

6日目

御嶽海　3－3　●下手投げ○　豪栄道

西大関　大阪府出身、境川部屋

上位に3連敗　立ち合いで後退、
鋭い下手投げで宙舞う

鶴竜を破った初日から3連勝を飾ったものの、高安、白鵬に続いて豪栄道にも及ばず、3連敗。御嶽海は6日目を終えて、星が五分に戻った。

立ち合いで豪栄道の圧力を受け、やや後退。「だめでした。突き放せなかった」。前に出て、横にずれた大関のいなしもこらえたが、立て直した体勢が腰高。左に回り込んで左上手をつかもうとしたものの、つかみきれずに空いた左脇に相手の右下手が入り、鋭い下手投げに宙を舞った。

仕切りの動作から気合がみなぎり、足の運びも落ちていない。3勝3敗となっても「悪くない。修正点もない。ここから」と前を向く。先場所の課題となった重すぎた体重だけでなく、三役の座を維持したいという守りの気持ちも出ないように「管理」している。

心身の悪くない状態が白星に結びつかないのは、気合いが空回りしている面もあるということなのかもしれない。しのぎ合い、攻め手を重ねていった時に動きが甘くなる感は、否めない。

7日目、稀勢の里に挑む。19年ぶりに誕生した日本出身横綱には、3場所連続優勝が懸かる今場所、懸賞が集中している。御嶽海は過去自己最多の懸賞60本（手取り１８０万円）が出された5度目の対戦で、自分の相撲を取りきって番狂わせを起こせるか。

7日目

御嶽海 ● 寄り切り ○ 稀勢の里

3－4

東横綱
茨城県出身、田子ノ浦部屋

実力差実感
土俵際、追い込んだが「まだまだ」

稀勢の里は3場所連続優勝が懸かる今場所、先場所で負傷した左肩付近が万全とはいえない。5度目の挑戦となった御嶽海は奇策に出ずに挑んだが、実力差をあらためて実感する黒星がついた。

立ち合いから、相手得意の左差しを防ぐ右おっつけと、重心を浮かせるための左差しで組み合った。右で前まわしを取れたのを機に土俵際まで追い込んだものの、左を力強く抱えられ、右は左下手を取られたこともあって寄り切れなかった。

先場所も先々場所も、土俵際まで追い込みながら勝ちきれなかった御嶽海。足の運びの強化をテーマに自己流の鍛錬を重ねてきたが、稀勢の里の壁を越えるまでに至らない。「横綱4人の中で一番重い。押し込まれても、今場所も余裕があり、どっしりしている」。稀勢の里も故障で上半身を十分鍛えられない半面、下半身強化で、体重が御嶽海よりも24キロ重い184キロまで増えていた。

御嶽海はじっくりと寄り返されると、左手の故障による実戦的な稽古不足も影響してか、スタミナ切れがにじんで体が伸びた。逆転を狙った足技も効果なく、土俵を割った。おっつけや前まわしを取る攻め手で好機をつくったが、「まだまだ」と技術不足も口にした。

24歳のホープと、19年ぶりに誕生した30歳の日本出身横綱との一番には、観客の事前投票で決まる当日賞を加え、懸賞61本が出され、一取組当たりの懸賞数としては史上最多タイとなった。「横綱にも声援は負けていない。長野県の人たちも多く見に来てくれているから。そろそろ勝ちたい」と成長を実証したいと挑んだが、そのための初勝利にはまたも届かなかった。

8日目

御嶽海 ● きめ出し ○ 照ノ富士

3－5

東大関
モンゴル出身、伊勢ケ浜部屋

照ノ富士戦4連敗
攻め手通じない…両腕きめられ

照ノ富士は身長192センチ、体重187キロ。入幕当初から大柄な力士に苦手意識があった御嶽海は、相手の中へと入って重心を押し上げる戦術に活路を見いだした。2016年7月の初対戦は右はず押し、9月の2戦目は左差しから勝利につなげたが、11月の3戦目以降は通じない。6戦目のこの日はあっけなく敗れ、照ノ富士戦4連敗となった。

立ち合いで思い切って当たると、もろ差しとなった。「はず押しで走ろうと思った。何で差したかなあ。（相手に巧みに）呼び込まれた」と狙いに徹しきれなかった。今年1月の4戦目、3月の5戦目と同じように、差した腕をきめられてしまう。しかも、今場所は2本とも。豪快に体を宙に浮かされ、抵抗できずに土俵外に出された。

「駄目だ、勝てない。勝てないよぉ」。風呂から上がった支度部屋で、御嶽海は嘆き節だった。膝の故障で低迷していた照ノ富士は復調傾向にあり、先場所は13勝2敗。新横綱稀勢の里と最後まで優勝を争った。年齢は25歳。24歳の御嶽海が攻め手を磨かなければ、眼前に立ちはだかり続ける可能性がある。

今場所4日目から5連敗となり、黒星が二つ先行する展開となった御嶽海。報道陣に短く応対すると、追加の質問を避けるように、うちわで風を送っていた付け人と会話。国技館を出ると、負けた時には珍しくファンが求めるサインに応じた。流れを変えるため、切り替えを図っている様子だった。

元幕内大鷲・伊藤平さん語る

良いところ失わぬ稽古を

御嶽海は、横綱鶴竜を破った初日から3日目までは自分の相撲を取っていた。ただ、4日目から実戦的な稽古不足の影響が出ている。息がすぐに上がってしまう。首投げで逆転負けを喫した高安戦のように、土俵際で腰を一段落として取れていない。

自分でも、それを分かっていると思う。体が大きくなった分、大変かもしれないが、関取同士の申し合い稽古で、3、4分は動き続けられる力をつけないといけない。左手に故障を抱え、すり足を中心に一人で調整していたようだが、それだけでは、自分で息を整えることができてしまう。

7日目に挑戦した稀勢の里は、先場所で負傷した左をかばっていて、チャンスだった。でも、左に対する右おっつけは、ただ手を当てている感じ。相手のひじを持って強くねじり上げられる技術が身に付けば、相手も嫌がって下がる。白鵬、豪栄道に対しては、出足がいまひとつだった。

今まで相撲センスや相撲勘を生かして勝利を挙げてきたが、相手も御嶽海以上に研究し、稽古もしてくる。良いところを失わないためには稽古が必要。これまでの流れが途切れ、自信を失うと、取り戻すのは難しい。

後半戦は、実力がそれほど変わらない関脇以下との対戦が中心となる。差し手ではなく、おっつけ、はずといった押し相撲の攻め手を土台に、相手が嫌がるような相撲を取れれば、チャンスが来る。

今場所から一緒にコラムを担当することになった先代の出羽海親方（元関脇鷲羽山）は、小さい体で下から押し上げた押し相撲の力士。相手を引っ張り込んでの四つ相撲の自分とは正反対の相撲を取る。互いの意見が違う時もあるかもしれないけれど、大きな期待を背負う御嶽海に頑張ってもらいたいから、2人で叱咤《しった》激励していきたい。

9日目
御嶽海 3－6 ●はたき込み○ 嘉風
西小結
大分県出身、尾車部屋

悪い流れ断てず6連敗
嘉風のはたき込み食らう

御嶽海が勝てない。連敗は6に伸び、新三役だった2016年11月の九州場所と並んで過去最悪（休場場所を除く）となった。同じ東小結の番付で9勝6敗だった先場所は相対した横綱、大関には勝てなかったが、自分よりも番付が低い相手には負けなかった。しかし、この日敗れたのは、小結同士でも番付編成上は0・5枚低いと見なされることもある西の嘉風。悪い流れで後半戦に入った。

35歳のうまさにやられた。嘉風の立ち合いが良く、おっつけや喉輪に後退する。右で相手の左を絞り上げ、懸命に差させまいと抵抗した。左は、はず押しをこらえながら、少し距離を取ったものの、上体が起きた後に瞬時のはたき込みを食った。土俵にはい、「見ての通り、押し込まれています。両足がそろっていたんで、引かれたんでしょうね」と振り返った。

6連敗に加え、嘉風戦も3戦3敗。「勝てねえなぁ。でも、負け過ぎたから、明日は取り返さないといけない」。そう話す表情は落胆の色が隠せなかった。国技館を出ると、師匠の出羽海親方（元幕内小城乃花）から「まあ、しっかりやれ」と穏やかに励まされ、ようやく表情を緩ませた。

4月の春巡業で負った左手の故障の影響で、場所前は実戦的な稽古が不足。初日以降も相手を突き放して流れをつくる自分の相撲が前面に出ているとは言えない。ただ、8日目（21日）の朝稽古で兄弟子の胸を押す普段の調整を本格再開できるまでに左手の状態は回復した。過去4戦4勝と分の良い千代の国と当たる10日目。流れを変えるきっかけをつかめるか。

10日目
御嶽海 4－6 ○押し出し● 千代の国
東前頭筆頭
三重県出身、九重部屋

連敗止めた押し
残る上位戦「全然、ほっとしていない」

御嶽海が1週間ぶりに白星を挙げ、過去最悪に並んでいた連敗（休場場所を除く）を6で止めた。支度部屋に戻ると、「長かった…」とぽつり。ただ、相手は過去4戦4勝の千代の国。分の良い力士にはいかんなく強さを発揮するタイプだけに、御嶽海は「全然、ほっとしていない」と残り5日間に向けて気を引き締めた。

同じ押し相撲で140キロと重くはない千代の国に対し、御嶽海は自信を持って臨み、よく腰が下りていた。突き、押しの応酬になって上体がのけ反る場面もあったが、膝を曲げて着実に前進。圧力をこらえ切れない相手の引きに乗じ、一気に攻め込んで押し出した。「本来の相撲を取れた」と納得した。

久しぶりの勝利に安どできなかったのは、「まだ上位（横綱大関陣）との対戦が残っている」から。11日目はその最終戦、横綱日馬富士戦に臨む。さらに終盤戦の結果は出身地の木曽地方に近い7月の名古屋場所の番付に直結する。「〝ご当所場所〟に三役でいきたい」。それを動機付けに士気を上げる。

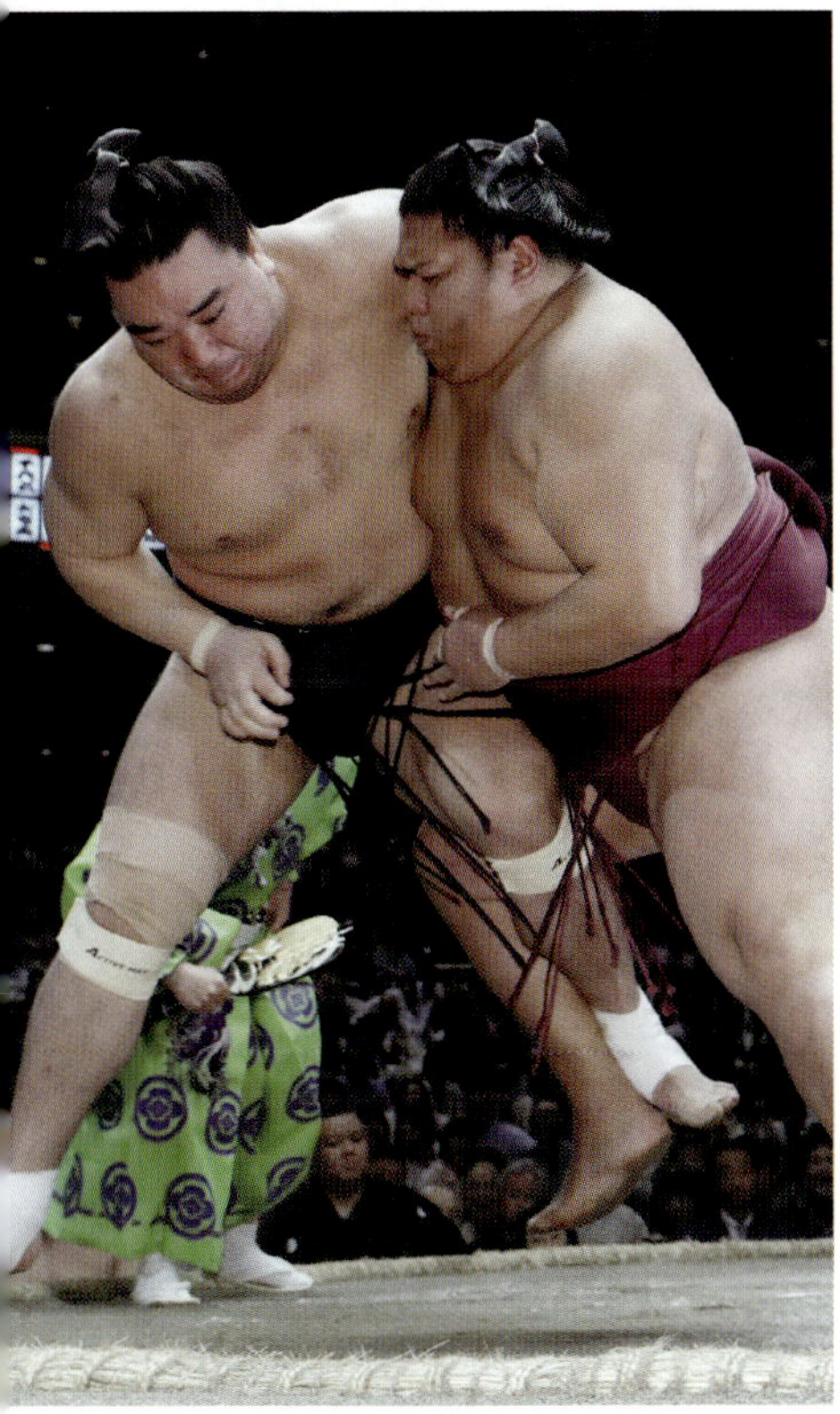
11日目、土俵際で粘る日馬富士（左）を攻め、寄り切りで破った

11日目
御嶽海 5－6 ○寄り切り● 日馬富士
東横綱
モンゴル出身、伊勢ケ浜部屋

立ち合い一気
もろ差しから前進、日馬の左足外へ

御嶽海が日馬富士に勝つのは2度目だ。ただ、今場所の日馬富士は踏み込みが鋭く、前日まで無敗で白鵬と優勝争いのトップを走っていた。御嶽海に敗れた数日後に途中休場した1月の初場所とは、状態が違う。御嶽海は2場所ぶりに立った結びの一番の土俵で、価値高い番狂わせを演じた。

「踏み込みが今場所で一番良かった」。完敗した先場所（3月の春場所）は立ち合いで圧倒されただけに、そこに集中していた。頭は日馬富士の方が低かったものの、右を喉輪気味に使って上体を起こし、もろ差しに成功。「あんなに2本入るとは思わなかった」という好感触を弾みに、持ち味の2歩目以降の出足の良さで勢いづいた。

日馬富士の後退に左が外れて右四つとなったが、休まず前進。残そうとした横綱の左足が土俵外に出て決着がついた。「下の審判が手を上げていた。でも横綱が土俵を割った感触がなかったから、がっぷり四つになっていて負けが頭を一瞬よぎっていた」と振り返った。

白鵬や稀勢の里に及ばず、2日前に過去最悪タイの6連敗を喫したばかり。それでも大きく引きずらず、一日一番に懸ける強さが24歳のホープにはある。「相手が全勝だろうが、関係ない。臆することなく、思い切りいこうと思った。しっかり自分の相撲が取れた」と表情を変えずに言った。日馬富士戦は稀勢の里の休場によって結びの一番にずれ、当初は6本だけだった懸賞も、かけ替えになった22本を足して28本に増えた。注目や動機付けが大きくなったことも士気を押し上げた。

「ぜいたくを言えば、（初場所と同じく）2大関にも勝ちたかったけれど、2横綱だけでも自信になる。まだ、白星が先行しているわけじゃない。まず星を五分に戻して、このまま残りを全勝でいきたい」と話した。

12日目

御嶽海 6－6 ○寄り切り● 琴奨菊

東関脇　福岡県出身、佐渡ケ嶽部屋

迷わず組み合い、星五分に 琴奨菊の「がぶり」こらえ

御嶽海は立ち合いで、琴奨菊が得意とする左四つで迷わずに組み合った。先場所で大関復帰を果たせなかった33歳に対し、24歳は「組んで走ろうと思った」と自分の出足に自信があった。足技も絡めて寄り切り、6度目の対戦は世代交代を印象づける一番となった。

「がぶり寄り」と呼ばれる独特の寄り立て方で迫る琴奨菊を右上手投げでしのぎ、体勢を立て直す。相手が左からすくおうとすると、「あのままいったらだめだった。負けたくない気持ちが強かった」と今度は右外掛けを仕掛けてこらえた。腰の伸びた相手を素早く攻め、力強く寄り切った。5年余り在位した大関から陥落した琴奨菊は、先場所は9勝6敗で関脇に残ったものの、今場所は8敗目を喫して負け越しが決まった。一方、7月の名古屋場所で県出身として高登（下伊那郡喬木村出身）以来84年ぶりの新関脇を狙う御嶽海は、6連敗の後の3連勝で星を五分に戻した。故障を抱える左手が十分使えない中、白星への執着心が戦績を上向かせる。

12日目を終えて6勝6敗は、同じ東小結の番付で9勝6敗だった先場所と同じ。「昨日から、残りは全勝でいくと言っているんでね。あと三つです」。先場所も残り3日間で全勝するなど終盤戦の強さには自負がある。

13日目、遠藤（左）を引き落とし

13日目

御嶽海 7－6 ○引き落とし● 遠藤

西前頭筆頭　石川県出身、追手風部屋

4連勝、勝ち越し王手 遠藤に主導権与えず

御嶽海は考えた立ち合いを見せた。やや右にずれると、遠藤の左腕を手繰って相手得意の左四つを阻止。土俵際で逆襲を受けて引いた上で、呼び込んでからさらに思い切り引き落とした。「自分の立ち合いだったかなと思う。相手の動きも全体的に見えていた」。琴奨菊の投げを足掛けでこらえた前日と同様、技も使って主導権を与えなかった相撲に納得顔だった。

2歳上の遠藤とは、北信越地区で育った学生相撲出身同士。現行制度で清瀬海（引退）を含めて3人しかいない幕下10枚目格付け出しでデビューした。ただ、遠藤は前頭筆頭まで駆け上がった後、故障の影響で十両陥落も経験。2年遅れて角界入りした御嶽海は新入幕の速さで遠藤に及ばなかったが、2016年の11月場所で遠藤を追い越し新三役となった。

御嶽海の1勝2敗だった直接対決は前年の9月場所以来4場所ぶり。この間、三役に3場所在位している御嶽海は、16場所ぶりに西前頭筆頭に番付を上げて今場所に臨んだ遠藤を負け越しに追い込み、新三役の道を閉ざした。支度部屋では勝利の余韻に浸る感じもなく、「（6連敗の後は）全勝するって言っている。残りも勝ちます」と気迫がみなぎっていた。

14日目

御嶽海 8－6 ○押し出し● 勢

西前頭6枚目　大阪府出身、伊勢ノ海部屋

新関脇へ前進 連敗でも自分見失わず

御嶽海が勝ち越しを決めた。4～9日目に過去最悪タイの6連敗を挟んだ中で盛り返した。「ほっとしました。連敗中も内容は悪くなかった。落ち込むことなくできた」と要因を挙げた。三役で2場所連続の勝ち越しに「自信がどんどん増している」と言い切った。

8勝目は過去3戦全勝と分の良い、勢からもぎ取った。突き、押しから差し勝ってもろ差しを果たす。勢の揺さぶりにも丸い背中を崩さず、腰を落として対応。相手の引きを逃さずに前進し、足を運んで押し出した。「自分の相撲を取れた。しっかり相手が見えていた」。7戦全勝の玉鷲、5戦全勝の千代の国と同様に、分の良い相手への強さを見せた。

6連敗は新三役だった昨年11月の九州場所でも経験した。横綱大関陣と初めて総当たりした昨年7月の名古屋場所では5連敗もあった。「その時の経験から自分を見失わないようにと思った。相手は毎日変わるから、やがて連勝もあるだろうと思って」。対戦相手に応じた攻め手を練り、一日一番に集中。後半戦の鍵となった11日目の横綱日馬富士戦も「自分の星とかを意識せず、シンプルに勝ちにいった結果」。15日間を戦う底力がついている。

7月の名古屋場所での新関脇に近づいたが、「あと1番ある。先場所と同じく9番勝たないと」と、表情を引き締めた。3歳上の高安は三役の座から抜け出して大関昇進を確実とした。御嶽海は「後を追えるように、自分も頑張らないといけないと思います」と抱負を語った。

千秋楽

御嶽海 8－7 ●寄り切り○ 正代 西前頭5枚目

熊本県出身、時津風部屋

新関脇なるか　千秋楽は黒星
「もっと経験を積まねば」

2場所連続で東小結を務めてきた御嶽海は、先場所と並ぶ9勝目を挙げることはできなかった。

世代交代の先陣を争う1歳上の正代との通算8度目の対戦。立ち合いで「弾けなかった」と劣勢に回り、狙っていたもろ差しを果たせない。相手十分の右四つとなり、左上手を引けないまま、正代に左上手をがっちり取られた。上体高く、残り腰なく寄り切られた。

「仕方ない。勝負は勝負。でも、勝ち越しているので気持ちはほっとしている」。一つ前の取組で、御嶽海と同じく8勝6敗だった西小結の嘉風も敗れた。関脇昇進の優先順位で、嘉風が9勝目を挙げていたら8勝止まりの御嶽海は越された可能性もあったが、1番手は確保したとみられる。三役3場所目は2横綱を破って殊勲賞に選ばれた一方、白鵬や稀勢の里に及ばず6連敗もあった。立ち合いの圧力や技術が十分ではないことも改めて自覚した。「上位陣全員に安定して勝てるようになるためには、もっと対戦して経験を積むことが必要。今は下位にも負ける可能性がある段階」と気を引き締める。

場所前から、4月の春巡業で負った左手の故障で実戦的な稽古ができなかった。場所後は故障を全治させつつ、どこまで充実した稽古ができるかが、7月の名古屋場所に臨む上で重要となる。「しっかり三役で（出身地の木曽に近い名古屋に）帰れる。応援の気持ちに応えたい」と話した。

14日目、勢（左）を押し出して8勝目を挙げ、勝ち越しを決めた

初日に横綱鶴竜、11日目に全勝だった横綱日馬富士を破り、初の殊勲賞受賞。三賞獲得は2016年夏場所の敢闘賞、2017年初場所で技能賞に続き３度目

元関脇鷲羽山（先代出羽海親方）・石田佳員さん語る

今までで一番価値がある勝ち越し
稽古で地力高める必要も

今場所の勝ち越しは、今までで一番価値のある勝ち越し。横綱、大関陣と当たる中で6連敗すると、あとは崩れる力士がほとんど。それを持ち直して勝ち越しまで持っていくのは、精神力と実力がついた証しだ。

自分も小結の時、初日から7連敗して、6勝9敗で負け越した。勝ったり負けたりはいいけれど、長い連敗があると、どうやって相撲を取っていいのか分からなくなることがある。自分はそこをクリアできなかった。

平幕力士に負けないのも強みで、三役として実力差をつけた。懐に入って相手に力を出させず、自分の相撲を取り切った。6連敗の後に分の良い千代の国と当たり、翌日に日馬富士を破った。逆の日程なら、流れが悪いまま、7連敗もあった。運にも恵まれている。

6連敗中は立ち合いの圧力で白鵬や稀勢の里を上回れなかった。おっつけなどの技術もまだ甘い。主導権を握れない展開の中で勝つためには、稽古で地力を高める必要がある。それは分かったはずだ。足りない部分がある事実を、作戦に頼って、認識しないのは駄目。動いている相手と対する実戦的な稽古で体で覚えていかないといけない。

御嶽海に先日会った時、今の番付辺りで上下するので満足ならいいが、それ以上に上がりたければ、今の稽古じゃ駄目だよと伝えた。三役（関脇、小結）と大関との間には見えない実力の溝がある。三役と平幕上位の間にはほとんど溝がない。かすみが取れ、溝の先の向こう岸が見える感覚になれば、手応えも感じられる。これから3年間の取り組み方がその後の相撲人生を決めていく。本人がどう受け止め、考えるかだ。

長野県出身の新関脇　高登以来84年ぶり
「うれしさと緊張感と」

2017 名古屋場所

西関脇　9勝6敗

❶名古屋場所へ向け、1カ月ぶりに実戦稽古。低く鋭く、「しっかりやらないと」と御嶽海

❷新関脇場所に向け、すり足を入念に繰り返す

❸新関脇昇進の記者会見で番付表を手に笑顔を見せる。「良い位置まで来られたし、うれしいけれど、一つ番付が上がったことで、緊張感がある」。愛知県犬山市の出羽海部屋宿舎にて

❹関脇となり、土俵祭りで大関陣の隣に座る

❺近くの境川部屋へ出稽古を開始。大関豪栄道（左）の胸を借りた

初日

御嶽海 1−0 ○寄り切り● 稀勢の里

東横綱
茨城県出身、田子ノ浦部屋

稀勢の里突破
腰浮かせず、成長示す足の運び

御嶽海が挑戦6度目で初めて稀勢の里を破った。「最初は雲の上の存在だった。昨年から当たるようになり、勝ちたい相手に変わっていった」。初対戦は2016年の名古屋場所。おっつけの甘い右脇を当時大関だった稀勢の里に簡単にこじ開けられ、左四つで完敗した。それから1年。小結3場所を経て新関脇になった24歳が成長を見せつけた。

低く鋭く当たると、右脇を固めて横綱得意の左差しを許さない。右を差し勝つと、はず押しだった左も相手の脇に入れ、もろ差しに成功。故障の影響で万全ではない稀勢の里を土俵際まで追い込んだのは先場所も同じだが、今場所はその先が違った。まわしを与えないように腰を浮かせず、かいなを返し、横綱の上体を浮かせて仕留めた。

御嶽海は「同じ相手に何度やっても勝てないのは格好悪い」というのが持論。相手が横綱でも「負けて元々で挑むならいいが、負けても仕方ないというのは違う。そんな甘い気持ちしか持てないなら、自分はプロになっていない」。実戦的な稽古不足を指摘する周囲の声をよそに、ここ数カ月間、稽古の中心にしているメニューはすり足。腰を浮かせない足の運び、脇の締めを意識して稀勢の里戦に備えてきた。

「ようやく勝てた。素直にうれしい。狙い通りにちゃんとできた」。初日の好取組を制し、御嶽海は自己最多を10本以上も上回る懸賞46本（手取り138万円）を手にした。ただ、感想は「50本いかなかったのか…」。史上最多タイの61本が出された先場所を踏まえて冗談っぽく話し、報道陣の笑いを誘った。

初日から2横綱3大関が敗れる波乱含みの今場所。場所ごとに注目度を上げる新関脇御嶽海が、幸先良くスタートした。

2日目

御嶽海 2−0 ○押し出し● 北勝富士

西前頭2枚目
埼玉県出身、八角部屋

圧倒2連勝
堂々の内容、北勝富士寄せ付けず

御嶽海は今場所も北勝富士を寄せ付けなかった。学生時代に何度も対戦した同い年との2度目の顔合わせを終え、「相手は番付を上げているけれど、自分とはまだ差がある」と余裕をにじませた。次世代の担い手同士として認めているからこその発言だが、学生相撲出身で若手の先頭を歩む番付通りに、堂々たる内容で実力差を見せつけた。

頭で低く当たった立ち合いの圧力で圧倒すると、「2本差しにいこうと思った」と、素早く両方の腕を相手の脇に差しかけ、機先を制した。北勝富士の右喉輪にも動じずに前進。やや横にずれたことで「最後に体が流れた。もっと腰を下ろして、正面を向いて出さないといけない」と反省したものの、勢いを生かして一方的に押し出した。

御嶽海は対戦相手を意識し過ぎないように、当日朝まで知ろうとしないが、この日の相手が同じ元学生横綱の北勝富士であることは前日に知った。「自分が昨日（会場で北勝富士に）ふざけて絡もうとしたら、『明日の相手はお前だぞ』と言われた」と振り返る。

今場所の御嶽海は制限時間いっぱいになった時に見せる動作の一部を変えた。右手で締め込みをポンと叩いた後、駆け出すように塩を取りに行っていたが、悠然と歩くようになった。「山科親方（元小結大錦）から『土俵を走るな』と言われた」。伝統ある出羽海部屋に所属する63歳の同親方は格式を重んじる。前頭2枚目まで番付を上げた北勝富士戦に際し、御嶽海は「関脇だから堂々とやる」と自負を見せた。

初日から横綱と平幕上位に勝っての2連勝は5月の夏場所と同じ。ただ、先場所は4日目から6連敗となり苦しんだ。「腰を落とし、気合を毎日入れ直して、自分の相撲をしっかり取りたい」。隙を突かれた先場所の反省を生かして前に進む。

3日目

御嶽海 2−1 ●押し出し○ 豪栄道

西大関
大阪府出身、境川部屋

豪栄道に当たり負け
完敗でも「始まったばかり」

御嶽海は完敗した。「鍵は立ち合い」と頭からぶつかり合うが、ほぼ同じ体格の豪栄道の方が重心が低く、当たりの鋭さに上体が起きた。生命線の出足を止められたまま、差された右を巻き替えようとしたが、大関の力強いおっつけを食らって一気に後退。防戦一方の展開に「力を抜いてしまった」と土俵際で棒立ちになり、粘れずあっけなく土俵を割った。

豪栄道には場所前の連合稽古で3日間胸を借り、計20番取って1勝19敗と圧倒された。ただ、新関脇として迎えた5度目の対戦を前に「稽古場は勝ち負けじゃない。自分のやることはやった。しっかりと勝ちにいきたい。本番で結果が出ればいい」と士気が高かった。それでも、本場所で31歳の大関を崩せず、「まあ、強かったですね」と力量を認めざるを得なかった。

新関脇で初黒星を喫したものの、3日目を終えて前頭5枚目以上の全勝は白鵬と嘉風だけという荒れ模様。「まだ始まったばかり。これからじゃないですか」。2桁勝利への意欲を失わず、4日目は新大関の高安に挑む。日本相撲協会理事で師匠の出羽海親方（元幕内小城乃花）は名古屋場所の担当部長。「恥をかかせないようにしたい」との思いを胸に気持ちを切り替える。

初日、新関脇御嶽海が寄り切りで横綱稀勢の里を破る

4日目

御嶽海 2－2 ●突き出し○ **高安** 東大関
茨城県出身、田子ノ浦部屋

新大関の「圧」に屈した
「追い掛けたい存在」意識したが…

御嶽海は終始、圧力で劣っていた。高安の右かち上げをこらえ、右はず押しから中に入ろうとした。しかし、相手の堅い防御からのいなしに体が泳いでしまう。重い突っ張りを受けると、再度のいなしにも翻弄《ほんろう》され、突きの追撃にあえなく土俵を割った。

「押せなかったから負けた。自分の問題ですよ」。支度部屋に戻った御嶽海は、悔しさをにじませた険しい表情で、言葉少なだった。24歳の新関脇は、27歳の新大関を「追い掛けたい存在」と意識し、土俵で結果を出したい思いが強かった。

5月の夏場所後。御嶽海は大関昇進を決めた高安に対し、無料通信アプリのLINE（ライン）で祝福メッセージを送った。「『おめでとうございます。自分もすぐに追いつきます』と。そしたら、『待っているからな』と返信があった」

御嶽海と同じ平成生まれの三役以上は、高安に加え、照ノ富士を合わせ3人しかいない。2人は次世代の担い手として期待を集める者同士。高安との対戦成績はこれまで3勝5敗。黒星は土俵際での逆転負けが目立っていたため、朝稽古後は「スタート（立ち合い）とフィニッシュ（土俵際）さえしっかりやれば大丈夫」と自信を見せていたが、ともに番付を上げて迎えた9戦目は及ばなかった。

御嶽海は4日目に高安と対戦するのは、3場所連続（3敗）だった。先場所はそこから過去最悪タイ（休場場所を除く）の6連敗と崩れただけに「4日目は重要視している」と警戒していた。

2016年11月の九州場所でも、高安に3日目に敗れてから初の6連敗を経験している。今場所は、高安戦の翌日に流れを変える相撲を取れるか。

5日目

御嶽海 3－2 ○押し出し● **玉鷲** 東関脇
モンゴル出身、片男波部屋

下から一気の攻め
新関脇場所序盤「白星先行ほっと」

御嶽海は今場所も玉鷲に押し勝ち、対戦成績は8戦8勝。「まあいつも通り。向こうがやりにくいと思っているだけ。自分がやりやすい感覚はない」。身長189センチの玉鷲が繰り出す突き、押しの威力は、2015年11月に初めて対戦したころから認めているが、御嶽海は武器が同じでも下から攻める質の高さで上回る。

「甘かった」という立ち合いで激しい当たりを受けると、玉鷲の右喉輪に土俵際まで後退した。しかし、自分の右手を相手の胸付近に伸ばして間合いを詰めさせず、左腕で下から右喉輪をタイミング良くはらった。「あの辺はセンス」と軽口も出た巧妙さで危機を脱すると、距離ができたところで一気に走り、上体の高い相手を押し出した。

32歳の玉鷲は1月の初場所で関脇に初昇進。前相撲で初土俵を踏んでから所要77場所での新関脇は史上5位の遅さだった。ただ、積み上げた地力で現在、6場所連続勝ち越し中。東関脇の地位を4場所も守っている。

一方、24歳の御嶽海は今場所、幕下付け出しの初土俵から所要14場所で関脇に昇進。玉鷲とは歩みが異なるものの、巡業中は自主的な稽古を一緒に行い、親交がある。今後の直接対決も、大関昇進を視野に入れた歩みも、話題をつくりそうだ。

新関脇場所は序盤戦が終わり、3勝2敗。「白星先行はほっとしている」。小結や平幕上位だった場所と比べて横綱、大関戦がばらけ、関脇以下との対戦が挟まる日程は中盤戦も変わらない。12日は部屋宿舎のある愛知県犬山市内で局地的な大雨が降ったが、「宿舎にも場所への行き来で使う道にも被害はない」と説明した。「気を引き締め、白星先行を続けたい」と集中力を高める。

6日目

御嶽海 4－2 ○寄り切り● **嘉風** 東小結
大分県出身、尾車部屋

冷静に難敵下す
「相手が見えていた」嘉風に初勝利

御嶽海は嘉風に4戦目で初めて勝った。自身と同じ学生時代にアマチュア横綱を経験した35歳のベテランは「意識する相手ではあった」といい、過去3戦は気合も空回りして、うまさや激しさに屈していた。「落ち着いていたんでね。よく見えていた。ようやく勝てたって感じです」と喜んだ。

立ち合いで嘉風に突っかけられると、次は自らも突っかけ、成立したのは3度目。それでも「集中していた」。横にずれて左上手を狙った相手に対し、右を差して十分に回り込ませなかった。足を運んで左上手をしのぐと、突き押しの応酬から、左を差して攻勢に転じ、右上手も確保。腰を落として寄り切った。

落ち着いて対応できたのは、周到な準備があったからだ。御嶽海は2日前の高安戦で、新大関のいなしに足がついていかなかった。名古屋など地方場所の仮設的な土俵は砂が浮いて滑りやすいと話す力士が少なくない。御嶽海は5日目の玉鷲戦から、土俵上でつける水で足裏を湿らせ、滑りにくいように工夫した。

この日の午前、部屋宿舎のある愛知県犬山市で局地的大雨による避難指示が出た。宿舎に被害はなかったが、御嶽海は国道が渋滞していると聞き出発を少し早めた。

7日目の相手は、同学年の学生相撲出身者で小兵の業師、宇良。大型力士を巧みに倒し、人気を高めているが、御嶽海は「（相手が宇良に）まだ慣れていないだけ」。自身は東洋大3年時に出場した和歌山大会の決勝で、当時関西学院大の宇良と一度だけ対戦。「突き倒した」と振り返る。

初土俵から変わらない学生相撲出身者への対抗心が、新関脇の中盤戦を支える。「宇良は番付を上げてくるとは思っていた。力の差を見せつけたい」。2敗に後退させた嘉風と同じく、1敗の宇良も退けるつもりだ。

7日目

東前頭4枚目

御嶽海 5－2 ○押し倒し● 宇良

大阪府出身、木瀬部屋

勝機逃さず危なげない取り口
学生同期生の宇良下す

御嶽海が宇良と土俵に上がると、7日目の館内は大きく沸いた。学生相撲出身で、今年25歳になる同期生の初顔合わせ。ともに運動能力が高く、幕下付け出しの御嶽海は前に出る相撲で新関脇までスピード昇進。小兵の宇良は、レスリング経験も生かした異色の取り口で前相撲から平幕上位まで番付を上げてきた。

館内は土俵を回る懸賞18本に一層盛り上がったが、御嶽海はずっと冷静だった。「自信はあります。宇良は嫌な相手じゃない」。大学3年時に一度対戦し、圧勝。「好機の時は前に出る、そうじゃない時はしっかり見る」と確かな攻略法を持ち、小兵自体が苦手ではない。これまで大型力士が、宇良を警戒し過ぎて足取りなどで墓穴を掘るのを見て首をかしげていた。

立ち合いでは、話していた通り、危なげない取り口を見せた。あえて大きく踏み込まず、持ち前の前さばきで宇良を懐に潜らせない。圧力に下がったものの、宇良の押し手を外し、相手がバランスを崩した瞬間に反撃。馬力を生かし、腰を浮かせずに押しを繰り出し、逃げる相手を倒した。

4年ぶりに真剣勝負で胸を合わせ、「学生の時よりも強くなっているのは確か」と成長は認めた。「大学時代の宇良は体が小さく、前に出てこなかった。プロになって体重が増した。運動能力が高いから、それは大きな武器」。2年半近く前に入門したころ110キロ前後だった宇良の体重は、137キロまで増えた。

ただ、同じく同期生で平幕上位まで出世した北勝富士を含め、「意識するのは、相手がもう少し番付を上げてきてから」。小結を計3場所務め、新関脇でも活躍する御嶽海は、次世代を担う学生相撲出身者の中で先頭を走る自負をにじませた。

8日目

西前頭筆頭

御嶽海 5－3 ●押し倒し○ 貴景勝

兵庫県出身、貴乃花部屋

初顔合わせ　貫禄示せず
4学年下貴景勝に敗れる

御嶽海は立ち合いで鋭く踏み込もうとしたものの、それ以降の動きがちぐはぐになった。上体を起こすために差し掛けていた右をすぐに抜き、突き、押しに攻めを変えた。だが、足がそろい気味で前に出ず、背中を丸めて応酬してくる貴景勝の圧力をまともに受けた。最後は右足首をぐらつかせ、珍しく押し倒された。

御嶽海のこれまでの相手の中で、今年21歳になる貴景勝は、阿武咲と並んで最も年下となる4学年下。全国中学大会で阿武咲に勝って優勝するなど、早くから注目される存在だった。しこ名は師匠の貴乃花親方（元横綱）が好きな武将、上杉景勝に由来する。身長174センチと大きくないが、相手が出てくる力も利用したタイミングの良い突き、押しに定評がある。

御嶽海は大学時代に個人タイトルを15も取ってから入門。新関脇までスピード出世し、三役は4場所目を迎えた。朝稽古を終えると、「経験が浅い年下に負ける自分は絶対に許せない」と慢心のない様子を見せていたものの、初顔合わせの土俵で貫禄を示せなかった。

「今までで一番年下の相手だから、慎重になった面はある。良い押しをしていると思う。馬力はないが、タイミングの取り方がうまい」。支度部屋に戻った御嶽海は、敗因と貴景勝の印象を語った。「足は大丈夫。まだ白星先行している。気持ちを楽に、白星先行でつなげたい」。前向きな言葉を並べて帰路に就いたものの、足取りのリズムは、取り口を引きずったように、どこかちぐはぐに見えた。

元幕内大鷲・伊藤平さん語る

重心支える体力欠かせず

見ていると鳥肌が立つような相撲が多い。相手の少しの隙も間を空けずに逃さず、一瞬で突く。例えば、7日目は宇良の押しが大振りになったのを逃さなかった。場所前は実戦的な稽古が十分ではなかったようだが、本場所では充実した猛稽古をしてきたかのようだ。

稀勢の里にも左を差させずに前に出た。玉鷲、北勝富士ら合口の良い相手には、自信がみなぎっている。出足が良く、攻めに迷いがない。他の相手を含め、押されたとしても想定内。慌てない。今場所は全く引いていないから流れが良い。土俵際で腰も降りている。

稀勢の里に初めて勝って『同じ相手に負け続けるのは格好悪い』と話し、豪栄道に負けて『大関は強い』と言った。上位陣が強いのは当然で、自分の時代は恐れ多くて言えなかったことを口にできる。普通は遠慮がちに話すものだと思うのだが、現代っ子なのかなと感じる。

『番付が人をつくる』と言われる。今場所の御嶽海からは、俺は関脇なのだ、という自信がにじむ。このままの勢いでいくと、大関に昇進できるチャンスが巡ってくるのではないか、という雰囲気が出始めている。大関昇進は三役3場所で33勝以上が目安とされる。

稽古は自己流調整で、発言も個性的。ただ、今は勝っているから全て許される。負けが込んできたら、周囲の対応が変わり、奈落の底に突き落とされるのではないか、と大いに心配してしまう。

序盤戦の2敗うち、高安には立ち合いから圧力で上回れず、豪栄道には下から来られた。2人は稽古で地力を高めてきた大関。その差が出た。

負けた相撲を思い返しながら実戦的な稽古を積み、今のように頭を使って相撲を取れば、さらに負けない力士になれる。

子どものころから積み上げた基礎や実戦経験があったとしても、体は日々変化している。けがをしないためにも、自分の重心をぶらさずに支える体力が欠かせない。夏巡業の稽古場で苦手な相手と胸を合わせてほしい。

9日目

御嶽海 6－3 ○はたき込み● 琴奨菊

西小結 福岡県出身、佐渡ケ嶽部屋

変化で6勝目
右足に不安「受けたら駄目だと」

御嶽海は立ち合いで迷わず右に飛び、琴奨菊をはたき込みで転がした。変化して勝つのは、3月の春場所10日目の勢戦以来。前日の貴景勝戦で痛みを感じた右足に不安があったとみられる。「今日は（相手の圧力を）受けたら絶対に駄目だと思った。自分の体の状態と、（受け身になった）昨日の負け方があったので、切り替えを図る部分もあった」と説明した。

元大関の琴奨菊は小結まで陥落した今場所も意欲を失わず、代名詞のがぶり寄りを貫こうと一心不乱に前に出てくる。御嶽海も当然、それを分かった上で変化したのだろう。先場所はあえて相手得意の左四つになって琴奨菊に勝ち、世代交代を印象づける成長を見せたばかり。新関脇の今場所も初日から前に出る相撲で観客を沸かせてきたが、御嶽海が選んだ効率優先の取り口に、祝日の館内はどよめきに包まれ、ため息、やじも出た。

師匠の出羽海親方（元幕内小城乃花）は「良いふうに言えば、昨日のことがあったので（仕方ない面がある）となるけれど、思い切りいってほしかった」と注文した。

御嶽海は観客の反応への感想を聞かれると、「勝たないといけないスポーツなので、全て気にしてはいられない部分はあります」と語った。

新十両だった2年前の名古屋場所では、立ち合いの変化で勝ち越しを決めた後日、左上唇に大けがを負った。変化は場所を戦う流れに影響する可能性がある取り口。出羽海親方は「明日からはしっかり自分の相撲を取ってほしい」と話した。

10日目

御嶽海 7－3 ○下手出し投げ● 正代

東前頭筆頭 熊本県出身、時津風部屋

冷静な取り口で完勝
勝ち越し懸け大横綱との一番へ

御嶽海は、好調の今場所を象徴するような冷静な取り口だった。立ち合いで正代の右かち上げを受けたが、低い重心のままで下がり、危なげなくかわした。再びかち上げに出るように右を固めてきた正代の動きを見透かしたように、踏み込んで左前まわしを確保。小気味よい下手出し投げで腰高の相手を転がした。

「あんな相撲が取れると思わなかった。出し投げは稽古場ではあるけれど、全て流れです」。支度部屋に戻った御嶽海は控えめに振り返った。

元学生横綱で1学年上の正代とは、初土俵の幕下時代から勝ったり負けたりの関係。ただ、正代は新関脇になった1月の初場所から2場所連続負け越しなど、やや停滞感がある。今場所もこれで3勝7敗と負け越しに後がなくなった。

２０１６年11月の九州場所で正代よりも先に新三役の小結になった御嶽海は、新関脇の今場所で正代の最高位に追いつき、勝ち越しに王手と勢いがある。獲得懸賞は正代戦の12本を加え、計１１７本。5日間を残し、一場所の自己最多だった1月の初場所の本数に並んだ。

11日目は史上最多タイの通算１０４７勝目が懸かる白鵬に挑む。相手を当日朝まで知ろうとしない御嶽海は「勝ち越しはそんなに簡単じゃない。しっかり考えて取りたい」と白鵬についての言及はなく、慎重な物言いに終始した。注目される一番ほど集中力を高める性格が、節目を迎えようとする大横綱との6度目の対戦にどう生きるか。

11日目

御嶽海 8－3 ○寄り切り● 白鵬

東横綱 モンゴル出身、宮城野部屋

隙逃さず、殊勲の星
尊敬する大横綱への挑戦実る

「今までの自分の横綱戦の中で、座布団が一番多く飛んだんじゃないかと思う」。御嶽海が結びの一番で破ったのは、元大関魁皇が持つ史上1位の１０４７勝目を狙った白鵬。「勝ちたい気持ちが負けなかったから勝てた。自分はいつも挑戦者なので」。普段通り白星に貪欲だった。

立ち合いで右張り手を受けたが、動じない。冷静さの源は、初対戦し、張り差しから左四つで完敗した前年の名古屋場所。「それが少し頭をよぎった」。横綱よりも速く動き、左四つから右上手を引いて出し投げを放つと、相手の腰を浮かせて寄り切った。「横綱も緊張した様子だった。毎場所やっているから何となく分かる」と、隙を逃さなかった。

番狂わせを演じた後は込み上げる涙を抑えるのに必死だった。「周囲から『御嶽海は稽古しない』ってずっと批判されていて、でも、自分は（基本動作を中心に必要な）稽古をしているつもりだった。それでようやく大横綱に勝ち、結果を出せたから」。白鵬の基本動作を疎かにしない姿勢を日ごろから尊敬してきたからこそ自信もつけた。

御嶽海にとって白鵬は小2だった２００１年の春場所で初土俵を踏み、中3だった07年の名古屋場所から横綱を務める。「相撲人気が落ちた時を知り、一人横綱で支えた期間も長かった。それが日本出身横綱の誕生で盛り上がる今になっても、何が何でも勝とうという気持ちがある。自分も見習いたい」。この日の勝利で自身も存在感を増した。

幕内自己最速タイの早さでの勝ち越し。中学時代に学んだ精神面の大切さを何度も思い返している。「勝っても1度目は『まぐれ』、2度目も『偶然』の要素があり、3度目でようやく『実力』と思っていい、と教わってきた」。だから、白鵬に土俵で初めて勝っても気持ちは緩まない。「自分はいつも挑戦者なので」と言える理由の根拠だ。

12日目

御嶽海 8－4 ●寄り切り○ **日馬富士**

西横綱 モンゴル出身、伊勢ケ浜部屋

踏み込み後手 日馬富士の速さ「くらっと来た」

支度部屋に戻った御嶽海は、額の辺りを「痛てぇ」と手でさすっていた。立ち合いで日馬富士に鋭く踏み込まれた際、横綱の頭が激しくぶつかった。「速さが（圧力の）重さを生む。くらっと来た」と上体を起こされると、左上手を取った相手に投げで振られ、あえなく寄り切られた。

「踏み込みで、横綱の足元にも及ばない。勝った時のように、振られた時に足を掛けて抵抗することもできなかった」。日馬富士に対して挙げた過去2勝は互角以上の踏み込みができた結果だった。生命線で後手に回り、白鵬の史上最多タイの通算1047勝目に待ったをかけた前日に続く番狂わせはならなかった。

一つ前の取組で、白鵬が1047勝目を挙げた。「自分は土俵下に待機していて、目の前で見られた。すごい記録だと思います」。学生相撲出身で24歳の自身は現在、通算126勝。年6場所で無敗を続けていったとしても、記録に並ぶには10年余りかかる計算で「自分にとっては、果てしない」と尊敬していた。

新関脇場所は残り3日間。「自分よりも低い番付の相手と当たるここから、白星をつなげるのが今後に向けて大事だし、三役としての務めだと思う。やることをしっかりやりたい」。今年に入って今場所まで4場所連続で勝ち越している。大関昇進を視野に入れた良い流れを加速させるためにも、気を引き締める。

最多タイ1047勝―記録達成に待った！
11日目、白鵬（左）を寄り切りで破り勝ち越し

13日目

御嶽海 8－5 ●寄り倒し○ **栃ノ心**

東前頭2枚目 ジョージア出身、春日野部屋

パワーに屈す 連敗…地力試される終盤

御嶽海は新関脇場所で勝ち越しを決めた後、2連敗となった。前日は横綱日馬富士に敗れ、この日は自身よりも下の番付だが、191センチ、175キロの大きな体でパワーもある栃ノ心に屈した。

栃ノ心には場所前の連合稽古で2日間計10番の相撲を取ったものの、結果は0勝10敗。全て寄り切りで敗れた。「稽古場は結果よりも習うところ、相手の弱点を知るところ」と準備してきた御嶽海だが、1年ぶりに相対した同じ出羽海一門の先輩との3度目の本場所土俵でも及ばなかった。

「突っ張ってくる」と見た立ち合いは想定違い。左上手でまわしを取った栃ノ心につかまった。自身は右下手を取ったものの、差させまいと抵抗した左の脇から相手に右下手も奪われた。力強く寄られ、最後は逆転のうっちゃりを試みたが、「浮かなかった」。のしかかるように倒された。

「強かったですね。でも、しっかり明日から切り替えて白星をつなげたい」。14日目の相手は栃ノ心と同じ春日野部屋に所属する栃煌山。過去3戦3勝と分が良いが、場所前の連合稽古では1勝3敗で、稽古場では圧倒される日もあるだけに楽観視できない。

幕内自己最速タイの早さで勝ち越しを決めた新関脇場所でも、持ち前の終盤戦の強さを発揮できるか。地力が試される。

14日目

御嶽海 8－6 ●寄り切り○ **栃煌山**

西前頭5枚目 高知県出身、春日野部屋

「想定外」3連敗 新関脇での2桁勝利、届かず

6敗目を喫した御嶽海は千秋楽で勝っても9勝止まり。新関脇場所での2桁勝利には届かなかった。11日目に通算勝利数の記録が懸かった横綱白鵬を破って勝ち越したものの、そこから失速して3連敗。終盤戦の強さには自負があり、小結と前頭筆頭だった最近3場所はいずれも4勝1敗ずつ。「3連敗は自分の中でも想定外」と重苦しい表情だった。

御嶽海は3戦3勝だった過去の対戦経験も生かし、もろ差しとなって栃煌山の重心を浮かせようとした。だが、両方から抱え込んできた相手の出足に後退。右喉輪を受けて上体が起き、さらに左はず押しを受けて主導権を握れない。左四つで右上手を許すと、腰高で攻め手がないまま、土俵を割った。初体験の終盤戦の苦戦に「こういう時もある」と殊勝に話した。

報道陣から、初日の稀勢の里戦を含め、大一番を制した後で精神的な疲れが残っているのかと問われ、「はっきり分からないが、そうかもしれない。重い感じはある。体は疲れてはないけれど」と答えた。12日目以降も朝稽古に時間通りに姿を見せ、準備を進めていた様子だったが、「2桁勝利を見過ぎたかな。目の前の一番一番を見るべきだった」と反省した。

目標の勝ち越しを決めた後に意欲を見せていた2桁勝利は、三役3場所で33勝以上が目安とされる大関昇進の足掛かりにもつながる成績だった。2桁勝利はかなわなかったものの、来場所以降に向け、これまでの良い流れを変えないためには、千秋楽は落としたくない状況となった。

千秋楽

御嶽海 ○押し出し● 阿武咲

9－6

西前頭6枚目
青森県出身、阿武松部屋

2場所連続殊勲賞 新関脇9勝、安定感増す

3連敗中だった御嶽海は千秋楽に勝ち、9勝目を確保した。相手は8日目に敗れた貴景勝と並び、今までで最も若い4学年下の阿武咲。御嶽海は1年前から横綱、大関陣との対戦を重ね、幕内終盤の土俵に慣れている経験から、「相手はあの雰囲気を初めて味わい、緊張していると思った」。激しく当たって立ち合い勝ちし、右喉輪で上体を起こして一気に押し出した。

3、4日目に2連敗もあったものの、初日に横綱稀勢の里に初勝利。11日目には白鵬を土俵で初めて破り、今年に入って4場所連続の勝ち越しを幕内自己最速タイの早さで決めた。三賞の殊勲賞は2場所連続2度目の受賞。成長を示した新関脇場所を「自分の相撲を取れた日、取れなかった日があるけれど、いろいろ収穫があった。それは気持ちの部分」と話した。

自己最悪タイの6連敗があった先場所。御嶽海は5連敗目の帰路で、負けた日には避ける傾向があった、ファンの待つ道を再び通るようになった。「三役になり、自分のことばかり優先していた。負けが込んでいる自分にもサインや写真を求め、頑張ってと言ってくれた。初心を忘れていると思った」。精神面を見直し、今場所にかけて安定感が増している。

今場所は懸賞も自己最多を更新する169本（手取り507万円）を獲得した。ただ、師匠の出羽海親方（元幕内小城乃花）は「ここから先は、重圧がかかる時でも心身が耐えられるような、地力をつけるための稽古が必要。そのときになって慌てても、遅い」と指摘する。それは、大関昇進の目安とされる三役3場所での33勝以上への挑戦にも無関係ではない。

「9勝は物足りない部分はあるけれど、今後につなげられたらいい」と御嶽海。「今やれることをやるのが大事。これからも、この番付でしっかり勝ち越していきたい」。足場をしっかりと固めながら、もう一段上がるための好機を待つ。

千秋楽、立ち合いから阿武咲（左）を圧倒して9勝目

元関脇鷲羽山（先代出羽海親方）・石田佳員さん語る

自分の本当の力、把握して

御嶽海は11日目に通算勝利数の記録が懸かっていた全勝の白鵬に勝った。今場所はそれが大きい。白鵬に全く相撲を取らせず、力を出させなかった。白鵬の懐が深いから、突き放そうとせず、まわしを取りにいく攻め手になった。白鵬も面食らったと思う。次の対戦では、互いにどう取るのか。今から興味がある。

新関脇での勝ち越しは小結2場所に続くもので意義がある。2場所連続の殊勲賞も、優勝した横綱から勝ち星を得た今場所の方が、先場所より価値がある。今年3度目の三賞はすごいし、選考委の専門家も認めている。横綱、大関陣は照ノ富士、高安以外は昭和生まれ。御嶽海も次の時代を背負う力がついている。

ただ、8日目に4学年下の貴景勝に負けた。力の差があるのに、気の緩みや油断があったと映る。12日目以降は御嶽海らしい相撲ではなかった。日馬富士戦は横綱が踏み込んでいるのに、その場で受けるように立った。栃ノ心、栃煌山には稽古場の分の悪さがそのまま出た。疲れもあり、立ち合いに迷いがあった。

苦しい時は初心が大事。迷いが出た時、自分には突き押ししかないと思えるくらいに自分の相撲を確立していれば、全てが一本化される。自分の相撲を前面に出した上で、相手に対応するのならいいが、最初から考えて作戦的な相撲ばかりを取って負けが続くと、やがてどうやって取っていいのか、分からなくなる。

年齢や番付が下の力士はこれからもっとがむしゃらに向かってくる。作戦的な相撲に頼りすぎると毎日が綱渡りで、枕を高くして眠れなくなるかもしれない。勝たないといけない使命感で硬くなった今場所の新大関、高安のようなこともある。

御嶽海は9勝を挙げたが、三役3場所で33勝以上が目安とされる大関昇進の可能性に言及すれば、10勝以上しないといけなかった。上の番付を目指すなら、出直すくらいのつもりで稽古し、自分の本当の力を把握して、自分の中での番付表をつくれるくらいになってほしい。

自己最高位更新　東の関脇に

「勝ち星を2桁に乗せたい」

2017 秋場所

東関脇　8勝7敗

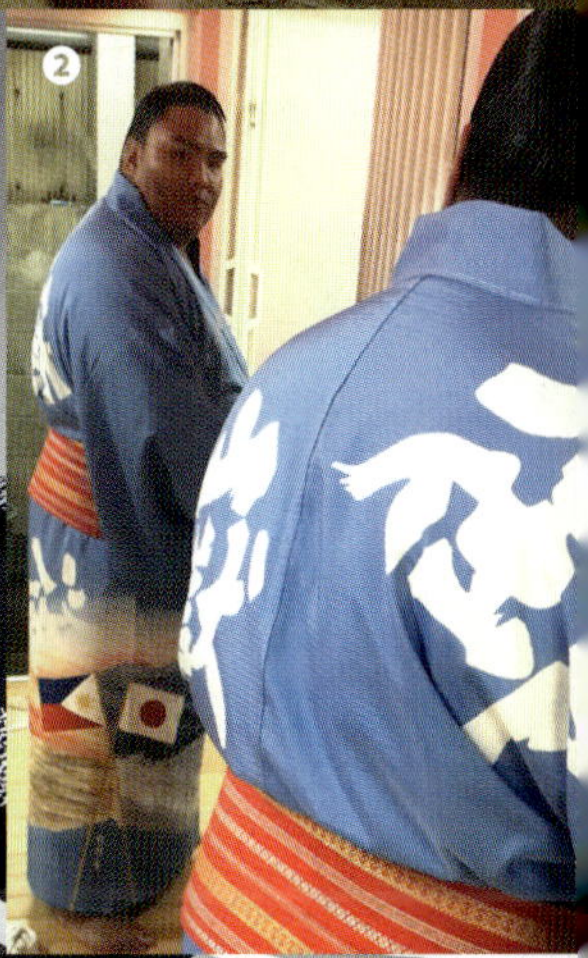

❶春日野部屋との連合稽古に臨み、58番を取って予定を全て消化した

❷初日を前に、支援者から贈られた新たな「染め抜き」を試着。染め抜きを着ての場所入りは幕内力士だけに許されている角界の夏の風物詩

❸東京都墨田区の出羽海部屋で、自己最高位の東関脇に就いた番付表を手に秋場所への抱負を話す

❹両国国技館での大相撲カレンダーの撮影。カメラマンのリクエストに応えて、帯に手を掛けたり腕組みをしたり

❺夏巡業に参加、子どもとじゃれ合って勝ち、ガッツポーズを見せて会場を盛り上げる。東京都渋谷区の青山学院大にて

❻御嶽海（後列右から2人目）ら三役以上の関取が並び、本場所の安全を祈願した土俵祭り

❼御嶽海（中央奥）を中心に稽古に励む出羽海部屋の力士たち

初日

御嶽海 ● はたき込み ○ 阿武咲

0−1

東前頭3枚目

青森県出身、阿武松部屋

出ばなくじかれ 阿武咲に初黒星「勢い負け」

三役での初の2桁勝利に意欲を見せる御嶽海は初日に出ばなをくじかれた。立ち合いで低く当たってきた阿武咲に圧力負けし、半歩後退。右喉輪で上体を起こされた。押し返そうとしたものの、足がそろっていて相手のはたきについていけず、珍しく前のめりに落ちた。

「勢い負けです」。これまでの対戦相手で最も若い4学年下の阿武咲とは、7月の名古屋場所千秋楽に続き、場所をまたいで2連戦だった。前回は初の幕内終盤の土俵に硬さが出ていた相手を圧倒した。ただ、21歳の阿武咲も名古屋場所で2場所連続の10勝をマーク。熱心に稽古を積み、自己最高位で秋場所を迎えていた。

「相手のはたきが予想外だったわけではない。ついていけない自分が悪い」。名古屋場所では阿武咲と同じ4学年下の貴景勝に敗れた。経験が浅い年下に敗れることが許せないという思いに加え、「関脇は番付が下の相手に負けちゃいけない」との自覚が、今場所はさらに強い。まわしを締め直し、2日目に臨む。

初日、地元の上松町公民館で行われたパブリックビューイングで、約20人が御嶽海を応援

2日目

御嶽海 ● はたき込み ○ 千代大龍

0−2

西前頭3枚目

東京都出身、九重部屋

はたかれ連敗 下位相手、再び立ち合い負け

御嶽海が初日から2連敗を喫したのは、2015年3月の初土俵以降、まだ2度目。前回は上位との初の総当たり戦だった17年7月の名古屋場所。当時大関の稀勢の里と横綱鶴竜に及ばなかった。自分よりも番付が低い相手に2連敗したのは、今場所が初めて。3横綱休場や故障者続出で好機が広がる中、足踏みが続く。

千代大龍の常とう戦術と言える強烈なかち上げをまともに受け、突っ張りを浴びて上体が起きた。棒立ちになったまま、相手の狙い澄ましたようなはたき込みに対応できず、前のめりに土俵に落ちた。立ち合い負けし、はたきに足が出ていかないのは、千代大龍と同じ前頭3枚目の阿武咲に敗れた初日と同様だ。

「かち上げからのはたきは頭にあったが、食っちゃうもんですね」。千代大龍とは、国技館近くで長野県関係者が営むすし屋のなじみ客同士。前回対戦した17年3月の春場所以降、千代大龍は病気の影響で体重が落ち、十両にも3場所陥落していたが、回復して体重が前回対戦時を11キロ上回る190キロに増加。よみがえった圧力に、御嶽海は「強い」と脱帽した。

夏巡業は出足と体幹を鍛える自己流調整を重ね、場所前は実戦的な稽古で相撲を計65番取った。「稽古をしっかり積み、充実している」とし、初の三役での2桁勝利や優勝争いに加わる意欲も口にした。ただ、意識が終盤戦に向いていたのか、流れをつくるための序盤戦で、結果につながらない。

24歳は「これも勉強ですね」と殊勝な物言いだった。

3日目

御嶽海 ○ 引き落とし ● 松鳳山

1−2

東前頭4枚目

福岡県出身、二所ノ関部屋

挽回へ初日 松鳳山を引き落とす

番付が下の相手に初めて初日から2連敗していた御嶽海が、3日目にようやく初白星を挙げた。

立ち合いで力強く踏み込むと、両喉輪で松鳳山の上体を起こし、動きの軸を崩した。相手の腕を上からたたくようにして、引き落としに成功。「しっかり体が動いて、相手も見えていたので、ああいう形になった」と納得の取り口だった。

前日までの2日間は結果が出ていなかったものの、調子自体はそれほど悪い感覚はなかった。

この日の支度部屋で、気持ちをどう切り替えたのかを報道陣に問われると、「気持ちはいつも通り。一緒です」とした。ただ、何も考えなかったわけではない。場所前から3横綱の休場が決まる中、関脇の御嶽海には優勝争いに加わる活躍が期待されていた。自身も意欲を見せていたが、自分は挑戦者として一日一番に集中するという初心を再確認した―との意味を込めた返答だった。

朝稽古では、師匠の出羽海親方（元幕内小城乃花）から「相手に比べて踏み込みの歩幅が小さい」、部屋付きの中立親方（元小結小城錦）から「踏み込む足のスピードがいつもより遅い」と技術面の指導を受け、初白星の追い風となった。

大関高安ら新たな休場者が出たのに加え、横綱日馬富士が敗れ、御嶽海よりも上位の3人に全勝がいなくなった。元大関琴奨菊や若手の貴景勝ら平幕が元気だが、残りはまだ12日間もあり、波乱と混迷の雰囲気が漂う。

出遅れた御嶽海だが、心技体をかみ合わせ、存在感を高められるか。

4日目

御嶽海 1－3 ●押し出し○ 玉鷲

東小結 モンゴル出身、片男波部屋

軍配差し違えで3敗
捨て身の投げ及ばず、玉鷲に初黒星

横綱、大関陣に休場や不覚が相次ぐ混迷の場所で、御嶽海がチャンスを生かせず、悪い流れを断ち切れない。4日目は過去8戦して一度も負けていなかった玉鷲に敗れた。早くも3敗目を喫し、意欲を見せる三役での初の2桁勝利への道が険しくなってきた。

自身が突っかけ気味だった立ち合いは「待ったかと思った」ものの、成立。腰高で当たり負けし、浅いもろ差しで食い止めようとしたが、腕を外から押さえられ、玉鷲の一気の出足に後退。左で捨て身の投げを放ち、いったん軍配は御嶽海に上がった。しかし、物言い。玉鷲の体が落ちるよりも、御嶽海の右足が先に土俵を割っており、軍配差し違えで負けた。

この日の玉鷲は2日目の大関高安戦で右足を負傷したこともあり、取り口が違った。これまでの対戦のように突き、押しの応酬になれば、下から繰り出す御嶽海に分があったかもしれない。「自分の立ち合いのミスです」と御嶽海。物言いで敗れるのも、２０１５年3月の初土俵以来、初めて。「流れが悪いですね」とうなった。

三役5度目の今場所は初日前から3横綱が休場を決めた。番付が上の相手との対戦は、過去4場所は15日間の半分ほどあったが、今場所は3分の1以下。周囲にも優勝争いに加わる活躍を期待され、御嶽海は意識が終盤戦に向いていた感がある。挑戦者の姿勢が前面に出ていたと言えず、本来と違った動きで初日から2連敗。3日目に初白星を挙げたが、悪い流れは簡単に変わらない。「奥が深いですね」と御嶽海。さらに上を目指すには、これも必要な試練と受け止める。

5日目

御嶽海 2－3 ○寄り切り● 栃ノ心

東前頭筆頭 ジョージア出身、春日野部屋

苦い2勝目
出足や重心「自分の相撲じゃない」

御嶽海は栃ノ心よりも先に動き、休むことなく攻めた。当たって上体を起こし、引き落とし気味に左に動いて体勢を崩す。右を差し、左は栃ノ心の差し手を封じて前進。そのまま寄り切った。

前日は過去8戦8勝と合口の良かった玉鷲に初めて敗れるなど苦しむ序盤戦の御嶽海。2勝目を挙げ、流れを好転させるきっかけもつかみたいところだったが、「自分の相撲じゃないですね」。硬い表情で振り返った。

右膝のサポーターが目立つ栃ノ心は、場所前の連合稽古で御嶽海ら関取衆と相撲を取らず、別メニューの調整だった。本場所が始まっても、初日から黒星続き。精彩を欠く相手に対し、御嶽海は「まわしを取らせないように注意した」と反撃の糸口を与えなかったものの、自分の出足や重心の高さに納得できなかった。

「内容を切り替えないといけない」。横綱、大関陣に休場者が相次ぐ今場所は、中盤戦以降も、自分より番付が下の相手との取組が中心となる。「立ち合いに集中して、足を前に出して、頑張ります」。挑戦者の気持ちを忘れることなく、低く前に出る自分の相撲をしっかり取り戻しながら、流れが来るのを待つ。

6日目、琴奨菊（右）をすくい投げで破る

6日目

御嶽海 3－3 ○すくい投げ● 琴奨菊

西前頭筆頭 福岡県出身、佐渡ケ嶽部屋

星五分に
全勝力士不在「ここから」

御嶽海が素早い攻めで快勝した。立ち合いで迷わず左を差すと深く入り、右も差し勝ってもろ差しに成功。左のかいなを返して密着し、スピードを生かして前進。土俵際で残されたが、揺さぶって圧力をかけ、タイミング良くすくい投げ。母の大道マルガリータさんも応援に駆けつけた一戦に決着をつけた。

元大関の琴奨菊は２０１０年九州場所以来となる平幕に戻った。ただ、出足は悪くなく、3日目に横綱日馬富士に勝ち、新入幕から76場所目での初金星を獲得。昭和以降で最も遅い記録として刻まれた。御嶽海は、33歳の相手を上回る好内容で勝ち、「体が動いている。ようやくじゃないですか」。そう話す表情には明るさが戻ってきた。

この日、大関照ノ富士が休場を決めた。番付の東方は、横綱、大関が一人もいなくなり、御嶽海が最上位となった。幕内土俵入りで初めて「最後は関脇、御嶽海」と紹介されて土俵に上がり、「気持ち良かった。この地位にいないと、そもそもできない」。星を五分に戻した24歳は「ここからですね」と、勝ち星の上積みに意欲を見せた。

初日に御嶽海に勝った平幕阿武咲が大関豪栄道に敗れ、全勝の力士がいなくなった。3横綱2大関が休場する中、展開は今後も読み切れない。

御嶽海は序盤戦の足かせとなった三役としての「変な意識は、もうない」と強調し、一日一番に挑戦者の姿勢で集中する。つかんだ流れを加速させるためにも、7日目の土俵が重要になる。

7日目

御嶽海 4－3 ○押し出し● **栃煌山** 西小結
高知県出身、春日野部屋

良い流れ　万全の体勢
「自分の相撲」白星先行

「自分の相撲が取れ、内容も良かったと思います」。栃煌山を押し出した御嶽海は手応えをにじませた。4日目まで1勝3敗と出遅れたが、重心を浮かせずに前に出る持ち味をよみがえらせ、3連勝で白星先行まで戦績を回復した。「良い流れじゃないですか。ここからでしょ」。勝ち星への貪欲さも増してきた。

日頃から連合稽古でも胸を合わせている栃煌山には、もろ差しで重心を浮かすのが、御嶽海のいつもの戦術。この日は立ち合いの圧力で上回ると、右は浅く差せたものの、左は外された。ただ、冷静に左を押し手に変えると、骨盤の前傾角度を保ったまま、出足を利かせて前進。腰低く、万全の体勢で押し出した。

30歳の栃煌山は8月に結婚と第1子の誕生予定を公表したばかり。場所前の連合稽古では、幕下以下の力士たちに助言する姿が増え、その責任感に親方衆が目を細めていた。しかし、先場所12勝を挙げて三役に復帰した今場所は、これで1勝6敗と戦績が上向かない。流れを転換させた御嶽海との違いが出ている。

休場者続出の異例の場所は残り8日間。御嶽海は「自分は勝つだけ。全ていつも通り」とやるべきことに力を注ぐ。千秋楽では、残り3番を前に東西の登場力士がそろって四股を踏む「三役そろい踏み」があるが、3横綱2大関が不在のため、御嶽海が本場所で初めて加わることが確実。それまでに存在感も高めておきたいところだ。

8日目

御嶽海 4－4 ●寄り切り○ **北勝富士** 東前頭2枚目
埼玉県出身、八角部屋

踏み込み甘かった
大学時代のライバルに力負け

御嶽海は大学時代にライバル関係にあった同学年の北勝富士に3戦目で初黒星。「強かったですよ。幕内上位の土俵に慣れてきたんですね」。過去の対戦は、前頭筆頭だった1月の初場所も、新関脇だった先場所も、前頭8枚目、同2枚目だった相手を押し出した。しかし、この日は、これまで圧倒していた立ち合いで踏み込みの鋭さが影を潜めた。

左を浅く差し、右をはず押しにしたものの、踏み込んだ北勝富士に前まわしを取られ、主導権を握れない。引きつけて出てくる相手の圧力を受け、土俵際へ後退。あえなく寄り切られた。突き放しではない北勝富士のこの攻めは「大学1年時の対戦でも経験していた」。意表を突かれたわけではなく、力負けだった。

御嶽海は過去の2度の対戦後、「今日は『相手をしてやろう』くらいに思っていた」（初場所）、「自分とはまだ差がある」（先場所）と発言。見下したわけではなく、刺激的な物言いが相手の発奮材料になれば―との思いからだった。3度目で初勝利を許したこの日は「いいんじゃないですか、たまには」と支度部屋で冗談っぽく強がったが、自身も悔しさを糧にしなければならない。

前日に3連勝を飾ったが、これで4勝4敗に後退。横綱、大関陣の多くが不在の場所で挑戦者の姿勢を前面に出し続けられず、生命線の踏み込みの不安定さが顔を出す。

連勝中に師匠の出羽海親方（元幕内小城乃花）は「上位2人と当たる終盤戦まで、自分で踏み込んでいく御嶽海らしい相撲で、下位に勝ち続けてほしい」と期待した。多くの御嶽海ファンも同じように願う中、下位に再び星を落とし、優勝争いに加わる可能性を高めることはできなかった。

元幕内大鷲・伊藤平さん語る

一日一番に全身全霊を

御嶽海は気持ちに隙があったと見る。初日からの2連敗は、腰が高く、反撃しようとした瞬間にはたき込まれた。4日目は過去8戦8勝の玉鷲に初めて敗れた。今まで自分よりも下位の相手に取りこぼすことがほとんどなかったし、今場所は上位陣に休場者が多いことで、隙が生まれたのだろう。安易な気持ちでは、しっぺ返しを食らう。

どんな相手にも、上位と当たる時と同じ気持ちでいけば、違った。一日一番に全身全霊をかけて戦ってほしい。角界生活は、常に精神修業。こういう経験を積み重ねていけばいい。次は、同じような場合に負けなければいいし、巡業の稽古で自分の強さを相手の体に覚えさせるくらいのつもりで相撲を取れば、本場所でも心理面で有利に働く。

5日目から切り替え、7日目の栃煌山戦は完璧だった。御嶽海のような押し相撲はやはり攻めていかないと駄目。当たり負けし、下がったら差しても効かない。一方で、腰が相手よりも高い傾向が消えない。今は馬力と出足、相撲勘の良さがあるから問題なく映るが、差した時の腕の使い方を含めて、体で覚えて直せば、勝つのが楽になる。

今場所は休場者が多い。自分の現役時代と比べ、力士は大型化しているが、鍛え方が甘い。昨年春の佐久巡業で稽古を見たが、時間が短く、番数も少なく、迫力に欠け、顔見世興行のようだと感じた。関取衆は日程が過密だと言うけれど、自分たちは今以上に過密だったと思う。各力士に合った体重にして丈夫な体をつくってほしい。

優勝争いは混戦だ。1敗のうち、豪栄道は不利な体勢でも前に出て敗れる危うさがある。阿武咲は先場所千秋楽の御嶽海戦のように緊張すると弱い。12勝3敗同士での優勝決定戦があるかもしれない。御嶽海は場所後の30日に佐久市内でのイベントにゲストで訪れる。4敗に後退したが、良い流れと結果で終えて来てくれたら、うれしい。

9日目

御嶽海 5－4 ○引き落とし● **貴景勝** 西前頭5枚目
兵庫県出身、貴乃花部屋

当たり負け「彼の相撲でした」それでも白星先行

5勝目を挙げた御嶽海は危ない内容だった。踏み込みが浅く、当たり負け。貴景勝の出足を止められず、突き、押しを浴びた。下から相手の腕をはね上げてこらえたものの、土俵際まで後退。ここで貴景勝が足を滑らせ、前のめりに倒れたことが幸いした。御嶽海は引き落としで白星をつかみ、貴景勝はももを手でたたいて悔しがった。

「彼の相撲でした」。御嶽海にとって貴景勝は初日に苦杯をなめさせられた阿武咲と同じく、過去の対戦相手で最も若い4学年下の21歳。初顔合わせだった先場所でも押し込まれ、押し倒しで敗れた。2度目の対戦は「余裕は持っていました」と冷静さを持って初勝利を挙げたが、「押されないつもりだった。圧力が強かった」と振り返った。

この日は制限時間いっぱいになって塩を取りに行く際、締め込みをポンとたたくいつもの動作がなかった。祝日の観客席からはあちこちで手拍子に合わせて「御嶽海コール」が起きる中、御嶽海は角界の有力後援者らから「大一番ならともかく、日常的なコールは相撲の応援マナーとしていかがなものか」と以前から指摘を受け、頭を悩ませている。熱心な応援に感謝をしながらも、士気向上には必ずしも結び付けられなかった様子だった。

「（相撲内容が良くなくても）白星は白星。これからも白星をこつこつ重ねていきたい」と話した。

9日目、貴景勝を引き落としで破る

10日目

御嶽海 5－5 ●はたき込み○ **碧山** 西前頭2枚目
ブルガリア出身、春日野部屋

今場所3度目、はたき込みで黒星 前のめり 足が出ず

御嶽海は今場所3度目のはたき込みで5敗目を喫した。朝稽古で師匠の出羽海親方（元幕内小城乃花）から「今場所は踏み込みがどうもおかしいなあ」と声を掛けられたように、生命線の立ち合いで主導権を握れず、いつもと違って前のめりになると、足を運んでこらえ切ることができない。191センチ、197キロの碧山の体格に合わせたかのように腰高で当たった立ち合いは威力なし。突き押しの応酬から横に動いた相手のはたきに反応できず、両手を付いた。巨漢力士が苦手とはいえ、今場所の碧山は8日目から途中出場して、まだ白星がなかった。万全とは言えない相手に精彩を欠く内容で敗れ、終盤戦の流れにも影響しかねない。

支度部屋では、11日目以降の修正点は何かと問われ、「このまま、行きます」と話しただけ。あとの質問には珍しく無言で、かみ合わない心技体にいら立ちがにじんだ。

3横綱2大関が休場する中の関脇2場所目は、挑戦者の姿勢を前面に出し切れないまま、序盤戦で下位の相手に黒星を重ね、流れづくりに苦労が続く。11日目は今場所初めて上位と当たる大関豪栄道との一戦があり、12日目以降には横綱日馬富士戦が組まれる見込み。場所前に強い意欲を見せていた2桁勝利達成は容易ではない。

11日目

御嶽海 5－6 ●寄り切り○ **豪栄道** 西大関
大阪府出身、境川部屋

腰浮き力なく 大歓声の好取組、また精彩欠く

仕切り前の御嶽海は今場所で一番大きな歓声を耳にしていた。相手は土俵に立てるただ一人の大関として、1年ぶりの優勝に突き進む豪栄道。御嶽海は思うように白星を重ねられずにいるものの、次世代を担う力士として相変わらずの人気ぶり。3横綱2大関が休場する異例の場所で、11日目に迎えた好取組だった。

御嶽海は「自分のやるべきことだけを考えた」と気合いを入れて立ち合った。だが、まずい動きが再び顔を出す。腰が浮き、踏み込みが弱くなって足が前に出ない。低い相手に大きく踏み込まれ、受けるように上体が起き、両前まわしを許す。もろ差しで抵抗するも力なく寄り切られた。

豪栄道は同じ出羽海一門の先輩に当たる。豪栄道が初優勝した2016年の秋場所では、御嶽海は高安ら優勝争いのライバルを破って援護射撃ができたことを喜んだ。ただ、今場所は自ら白星を献上する不本意な結果。角界の顔を担う一人として役割を果たす活躍もできず、苦しんでいる。

6敗目を喫し、場所前から強い意欲を見せていた2桁勝利はならなかった。関脇2場所目は残り4日間。3勝以上しないと、今年に入って初めて負け越す。「あえて深く考えず、自分の相撲を取っていく」。来場所に向かう流れのためにも、精彩を欠いたまま終えるわけにはいかない。

12日目、母校の上松小児童から大きな寄せ書きを受け取る御嶽海（左）

12日目

御嶽海 6－6 ○はたき込み● 正代
東前頭5枚目 熊本県出身、時津風部屋

好敵手に力示す 母校・上松小児童の激励受け奮起

胸から当たった正代に御嶽海は頭から突っ込んだ気迫の立ち合い。突き、押しを繰り出すと、右おっつけでさらに圧力をかける。頭を下げた相手の動きを見極め、素早く体を開いてタイミングよくはたき込んだ。「良かったんじゃないですかね。当たりも。相手が見えていた」と振り返った。

御嶽海にとって、1学年上の正代は、初土俵から強い対抗心を持ち続ける同じ学生相撲出身者。新十両、新入幕、新三役も一場所しか違わない出世の歩みだったものの、三役に4場所連続でとどまる御嶽海に対し、正代は3場所離れている。黒星先行の悪い流れを変えようと臨んだこの日、相手が正代であることが発奮材料となり、力量差も実証した。

朝稽古には、修学旅行中の母校、上松小の6年生が見学に訪れた。御嶽海は前日の豪栄道戦を国技館で観戦した後輩たちから、模造紙9枚をつなぎ合わせた全校児童（179人）分の寄せ書きを贈られ、「頑張ってください」と激励された。感謝を告げ、「先生の言うことを聞くんだよ」と声を掛けた24歳は、土俵の上でも結果で応えた。

星が五分になるのは、今場所4度目。流れづくりに一進一退が続く中、13日目は逸ノ城との1年半ぶりの対戦。初顔合わせで及ばなかった苦手な巨漢力士に、成長と三役としての意地を示し、白星を先行させられるか。「まず勝ち越し。頑張りたい」と目下の目標への王手を狙う。

13日目

御嶽海 7－6 ○押し出し● 逸ノ城
東前頭6枚目 モンゴル出身、湊部屋

逸ノ城押し出し 示した成長、幕内100勝に王手

御嶽海は落ち着いていた。逸ノ城との1年半ぶり2度目の顔合わせ。立ち合いから前傾姿勢を保って突き、押しを繰り出す。右を差し掛けて相手の懐に入ると、左も差し込んで前進。右側はまわしに手をかけられたが、はず押しに変えて外し、191センチ、206キロの巨漢力士を難なく押し出した。

初めて対戦した2016年3月の春場所は互いに幕内下位の番付。御嶽海は巨漢への苦手意識を露見させ、完敗した。ただ、それから着実に出世して、三役は今場所で5場所目。一方、逸ノ城は稽古不足や自己管理の甘さを周囲に指摘され、三役から2年間離れている。

「良かったと思います」。御嶽海は実力の違いをこの日の土俵で示した。

12日目からの連勝で7勝目。今場所はいつもの挑戦者の姿勢が前面に出ず、苦杯をなめてきたが、ようやく勝ち越しに王手をかけた。「前半戦と後半戦で（相撲は）何も変えていない。気持ちの持ちようだけです」。戦績が上がらない中、自らを奮い立たせるような手法を選ばず、「あえて何も考えないようにした」。相手との番付や相撲歴の差を意識せず、一日一番に淡々と備えている。

14日目は土俵に上がっているただ一人の横綱の日馬富士に挑戦。千秋楽は嘉風との関脇対決となる見込みだ。「あと2日間、いつも通り自分の相撲を取り切るだけです」。今年は一度も負け越していない。8勝目を挙げれば、5場所連続の勝ち越しと併せて、幕内通算100勝の節目を飾る。

14日目

御嶽海 7－7 ●寄り切り○ 日馬富士
西横綱 モンゴル出身、伊勢ケ浜部屋

横綱の寄りに屈す 楽日の一番、勝ち越し懸ける

結び前の取組で、優勝争いの先頭を走る豪栄道が貴ノ岩に勝ち、館内が大きく沸いた。御嶽海が日馬富士を破れば、同じ一門の先輩に当たる豪栄道の優勝が決まる状況だった。「少しでも役に立てれば良かったですけれど…。横綱は強かった」。御嶽海は援護射撃ができず、星を落とした。

低く当たった日馬富士に対し、御嶽海は腰が浮き気味。何とかもろ差しに成功したが、浅い両上手を許して窮屈な体勢になり、挟み付けられて攻め手を欠いた。一呼吸置いてまわしを引きつけた横綱の寄りに後退し、あえなく土俵を割った。「狙い通りだったけれど、足が出なかった。横綱は速い」と振り返った。

出された懸賞42本（手取り1本3万円）も手にできなかった。懸賞は白鵬、稀勢の里を破った先場所は自己最多の計169本を獲得したものの、今場所は14日目を終えて52本にとどまり、千秋楽で嘉風に勝っても71本止まり。3横綱、2大関が休場して多くの懸賞が取れる取組自体が少ないとはいえ、勢いに乗れない御嶽海の今場所を表してもいる。

嘉風との関脇対決は結び前に組まれた。残り3番を前にして東西の力士3人ずつが土俵に上がり、扇形に並んで四股を踏む「三役そろい踏み」にも初めて加わる。「伸び伸びと、気持ち良くやりたい」。7勝7敗で千秋楽を迎えるのは、新入幕だった2015年11月の九州場所以来。気持ちに弾みを付け、その時と同じように8勝目を奪いたい。

千秋楽、嘉風（左）を攻める御嶽海。はたき込みで勝ち、５場所連続勝ち越しを決めた

千秋楽

御嶽海 8-7 ○はたき込み● 嘉風 西関脇 大分県出身、尾車部屋

苦しんで勝ち越し「全て勉強」流れ乗れず疲労の15日間

御嶽海が嘉風との激しい攻防を制し、千秋楽に何とか勝ち越しを決めた。当たって中に入ろうと差し掛けたが、いったん突き放される。そこから飛び込んできた相手に左四つに組まれ、劣勢。ただ、下から圧力をかけて重心を上げておいて、出てくる相手を思い切って引き、はたき込んだ。

「目標が達成できたので、良かったです」。そう感想を口にした。ただ、三役5場所目、関脇2場所目の御嶽海にとって、勝ち越しは「最低限の目標」だった。場所前から三役での初の2桁勝利に強い意欲を示し、上位陣に休場者が相次ぐ中、優勝争いに加わる活躍も視野に入れていた。

先場所まで横綱、大関との対戦は15日間の約半分を占めたものの、今場所は2日間だけ。好機に見えたが、大半が下位との連戦という初めての経験に、前に出る本来の相撲が影を潜め、流れづくりに苦労。残り2日間は心身の疲労が原因と見られる体調不良で、朝稽古の土俵に上がれなかった。

「全て勉強です」。千秋楽は、残り3番を前にした「三役そろい踏み」に初めて加わった。三役に定着するにつれ、角界の顔としての行動は増える。

責任を自覚する中で負けられない取組を確実にものにする地力をつけることは三役3場所で33勝が目安とされる大関昇進への挑戦にも生きる。阿武咲や貴景勝、朝乃山ら、御嶽海よりも若手の台頭も目立った。

今場所を振り返り「自分にとって（目に見える）勝ち負けじゃない、何かが見えた」とまとめた。

幕内100勝、12場所目で到達

新入幕だった2015年11月の九州場所の初日から数え、幕内通算で100勝目（78敗2休）を挙げた。12場所目の千秋楽での達成だった。

日本相撲協会の資料（1958年以降新入幕）によると、スピード達成の史上1位は、10場所目の初日に記録した大鵬（36敗）。歴代最多956勝を更新中の白鵬は同5位タイで、11場所目の5日目（49敗6休）。資料に記載のある下限の同10位は、輪島の11場所目の11日目（61敗）。

御嶽海は早めの到達と言えるものの、「駄目ですね。少しずつ、勝率を上げたい」と話した。

元関脇鷲羽山（先代出羽海親方）・石田佳員さん語る

歯車狂っても崩れない力を

今場所は3横綱2大関が休場した。御嶽海は番付上で日馬富士、豪栄道に続く3番手であることを意識し、負けちゃいけないという変な気持ちが心中にあったと思う。それが守りや受け身の姿勢につながった。序盤戦から足が前に出ず、下位相手に先に踏み込まれた。腰が浮き、頭は下がるから下半身と上半身が連動せず、はたきやいなしに体を残せなかった。

立ち合いに不安を持ったことで、迷いが生まれた。合口が良かった玉鷲、北勝富士にも初めて負けた。本来の持ち味と違った、最初から差しにいく相撲で琴奨菊、栃煌山に勝てたから、余計に迷った。14日目は軽量な横綱にも差しにいった。

御嶽海の最近の戦績を考えれば、横綱、大関が5人も休場したら、10勝や11勝してもおかしくはない。それなのに8勝止まり。気持ちの変化によって歯車が狂うと、相撲や15日間の流れがおかしくなる段階の地力であることが分かったはずだ。

立ち合いで突き放し、相手の上体を起こして主導権を握るのが、御嶽海の相撲。そこからはず押しや前みつ、差し手で追撃するならいい。野球の投手と同じで、直球がしっかりしていればこそ、変化球が効く。まずは、ど真ん中の直球で勝負できるレベルまで、御嶽海の相撲を磨いてほしい。休場者が多い原因として、力士の大型化が挙げられている。体づくりは建物づくりと一緒で、基礎工事が重要。現役時代の自分は100キロ余の体重だったが、150キロでも耐えられるくらいの下半身をつくった。だから前に出る力があった。

御嶽海は苦しんでも勝ち越して終えるのだから、他の力士にはない良いものをいくつも持っている。今年は上位に休場が多く、一度も負け越していない御嶽海は年間最多勝のタイトルを獲得できる可能性もある。取れれば、横綱、大関以外では過去にあまり例がない。今場所の経験、勉強は来場所以降に生きる。

3場所連続の関脇 上位定着を実現
全6場所勝ち越し目指す

2017 九州場所

東関脇 9勝6敗

❶土俵祭りの前に新小結阿武咲（左端）、関脇照ノ富士（左から2人目）と談笑する
❷九州場所に向けて稽古を再開した御嶽海
❸九州御嶽海後援会から激励を受け、九州場所の健闘を誓う
❹師匠の出羽海親方（元幕内小城乃花）と縁のある佐賀県小城市を訪れ、約20人の児童たちと交流
❺全6場所勝ち越しが懸かる九州場所に向け、報道陣の取材に応じる
❻巡業中のふとした表情。愛知県一宮市にて

初日

御嶽海 1－0 ○押し出し● **栃煌山**

西前頭2枚目
高知県出身、春日野部屋

白星発進
立ち合い当たり勝ち、押し込む

御嶽海は軍配差し違えで白星をつかんだ。立ち合いで当たり勝ち、右おっつけを効かせながら栃煌山を押し込んだ。土俵際で回り込んだ相手の上手投げに転がり、行司が栃煌山に軍配を上げたものの、物言い。相手の左足が回り込んだ際に先に土俵を割っていた。

「相手の足が出たのは見えていた」と御嶽海。体を泳がせながらも、回り込もうとした相手をしっかり押していた結果だった。場所前になると連合稽古で何度も胸を合わせている30歳の元関脇に対し、「向こう（相手）も対策を考えてきていたけれど、自分が右おっつけで下からいけた」と集中して攻めきった。

体に痛みが出て、前日まで4日間は静養に当て、この日の朝稽古も軽い四股とてっぽうだけで切り上げた。栃煌山戦は左足などにテーピングを施して土俵に上がり、状態は万全とは言い難い。それでも、平幕阿武咲に星を落とした先場所初日と同じ轍《てつ》を踏まず白星をつかみ、「良いスタートだと思う」とうなずいた。

初日、押し出しで白星発進。栃煌山（左）の左足が土俵を割っていた

2日目

御嶽海 1－1 ●押し出し○ **北勝富士**

西前頭3枚目
埼玉県出身、八角部屋

見せ場なく初黒星
同学年対決、足運びに鋭さ欠く

御嶽海は見せ場をつくれなかった。激しく頭同士で当たり、鈍い衝突音を響かせた後、低い姿勢を保った北勝富士に主導権を握られた。相手の右おっつけで左の脇が大きく開く。たまらずに引くと、これに乗じて足の運び良く出た相手の右喉輪でさらに起こされた。「相手が良い相撲だった。思うようにさせてもらえなかった」。押しの追撃で土俵を割った。

同学年で同じ元学生横綱の北勝富士には、1月の初場所での初対戦から2戦は圧勝したものの、これで2連敗。先場所は上位陣に休場者が続出した中で下位に闘争心を高められずに敗れ、今場所は左足にテーピングを施した万全とは言い難い体の状態もあって完敗した。北勝富士は3場所連続となる平幕上位で地力をつけている。2場所続けて隙を突かれ、対戦成績が五分となった御嶽海は「強かった」と成長を認めた。

支度部屋で報道陣に左足の状態を聞かれると、「相撲には関係ないです。至って健康です」と突っぱねるように答えた。ただ、足の運びは本来の鋭さに欠ける。3日目の相手は、三役に復帰し、連日大声援を受けるご当地力士の琴奨菊。上位に挑戦しつつ、下位の厳しい追撃も受ける関脇の地位で、3場所目の今場所も地力が試されている。

3日目

御嶽海 2－1 ○すくい投げ● **琴奨菊**

東小結
福岡県出身、佐渡ケ嶽部屋

迷いなく攻めきる
元大関琴奨菊を豪快に転がす

御嶽海が盤石に近い相撲内容で、満員御礼の館内をため息に包んだ。相手はご当地の福岡県出身で、2場所ぶりに三役に復帰した33歳の元大関、琴奨菊。自身の左足が万全ではないこともあり、「当たって（押して）も押し込まれそうだったので、もろ差しで思い切りいこうと思った」と迷いなく攻めきった。

立ち合いですぐにもろ差しに成功し、琴奨菊の重心を浮かせた。両腕で御嶽海の差し手を抱え込んで寄ってくる相手の攻めに対しても、腰を浮かせずに冷静に対処。タイミングを見計らい、左へ動きながら、左すくい投げで豪快に転がした。

「差したら、前に出たいですね。相手を前に持っていけられなかったのがだめ」と、勝っても反省を忘れなかった。テーピングを施している左足は前日までと比べて腫れが引き、血色も良くなった。そのためか、話す表情には安堵《あんど》感が漂っていた。

九州場所はこの日、横綱日馬富士の暴行問題が明らかになり大揺れ。御嶽海は、暴行があったとされる酒席には同席していない。支度部屋では報道陣から、横綱が休場して優勝争いに加われる可能性が高まったと思うかと聞かれたが、「いやいや全然。思ってもない。勝つのみ」ときっぱり。周囲の状況に惑わされず、一日一番に集中していく。

4日目
御嶽海 3－1 ○押し倒し● 千代の国
東前頭4枚目
三重県出身、九重部屋

精神面修正し、成果
合口の良い千代の国退ける

御嶽海が合口の良い千代の国を退け、6戦負けなしとした。精神面に隙ができて下位に苦しんだ先場所は、同じ4日目に玉鷲と対戦し、9戦目にして初めて敗れた。今場所は違った。「(自分が上位でも)甘くはない。毎日切り替え、自分の相撲を取りたいと思っている」。修正に注力した成果を土俵で発揮した。

押し相撲同士の立ち合いは、千代の国が突っかけ、2度目で成立した。御嶽海は「相手のペースに持っていかれるので、激しい相撲だけは避けた」と冷静に下から突き、押しを繰り出す。はたきも交えて揺さぶると、相手の弱点である「荒さ」が見え、大振りな攻め手が空を切った。懐が空いたその瞬間を御嶽海は逃さず、一気に前進して押し倒した。

今場所3勝目は、今年の通算48勝目。先場所終了時点で2位につけていた年間勝利数の順位で、首位だった横綱日馬富士が3日目から休場したこともあり、大関高安と並んでトップに立った。

支度部屋では、この日も、年間最多勝を意識するかと報道陣に問われたが、「今日も勝ちたいという思いだけ。相手が見え、体も動いて、自分の思った通りの相撲だった」と落ち着いていた。

4日目、千代の国(右)を攻める御嶽海

5日目
御嶽海 4－1 □不戦勝■ 照ノ富士
東関脇
モンゴル出身、伊勢ケ浜部屋

不戦勝で4勝目
「ここから」勝ち越し狙い引き締め

御嶽海が4場所ぶりに不戦勝で勝ち名乗りを受けた。相手は1場所での大関復帰を目指しつつ、左膝の故障が癒えず初日から4連敗と精彩を欠いていた照ノ富士。御嶽海は照ノ富士に4連敗中で「嫌な相手だと思っていた」。万全な状態ではない自身の左足もあり苦戦を覚悟していたが、思わぬ形で白星を手にした。

序盤戦5日間を終えて4勝1敗は、関脇として臨んでいるここ3場所で、先々場所(7月の名古屋場所)の3勝2敗を上回り最も星が良い。この日は取組がなかったため、左足も温存できた。「序盤戦が終わるタイミングで、宿舎でリラックスして過ごせた」。目標に掲げる勝ち越しへの風向きは、今のところ悪くない。

6日目は、先場所(9月の秋場所)に苦杯をなめさせられた阿武咲との雪辱戦。7日目以降は、出場している4人の横綱、大関陣との対戦が控える。今年6場所全ての勝ち越しや、トップに立つ年間最多勝レースに注目が集まる中、「ここからだと思う。気を引き締めてやりたい」と自らに言い聞かせるように話した。

6日目
御嶽海 5－1 ○はたき込み● 阿武咲
西小結
青森県出身、阿武松部屋

新鋭に雪辱5勝目
土俵際で落ち着き、貫禄示す

御嶽海が先場所に黒星を喫した阿武咲に雪辱した。立ち合いの圧力で負けず、突き、押しの応酬で休むことなく腕を伸ばす。相手に下から押し返されると、やや引いて辛抱。再び押し込んでから引き技を狙うと、呼び込んだ形になって危なかったものの、土俵際で残ってはたき込んだ。「最後まで相手が見えていたし、良かったんじゃないですか」と振り返った。

御嶽海は先場所、上位陣に休場が相次ぐ中で優勝争いに加わる活躍を目指したものの、初日に顔を合わせた阿武咲のはたき込みに屈し、出ばなをくじかれた。下位の挑戦を連日受けて立つ初めての感覚に戸惑ったまま、本来の前に出る相撲が継続できずに8勝止まり。「自分には、まだ(優勝の)チャンスが来ていないのだなと思った」と地力不足を痛感した。

21歳の阿武咲は先場所まで3場所続けて10勝を挙げ、今場所は新小結で迎えた。これで1勝5敗と星が伸びないが、御嶽海は「強いと思った。自分が相手より(押す高さが)低く入らないといけなかった」と成長ぶりを認めた。ただ、自身も「今場所は修正して臨みたい」と宣言していた通り、精神面も体の動きも乱さずに取り切った。阿武咲よりも1年早く新小結になり、三役は6場所目となった24歳の関脇が貫禄を示した。

7日目

御嶽海 5－2 ●押し出し○ **玉鷲**

東前頭筆頭

モンゴル出身、片男波部屋

あっけなく2敗目 左足の踏み込み弱く残れず

御嶽海はあっけなく敗れた。頭で鋭く当たった立ち合いは「良かったと思った」と後退しなかったが、万全の状態ではない左足の踏み込みが弱く、すぐに腰が浮く。突き放せず、足も出ないまま、低い体勢になった玉鷲に頭をつけられ、たまらず引いた。苦し紛れのはたきも決まらず、土俵下まで押し出された。

「引いた時、膝が変な方向に曲がりかけた。土俵際で残れず、珍しい負け方になった」と御嶽海。動きで勝った前日の阿武咲戦の影響もあり、左足は痛みが残る様子で「下半身を使って押せていなかった。（バランスが悪く）上体が後ろにいっていたのか、初めてあんな感じで膝が曲がりかけた」と首をかしげた。

玉鷲にはこれで先場所から2連敗。2015年の九州場所の初顔合わせから8戦は続けて勝ち、合口の良さには自信を持っていたものの、精神面に隙ができて敗れた先場所に続き、今場所も思うように相撲を取れなかった。

18日は師匠の出羽海親方（元幕内小城乃花）の50歳の誕生日。朝稽古後のちゃんこ場で、御嶽海は部屋の力士とともにケーキとカーディガンを贈った。出羽海親方は「おまえらの白星が一番のプレゼントだ」が口癖だが、この日、師匠の願いに取組で応えることはかなわなかった。

７日目、玉鷲（左）に押し出しで敗れる

8日目

御嶽海 5－3 ●押し出し○ **貴景勝**

西前頭筆頭

兵庫県出身、貴乃花部屋

押し負け3敗 「やりにくい相手」終始守勢

横綱、大関戦が控える後半戦を前に、御嶽海は平幕相手に痛い星を落とした。頭で当たり合ったものの、重心の低い貴景勝に上体を起こされる。相手の突き、押しを下からあてがってしのぎ、引きに乗じて前に出たものの、腰が高く、圧力不足で攻め手がない。起死回生を狙ったはたきも決まらず、終始守勢に回ったまま、押し出された。

身長１７５センチ、体重１６８キロの貴景勝は、背中を丸くし、前に出てくる相手の力を利用するように、タイミング良く下から押し返す技術にたける。「やりにくい相手」と御嶽海。「引きもあるから警戒して見ていこうと思ったけれど、我慢が足りなかった」と話した。

貴景勝にこれで1勝2敗。先場所は勝ったが、土俵際まで押し込まれ、その際に相手が足を滑らせた結果の白星だった。

今場所初の連敗で、年間勝利数は「50」のまま。順位は7日目終了時点で単独トップだったが、この日、8戦無敗の白鵬に追い付かれた。そして貴景勝が高安とともに「49」で迫っている。

貴景勝は、ライバル関係にある同じ21歳の阿武咲に新三役で先を越された今場所、横綱、大関との対戦も終えて6勝2敗と奮闘する。4学年上の御嶽海は、後半戦で次世代の担い手として負けない存在感を放てるか。

元幕内大鷲・伊藤平さん語る

基本の動きが気になる

御嶽海は動きの基本の部分が気になる。前に後ろに土俵を行き来して勝った6日目の阿武咲戦が顕著だった。押し相撲の力士なのにすり足がしっかり維持できておらず、駆け足のようになっている。すり足は爪先や膝を開き、かかとをつけて行うから、重心は下がる。そうなっていないから腰が浮き気味になる。

押し切れないと、引いてしまう傾向がある。先場所に続いて敗れた7日目の玉鷲戦がそうだったように、はたきに出ても相手に読まれている。

左足の状態が万全ではないと聞いている。その影響があるかもしれないけれど、今後は故障だけでなく、大関とりなど心理面で重圧がかかり、思ったような動きができなくなる場所もあるだろう。どんなときでも体が覚えているように、稽古の内容を見直してほしい。

それでも、5勝3敗で中日を折り返した。土俵際で相手が先にミスをしてくれた初日の栃煌山戦のように、今場所も勝負運が良い部分がある。白星が何より良薬。流れづくりに生かしてほしい。

後半戦は2横綱、2大関との対戦が全て残っている。堅調な白鵬を除けば、勝てるチャンスがあると見ている。稀勢の里は痛めた方とは逆の右をもっと使えばいいのに、相手の攻めを受けているだけ。豪栄道には引き癖が出ているし、高安も休場明けで万全ではない。

1年納めの場所で、三役で初の2桁勝利を狙ってほしい。年間最多勝レースでも首位タイにいる。入門3年目で大したもの。自信をつけ、さらに稽古に励んでほしい。

9日目

御嶽海 5−4 ●はたき込み○ 高安

西大関

茨城県出身、田子ノ浦部屋

かど番大関に4敗目 攻める場面なく

休場明けで初のかど番の高安に対し、御嶽海は攻める場面がなかった。当たり負けし、相手の突っ張りを下からあてがってこらえたが、上体が少しずつ浮き、左脇を力強く差されて後退。自身の右差しを軸に土俵際で右へ回り込んだものの、両足がそろってしまい、万事休す。大関のはたきに足が送れず、転がった。

右拳で土俵をたたいて悔しがった御嶽海。支度部屋に戻っても、いら立ちが収まらない。風呂から上がって大《おお》銀杏《いちょう》をまげに直してもらう間も、仏頂面でずっと目を閉じ、報道陣を全く寄せ付けなかった。

巡業中に食事に誘われたこともある高安には、実力と成長の可能性を認められている感覚がある。精神面に隙ができ、下位相手に自分の相撲を取れずに苦しんだ先場所は、無料通信アプリのLINE（ライン）を通じて奮起を求められた。だからこそ、2場所ぶりの対戦で力を見せたかったところだが、最も恥ずかしいと思っている、相手の引き技に足が付いていかない負け方で敗れた。

師匠の出羽海親方（元幕内小城乃花）は「左脇を差されたのは、姿勢が高いから。低く入れたら違ったかもしれないけれど、左足の影響もなくはないと思う」と話した。

年間勝利数は「50」のまま変わらず、「51」に伸ばした白鵬にトップの座を明け渡し、高安にも2位タイに並ばれた。

御嶽海の左足は少しずつ回復している。出羽海親方は「10日目以降も上位戦が続く。故障していても、自分ができることを稽古場でもっとやらないといけない。本場所に臨むための準備が足りていない」と指摘。勝敗によって、感情が大きく左右されないよう地力養成を求めた。

10日目

御嶽海 6−4 ○はたき込み● 豪栄道

東大関

大阪府出身、境川部屋

我慢で連敗止めた 持ち前の自己流の調整力

御嶽海が豪栄道に対し、4戦ぶり2度目の白星をつかんだ。立ち合いで低く当たると、いったん引きながら右を脇に差して大関を組み止める。この差し手を嫌った相手が巻き替えに出た瞬間、はたき込んで土俵にはわせた。「引いて距離を取った後、我慢しようと思っていた。（はたきの）タイミングが良かった」。落ち着いた取り口で相撲勘の良さを発揮した。

今場所初めて上位に挑んだ前日の高安戦は敗れたものの、「番付が上の人との対戦だと、気が引き締まる」と士気を下げることなく、6勝4敗に戦績を立て直した。悔しさでひと言も発しなかった前日と違い、「これまで（下位に）取りこぼしもあったけれど、ここからだと思う。まずは勝ち越しを狙い、自分の相撲を取りたい」と前向きに残り5日間を見据えた。

本場所で活躍した一方、この日の朝稽古は腹の痛みを訴えて前日に続いて回避し、親方衆を心配させた。前々日の朝稽古では、いつもより遅い時間に姿を見せたため、親方衆から稽古量を増やすように注意を受けたばかりだが、万全ではない左足を抱えての初日からの連戦に、心身ともに疲れがたまっていた様子。持ち前の自己流の調整力で豪栄道戦に合わせた。

「今日は久しぶりにしっかり相手に当たれた」と立ち合いの改善に手応えを感じた御嶽海。「3連敗中でも毎日しっかり切り替え、やるべきことをやるしかないと思っていた」。新三役だった前年の九州場所から1年間、三役の地位をほぼ守り続けている経験が、星の上積みに生きている。

11日目

御嶽海 7−4 ○押し出し● 千代大龍

東前頭2枚目

東京都出身、九重部屋

勝ち越し王手 かち上げ封じ、強烈喉輪

御嶽海は立ち合いで千代大龍の常とう手段のかち上げに対し、タイミングをずらしながら自身もかち上げた腕をぶつける工夫を見せた。これで受ける圧力を軽減すると、やや押されたが、続く相手の引きに冷静に反応して攻め込む。強烈な左喉輪を見舞ってのけぞらせ、棒立ちになったところを難なく押し出した。

千代大龍には、これまで1勝3敗と分が悪かった。先場所も圧力十分のかち上げを食らった後にはたき込みで敗れた。この日の支度部屋では、思った通りの展開に持ち込めたかと問われ、「はい。うまく中に入れたし、前に出られた」と即答。「あと1番、気を引き締めていきたい」と目標の勝ち越しを見据えた。

年間勝利数を高安と並んで「52」に伸ばし、順位で結びの一番で敗れた首位の白鵬に追いついた。2人をわずかにリードしていた今場所の序盤は「10勝くらい先行していたら、自分にも年間最多勝の可能性があるかもしれないけれど、そうじゃないから難しい」と淡々としていた。タイトル獲得を意識せず、一日一番に集中する姿勢を重ねている結果、終盤戦に入っても首位争いを続ける。

12日目、白鵬に2場所ぶりに挑む。先々場所では、通算勝利数の記録達成に待ったをかける殊勲の星を挙げ、自信をつけた。白鵬は今場所、横綱日馬富士の暴行問題で周囲が騒がしくなる中、前人未到の40度目の優勝を目指す。「大丈夫じゃないですか、いつも通りにやれば」と御嶽海。大横綱が隙を見せれば、再び逃さないつもりだ。

12日目

御嶽海 7－5 ●寄り切り○ 白鵬
西横綱
モンゴル出身、宮城野部屋

隙なし横綱に完敗
立ち合いの速さ・落ち着きに感服

白鵬になすすべなく敗れた御嶽海は、支度部屋に戻ると、うなった。「横綱はいつも通り、淡々としていた。今まで対戦した中で、一番落ち着いていた。体がいつもの倍くらい大きく見えた」

前日に嘉風に敗れた際に、立ち合い不成立を約1分間も土俵下でアピールする異例の態度を取った白鵬。この日は日本相撲協会審判部から厳重注意を受けた。同じモンゴル出身横綱の日馬富士の暴行問題があって周囲が騒がしい中、御嶽海は「横綱が今日も冷静さを欠けば、隙はいっぱいある」と好機が生じれば、逃さないつもりだった。

「立ち合いが思っていたのと全く逆だった」と御嶽海。右張り手を見舞ってから、左差し、右上手を狙った白鵬の取り口は、御嶽海が通算勝利数の記録達成に待ったをかけた先々場所と同じ。「その時の負け方があったから、今日は左四つの可能性は低いと思っていた。自分の作戦ミスだし、横綱が速かった」。左張り手や、サポーターやテーピングを厚く巻いた右腕でのかち上げからの展開を予期していたため、面食らった。横綱の盤石な相撲に、残り腰なく一方的に寄り切られた。

24歳の関脇は朝稽古を終えた時点で、「今日は中途半端な内容はない。隙を突けるか、完敗するか。三賞も狙いますよ、久しぶりに」と勝ち越しと殊勲賞を狙って意気込んでいた。しかし、前人未到の40度目の優勝が懸かる32歳の大横綱は崩れなかった。

13日目

御嶽海 7－6 ●押し出し○ 逸ノ城
西前頭4枚目
モンゴル出身、湊部屋

精彩欠き敗北 逸ノ城に圧力不足
「前向き勝ち越しへ」

御嶽海は巨漢の逸ノ城に対し、精彩を欠いた。踏み込みが弱くて立ち遅れ、相手の体格に合わせて伸びるように腰高で当たってしまい、圧力不足。差すこともできずにいったん引いたものの、相手の右喉輪での追撃にのけ反り、「上体が起こされた」。はじき出されるように土俵を割った。

7勝のまま2日間足踏みし、目標の勝ち越しに残されたのは、あと2日間。「前を向いて勝ち越すのみ。切り替え、引き締めていくしかない」。ただ、残り2日間で2連勝しても、9勝止まり。小結時代を含めた三役6場所目の今場所も、三役で初の2桁勝利には届かないことが確定した。

師匠の出羽海親方（元幕内小城乃花）は「最近は思うような相撲が取れず、意欲が薄まっているかもしれない」と指摘。今場所は左足の故障の影響があり、先場所は下位との対戦が大半を占めた中で精神面を整えられなかった。15日間を戦う流れに安定感が不足する中、出羽海親方は「ほぼ1年間も三役に居続ける力があるのだから、上（大関）を狙う姿勢を前面に出して、やるべきことをやらなければもったいない」と注文する。

三役3場所で33勝以上が目安とされる大関昇進には、2桁勝利が足掛かりとなる。「一度2桁勝てれば、流れが変わる」と出羽海親方。年間勝利数の順位で2位（52勝）に追いつかれた貴景勝、北勝富士ら同世代以下の力士も成長している。御嶽海は年間全6場所勝ち越しの達成が目前となる一方で、さらなる出世へ岐路に差しかかっている。

14日目

御嶽海 8－6 ○押し出し● 荒鷲
西前頭5枚目
モンゴル出身、峰崎部屋

冷静に重ねた白星
試練乗り越え、負け越しなしの1年に

一度も負け越さず今年を終える快挙を達成した御嶽海は「うれしい。あまりないことなので」と喜んだ。日本相撲協会の機関誌によると、関脇以下の力士が年6場所すべてで勝ち越すのは、２００８年の安馬（現日馬富士）以来。横綱、大関陣を含め、御嶽海が幕内の土俵でただ一人の達成者となった。

今場所8勝目は、完勝だった。しっかり踏み込み、相手よりも低く頭で当たる。突き、押しで真っすぐ出ると、土俵際を左へ回り込もうとした荒鷲に足の運び良く付いていき、追撃の手を緩めずに押し出した。勝ち越しに2日間足踏みしたものの、今場所最も番付が低い対戦相手を確実に下し、「自分の相撲を取れて良かった」と納得した。

場所前は試練が襲った。初日の6日前、連合稽古で左足親指付け根の関節周りを負傷。翌日の連合稽古も参加してひどくなり、全治1カ月以上と診断された。

「今場所は勝ち越しが無理だと思った」。それでも、一日一番に集中する姿勢を失わず、相手の取り口に応じて立てた作戦を冷静に実行。相手のミスや不戦勝にも助けられ、勝ち星を伸ばした。左足は終盤戦に入って、ようやくぶつかり稽古ができるまで回復した。

「こんなけがを抱えて出場したことがなかった。けがをしたらこうなると、身に染みて分かった」。故障しない体をつくるために、相撲の基礎になる動作を積み上げ直し、実戦的な稽古で相手の圧力を受ける機会を増やす必要性も感じている。「もっと早く勝ち越して、（三役で初の）2桁勝利を達成できたら良かった」。先場所は精神面に隙が生じて苦しんだ。この1年間、本場所ごとに課題に直面した。安定した成績を残し続けた一方で味わった本人の苦闘は、来年につながる。

千秋楽

西関脇

御嶽海 ○ 引き落とし ● 嘉風

9－6

大分県出身、尾車部屋

「勉強」の1年締めの御嶽海
来年の出世競争見据え、重い9勝目

「立ち遅れた」という御嶽海は左四つになり、やや半身で腰が伸びる。足を進める嘉風の攻めを右でおっつけながら辛抱。土俵際へ追い込まれたが、「相手が見えていた。勝つことが重要だった」。素早く右へ体を開くと、受ける圧力をタイミング良く利用した引き落としで手をつかせた。

今場所は不戦勝が一つあり、文句なしの勝ち越しには9勝目が重要だった。先々場所の9勝、先場所の8勝に続いて関脇で安定した成績を残したが、「2桁勝利に届かなかったのは駄目」。休場者が相次いだ今場所は最後、自身より上位は白鵬と豪栄道しかいなかった。下位への取りこぼしもあり、反省を口にした。

これで今年の本場所が終わった。平幕上位から関脇への定着を目標に掲げた中、6場所中5場所で三役に在位し、一度も負け越さなかった。年間勝利数は「54」で、トップの白鵬に次ぐ2位タイ。三賞は3度獲得した。その一方で、心や体の管理に苦しむ場所も目立った。「いろいろ勉強になった。得るものも増えた。いい1年だった」と振り返った。

来年は横綱、大関の高年齢化が進む中、北勝富士や阿武咲、貴景勝ら同世代以下との出世競争が激しさを増す。大関昇進への足掛かりも築けるか。「積み上げてきたものを生かすのはこれから」と御嶽海。「今は1年が終わり、ほっとしている」。1週間後から九州・沖縄地方を回る冬巡業が始まる。頭の中を整理し、来年の目標を立てていく。

千秋楽、引き落としで嘉風(右)を破り、9勝目

年間勝利54で2位

2017年最後の大相撲九州場所が終了し、年間最多勝は白鵬が56勝で2年ぶり10度目の1位となった。年6場所制となった1958年以降で92年の貴花田の60勝を下回る最少記録。今年は計25休しており、96年の貴乃花の15休を上回る最多休場日数での最多勝。日本相撲協会広報部によると、2場所休場した力士が年間最多勝に輝くのは67年の大鵬以来2人目となった。

2位は54勝で並んだ24歳の御嶽海と、初場所新入幕の21歳の貴景勝。52勝の4位に大関高安、玉鷲とともに25歳の北勝富士が入り、若手の台頭を示す結果となった。

2016年に69勝で初の年間最多勝に輝いた稀勢の里は4場所連続休場もあり、39勝にとどまった。

元関脇鷲羽山(先代出羽海親方)・石田佳員さん語る

負け方悪かった今場所、影薄く
攻める生き方貫いて

今場所の御嶽海は負け方が悪かった。左足のけがの影響があったとしても、あっさりしすぎ。最初から力を出していないような、闘争心に欠けるような負け方が少なくなかった。負け方が悪いから、影が薄い。先場所8勝で技能賞に選ばれた嘉風と違い、関脇で勝ち越しても三賞の候補にすら名前が挙がらなかった。

本場所の一番は、稽古場の何十番にも値する。無駄な一番をつくっちゃいけない。自分の相撲で攻め続け、最後まで諦めない姿勢が大事。上の番付を狙うなら、見ている人が惜しかったと思えるような負け方をしないといけない。相手にも、御嶽海は不利な体勢になると弱く、逆転する力もないと思われてしまう。

御嶽海は受け身に回っている。以前の挑戦者の姿勢でなく、関脇の地位を守ろうという表情やしぐさが見える。それが影響し、先々場所では勝っていた白鵬に対し、左四つでなすすべなく敗れた。立ち合いで当たり、本来の突き、押しで抵抗できなかった。上位陣とは気持ちのつくり方からまだまだ力の差がある。

力士になった以上、勝負師であることを忘れず、攻める生き方をしてほしい。出世街道で一息ついたら、大負けする怖さがあるのが、この世界。下位の力士も稽古し、研究してくるから、現状維持の気持ちは番付を下げる。三役に甘んじるべきではない。35歳で大関を狙うと公言する嘉風の方が若々しく見える。

年間全6場所で勝ち越したのは、幕内でただ一人だから価値がある。向かっていく気持ちと、けがをしない体をつくり直し、研究されてもその上をいく研究をして、関脇で2桁勝つこと。それが次の飛躍につながる。今年25歳になる御嶽海は、28歳までが勝負になる。やるべきことをやるべき時に徹底してやり、悔いの少ない力士人生にしてほしい。

関脇在位４場所連続「居続けることが大事」昇進を見据えた地力づくりに意欲

2018 初場所

東関脇　8勝7敗

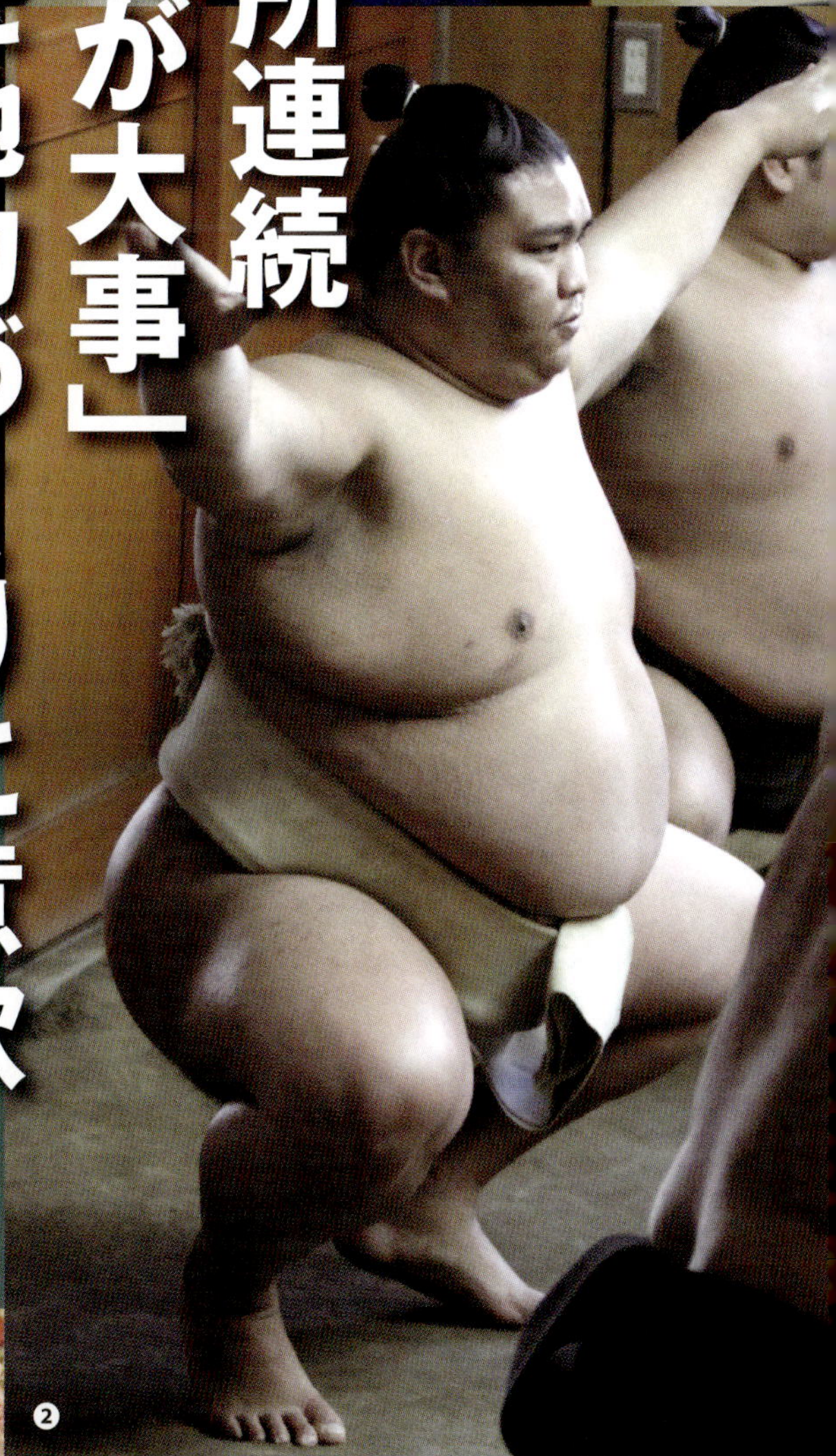

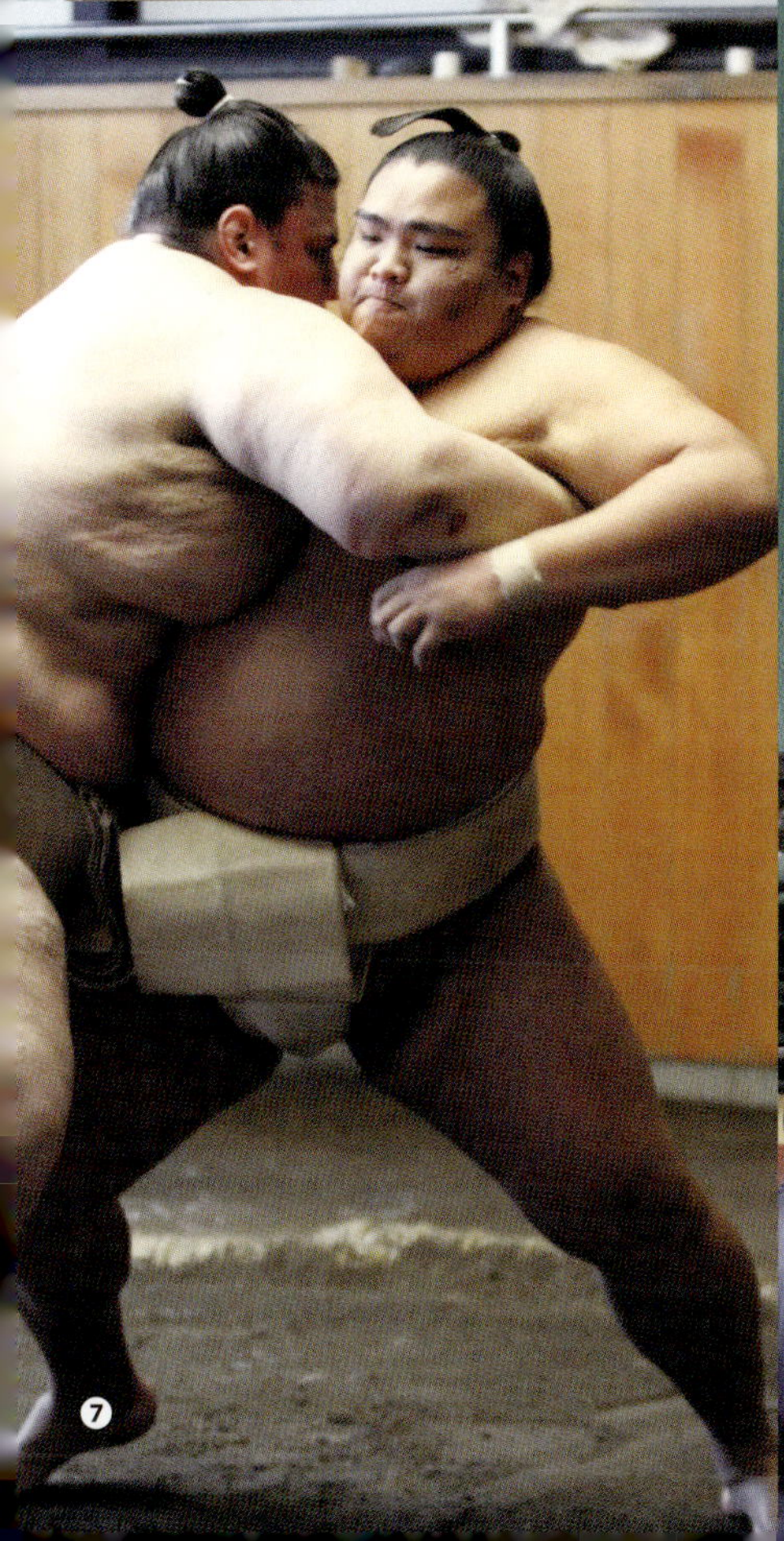

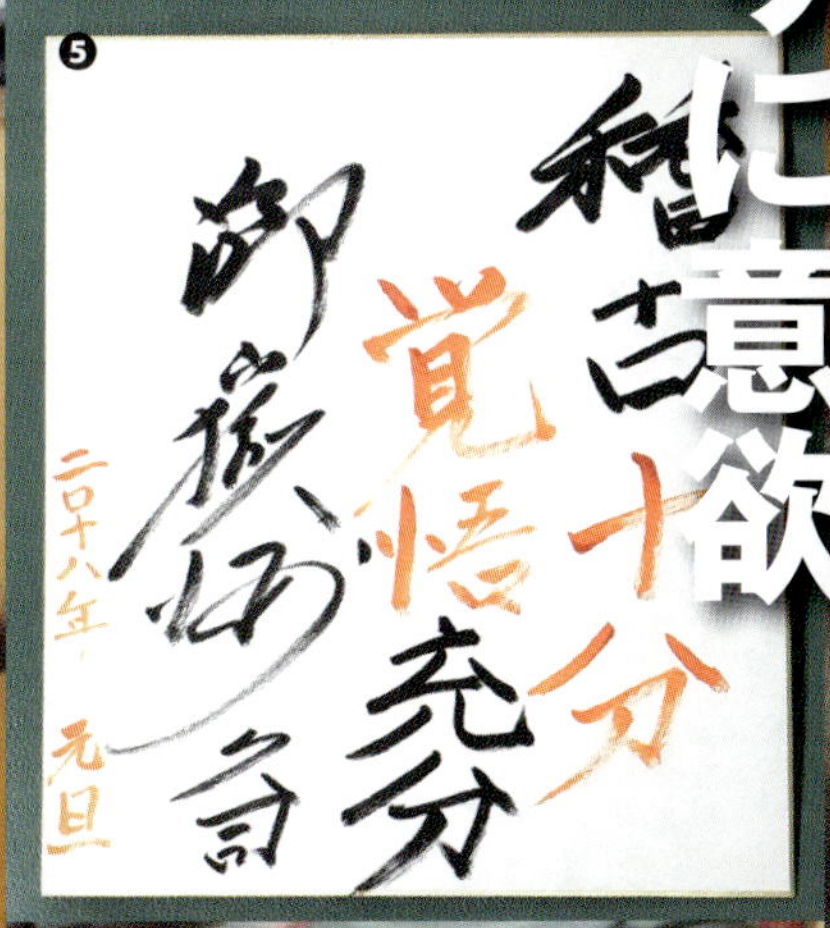

❶御嶽海ら力士全員の三本締めが響いた出羽海部屋稽古納め
❷初日前日、深呼吸で息を整え、部屋力士たちと稽古を終える
❸出羽海一門連合初稽古で、大関豪栄道（左）と精力的に稽古
❹初場所の番付表と自らがモデルに採用されたチラシを手に気持ちを引き締める。東京都墨田区の出羽海部屋にて
❺2018年の抱負をしたためた色紙
❻土俵祭りに臨む御嶽海
❼春日野部屋との連合稽古で、碧山（左）の寄りをこらえる

初日

御嶽海 1－0 ○寄り切り● **琴奨菊**
西前頭2枚目
福岡県出身、佐渡ケ嶽部屋

流れ良し内容良し
大関昇進期待の年、好発進

２０１７年の初場所は、新小結から平幕の西前頭筆頭に地位を下げて臨んでいた御嶽海。今年の初場所は三役の関脇で迎え、元大関の琴奨菊と顔を合わせた初日を好内容の白星で飾った。「この地位で新年を迎えられ、白星発進できたことには特別なものがある」。大関昇進が期待される1年間のスタートを幸先よく切った。

琴奨菊に得意の左四つを許さなかった。体重がしっかり乗った低く鋭い踏み込みで当たると、左を素早く差し、相手の差し手を防ぐために脇を固めていた右は、内側からねじ込んでもろ差しに成功。一方的に相手の重心を浮かせて寄り続けると、審判の竹縄親方（元関脇栃乃洋）が琴奨菊の足が土俵を割っているとして手を挙げ、決着がついた。

「きちんと踏み込めているからこそ、自分の差し手が相手に入っている。流れも内容も良く、狙い通りの相撲が取れた」と御嶽海。琴奨菊には初顔合わせだった16年7月の名古屋場所から10場所連続で対戦し、これで5連勝で7勝目。大関から陥落して6場所目を数え、今月30日で34歳になるベテランに力の差を示している。

前年までの御嶽海は、基本動作を中心とした自己流の調整を土台に、抜群の相撲勘を発揮した。ただ、三役の過去6場所で2桁勝利が一度もなく、今年は実戦的な稽古を積極的に行い、体づくりも見直している。その変化が本場所でどう出るのか、不安はあった様子だったが、「この1勝で緊張は取れた」。25歳は自信を増して2日目を迎える。

2日目

御嶽海 2－0 ○寄り切り● **千代大龍**
東前頭3枚目
東京都出身、九重部屋

速攻鋭く連勝
「反射的」立ち合い攻防…冷静

出足鋭い立ち合いで一気に勝負を決めた。御嶽海は対戦成績で2勝3敗と分が悪かった千代大龍に付け入る隙を与えず完勝。盤石の内容で新関脇だった２０１７年７月の名古屋場所以来となる初日からの2連勝を飾った。

立ち合いの攻防を冷静に制した。自分より約30キロ重い１９７キロの千代大龍は左からの強烈なかち上げが武器。十分に警戒していたが、千代大龍は予想外に左前まわしを取りにきた。

だが御嶽海は落ち着いていた。「反射的だった」と素早く右を深く差すと、前に出ながら左も入れてもろ差しに成功。そのままスピードを生かして一気に寄り切った。

支度部屋でも「千代大龍関が自分の相撲ではなかった。調子が悪いのかな」と相手を気遣う余裕すら見せた。直近2場所は下位への取りこぼしが目立ったが、好調の要因を問われた25歳は「経験ですね」と4場所連続で務める関脇の自負をのぞかせた。

今場所は師匠で日本相撲協会理事の出羽海親方(元幕内小城乃花)が、療養中の二所ノ関審判部長(元大関若嶋津)の代理を務め、この日は御嶽海の取組の時間帯に審判長として土俵下に入った。「(師匠に) 変なところは見せられないですからね」と御嶽海。成長著しい小結阿武咲と当たる3日目に向け、「一日一番集中していきたい」と静かに言葉に力を込めた。

３日目、突き落としで阿武咲(右)を破って３連勝

3日目

御嶽海 3－0 ○突き落とし● **阿武咲**
西小結
青森県出身、阿武松部屋

動じず逆転
土俵際でも余裕、好調3連勝

御嶽海は「立ち合いが駄目だった。相手に先に押されている」と、阿武咲に対して主導権を握れなかった。自身の右脇をはず押し、首もとを喉輪が襲い、上体を起こされて土俵際へと後退した。

だが、今場所の好調ぶりを象徴するように、腰の高さと前傾角度が変わらない。相手の方が体が伸びて（重心が浮いて）いる意識が強い。「自分は、下半身で相撲を取ってきていたので、タイミング良く対応できた」。いなしが効いた瞬間に右に動いて突き落とした。

立ち合いが駄目だったのは「集中力の部分」と御嶽海。自身が２０１７年、6場所を幕内でただ1人全て勝ち越した一方、阿武咲も17年十両だった2場所を含め一度も負け越していない成長ぶりを示した。支度部屋で報道陣から次世代の担い手として存在感を増す相手を意識したかと問われ、「周囲に意識させられています」と笑いも誘いつつ認めた。

初日から3連勝は、4場所目となった関脇の番付では初めてで、東小結だった前年5月の夏場所以来。場所前から、春日野部屋との5日間の連合稽古などで積極的に相撲を取り、「春日野（部屋の関取）の3人の方が（阿武咲より）重たいので、今日は土俵際でもまだ余裕があった」。納得のいく準備が、今場所に臨む上での確かな自信を生んでいる。

4日目

御嶽海　4－0　○引き落とし●　貴景勝

東小結　兵庫県出身、貴乃花部屋

迷わず難敵攻略
作戦奏功、初日から4連勝

4場所連続4度目の顔合わせとなった21歳の新三役、貴景勝との立ち合い。鋭く踏み込んだ御嶽海は、迷わず左で前まわしを取りにいく作戦が奏功した。相手の出足を止めて後退させると、左を切られて突き、押しの応酬になっても主導権を渡さない。喉輪でしっかり圧力をかけ、相手の足がそろったところを見計らうように引き落とした。

貴景勝には過去1勝2敗と分が悪く、白星だった取組も快勝とは言えなかった。丸い体型で身長が高くなく、圧力をかけようとしても下からタイミング良く押し返す技術にたけるため、御嶽海は「やりにくい」と明かしていた。

この日の朝稽古では、2日目に貴景勝を下した横綱鶴竜の攻め手を参考に、左下手や右前まわしを取って中に入る動きを部屋力士を相手に試した。稽古後に「鶴竜関だからできることもある。自分は自分でしっかり取っていきたい」と話した通り、夕方の取組までに自分の攻略法を描いた。

初日からの4連勝は、幕内に昇進した2015年11月の九州場所から14場所目で初めて。新十両優勝した同年7月の名古屋場所以来となる。3日目に当たった阿武咲に続き、若手の注目株の挑戦を退けたものの、支度部屋に戻っても御嶽海の表情は緩まない。

髪を結い直してもらう間もじっと目を閉じ、報道陣から成長した実感があるかと問われても、「まだ序盤戦。千秋楽までやってみないと分からない」と静かに語った。一喜一憂せず、平常心で日々の一番に集中する姿勢が好調を支えている。

５日目、玉鷲（右）を張り手で攻める御嶽海

5日目

御嶽海　5－0　○押し出し●　玉鷲

西関脇　モンゴル出身、片男波部屋

しっかり前へ――5連勝
「自分の相撲」玉鷲に3戦ぶり白星

御嶽海が玉鷲を3戦ぶりに下した。下から突き、押しの腕をよく伸ばして前に出ると、攻め切れずにいったん引き技に出たが、体勢を立て直して再び攻勢。腰の前傾角度を保って圧力を生み、浅いもろ差しからはず押しを効かせ、土俵外へと出した。「良かったと思う。しっかり前に出ることができた。自分の相撲です」と納得顔だった。

先々場所、先場所はそれまで8戦8勝と合口の良かった玉鷲に2連敗した。2場所ともに横綱、大関陣に休場者が相次ぐ中、御嶽海は心や体の状態を整えきれず、玉鷲を含めた下位への取りこぼしが散見された。だが、今場所は実戦的な稽古を積極的に行う新たな調整法も生かし、隙を見せない。下位相手に初日から5連勝を飾った。

横綱日馬富士（引退）の暴行問題を発端に角界への信頼回復が懸かる今場所。この日から白鵬が休場し、稀勢の里も不振で、優勝争いは混沌《こんとん》としている。大相撲界では「関脇が強い場所は面白い」と言われることもあって、関脇4場所目の御嶽海は、周囲の高まる期待を肌で感じている。残りは10日間。既に関脇、小結との対戦を終えた御嶽海は平幕との対戦が少なくとも6日間あり、あとは上位に挑戦する。

三役で初の2桁勝利を達成して大関昇進への足掛かりを築き、さらに優勝争いも演じられるか。三役7場所目の25歳は「まだまだ、これからじゃないですか。しっかりと（白星を）挙げていかないと。一日一番、それだけです」と淡々と話し、国技館を後にした。

6日目

御嶽海　6－0　○押し出し●　北勝富士

東前頭筆頭　埼玉県出身、八角部屋

真骨頂押しで6連勝
学生時代のライバル圧倒

稀勢の里が前日の白鵬に続いて途中休場し、横綱は鶴竜ただ一人となった。御嶽海は同じように上位陣に休場者が相次いだ先々場所と先場所で、2桁勝利を挙げられなかった苦い経験がある。

この日、鶴竜ら3人と並ぶ初日から6戦無敗としても「横綱は横綱、自分は自分。一日一番。自分のやることをやるだけ」と自らに言い聞かせるように話した。横綱、大関陣を脅かしつつ、下位の挑戦をはね返す関脇の本分に徹している。

対戦相手の北勝富士は同い年。御嶽海が東洋大4年で獲得した学生横綱のタイトルを、北勝富士は日体大2年で取るなど「意識しないというのはウソになる」という関係だ。朝稽古を終えた時点で「相手の調子は悪くなさそう。気を引き締めてやりたい」と警戒。直近2場所は心身の状態を整えられずに連敗したが、この日は東前頭筆頭まで番付を上げた学生時代のライバルを圧倒した。

鋭く踏み込むと、右喉輪で上体を起こして機先を制す。右の攻め手を内側から入れ直し、北勝富士の胸部を強烈に押し上げる。左は相手の腕をしっかり抱えながら前進。反撃のきっかけを与えることなく押し出した。持ち味の足の運びや下からの攻めを保ち、「（それは）基本です」と支度部屋で語る姿も土俵と変わらず堂々としていた。

国技館を出て帰途に就くと、鉢合わせした北勝富士から「つえぇ（強い）よ、今場所。化け物級だよ」。25歳らしい表現で7日目以降へ激励を受け、少し表情を緩めた。

7日目

御嶽海 7−0 ○引き落とし● 嘉風

東前頭2枚目
大分県出身、尾車部屋

勢い7連勝 鮮やか引き落とし
優勝意識？「一日一番」

御嶽海は嘉風の動きがよく見えていた。当たり勝ち、力強い突き、押しで先手を取って押し込む。35歳のベテランの巧みなかわし技を警戒し、一度は下がって距離を取ったものの、嘉風の引きに足をしっかりと運んで再び距離を詰める。押し込んだ土俵際で相手の足がそろうと、狙い澄ましたように引き落とした。

嘉風は先場所まで東の御嶽海とともに2場所連続で関脇を務めた実力者。平幕に下がった今場所も3連敗発進の後、4日目から白鵬、稀勢の里、豪栄道を破って3連勝と上り調子だった。だが、初日から土つかずの連勝街道を走る御嶽海が勢いで勝り、動きにも余裕があった。支度部屋で「(攻防の)流れが良かった」とうなずいた。

鶴竜とともに2人で無敗を維持した。優勝制度が定められた1909（明治42）年以降、長野県出身で優勝した力士はいない。報道陣から優勝争いへの意識も出てきたのではないかと問われると、本人は「いや、一日一番です」と初日からの姿勢を崩さなかったものの、世代交代の担い手に期待する観客席の声援は日に日に大きくなる。25歳の関脇は「声援は力になります」と感謝した。

8日目にストレート勝ち越しを決めれば、新十両優勝した2015年7月の名古屋場所以来。幕内では過去に4度ある11日目での勝ち越しが最速で、自己記録の大幅更新も懸かる。「まだ7番。ここから。期待に応えるためにも、一生懸命やるだけ」。気持ちに隙をつくらず、中日に臨む。

7日目、嘉風（右）の動きを見極め、引き落としで7連勝

8日目

御嶽海 7−1 ●寄り切り○ 逸ノ城

西前頭筆頭
モンゴル出身、湊部屋

立ち遅れ1敗
逸ノ城重く…ストレート給金ならず

御嶽海は正面から突き放そうとしたが、幕内最重量215キロの逸ノ城は動かない。相手得意の右四つでつかまり、左上手を許す苦しい体勢。右はず押しで重心を浮かそうとしてもかなわず、長い相撲となった。1分近く辛抱し、形勢逆転を狙って引きながら左上手を取りにいったが、体を寄せられて土俵を割った。

審判長として土俵下から見た師匠の出羽海親方（元幕内小城乃花）は「立ち遅れたね。逸ノ城が先に両手をついて御嶽海が立つのを待ち構えていて、踏み込みが速かった」と指摘した。御嶽海は得意ではない巨漢力士に敗れ、幕内に入って初のストレート勝ち越しを逃した。険しい表情で引き揚げ、「我慢しても駄目でした」と振り返った。

2017年の初場所から7場所連続となる勝ち越しはお預けとなった。9日目に当たる栃ノ心も1敗を維持し、楽な相手ではない。この日、先場所13日目以来10戦ぶりに黒星を喫した御嶽海は「一日一番の姿勢を保つには、全てを普段通りにやることが大事」と平常心を心掛ける。出羽海親方は「負けたことは切り替え、明日からが大事。栃ノ心にもつかまらないようにしないと」と期待した。

元幕内大鷲・伊藤平さん語る

おごることなく努力を

御嶽海は中日での勝ち越しができなかったが、7勝1敗。順調すぎるくらい順調だ。立ち合いで押し込まれないし、相手を押し込めなくても我慢している。2017年末の時点では、ここまでやってくれるとは思わなかった。今場所は顔つきも良い。自信がにじんでいる。

17年は6場所全てで勝ち越した。ただ、三役5場所で2桁勝利はなく、先々場所や先場所は上位陣に休場者が相次ぐ中で心身を整えられずに苦労した。勝ち越した後に1、2勝を上積みするために何が足りないのかを考え、実戦的な稽古や体づくりを見直す必要性に気づいたのだと思う。

場所前に春日野部屋との連合稽古を5日間行った。自分の現役時代と比べて量が少ないと感じるようでも、本場所ですぐに成果が出る。それだけ力士として素材が良いということ。体重が過去最高の164キロと体が大きくなっても動いている。

一日一番の姿勢で臨んでいる。成績が良いと周囲が騒ぐから、後半戦は集中しようと思っても、なかなかうまくいかないかもしれない。それでも毎日のように口に出して自覚しようとしているのが評価できる。鶴竜と当たる終盤戦まで優勝戦線に食らい付いていってほしい。大きな一発勝負は、トーナメント方式の学生相撲の出身者だから強いはずだと期待する。

自分の周囲も「御嶽海は今年中に横綱だろう」という声も出るほど盛り上がっているが、まずは大関昇進。そして昇進してもすぐに成績が下がることがないよう、引き続き地力を高めてほしい。

今場所も、押す時の右の手のひらが内側を向かずに肘が開く癖が目につき、けがを心配してしまう。スピードに乗って前に出ると、すり足が維持できず、駆け足になることもある。相手の引き技を食らい始めると、修正に苦労する。ぶつかり稽古で、体で覚えてほしい。

良い時は人が集まるけれど、悪い時は去っていくのが、角界の常。「おごることなかれ」—。己を戒めていられれば、結果はおのずとついてくる。

9日目

御嶽海 7－2 ●つり出し○ 栃ノ心

西前頭3枚目　ジョージア出身、春日野部屋

大型力士に2日続けて黒星 速さ生かせず

御嶽海は得意ではない怪力の大型力士に2日間続けて黒星を喫した。前日の逸ノ城と同じ身長192センチの栃ノ心から、立ち合いで強烈なかち上げを受け、上体が起きる。相手の武器の左上手をしっかり取られ、自身は右下手や左上手を取って横に振ったが、形勢は変わらない。右下手も取った相手に引きつけられ、体重164キロの体を土俵外に軽々とつり出された。

最高位が関脇の栃ノ心はこれまで膝の故障が足を引っ張ってきたが、師匠の春日野親方（元関脇栃乃和歌）が巡業部長代理を務めた2017年12月の冬巡業で精力的な稽古を重ね、今場所前に行った出羽海部屋との連合稽古でも御嶽海を圧倒した。初日からの土俵も好調で、審判部長代理を務める出羽海親方（元幕内小城乃花）は「栃ノ心は地力があるし、場所前の稽古がよくできていたから」と評価していた。

栃ノ心と同じく7勝1敗だった御嶽海は、動きのスピードで勝機を探りたかったが、つかまってしまって万事休す。

前日に初日からの7連勝が止まり、張り詰めていたものが切れたのか、この日の朝は表情に疲れがにじんでいた。支度部屋では報道陣の問い掛けに無言を貫いた後、「まあ、明日から一日一番、勝ち越し目指して頑張ります」とだけ語り、吹雪の中、帰路に就いた。

優勝争いから一歩後退したものの、10日目以降は大型力士との対戦は見込まれにくい。心身の状態を立て直し、どこまで白星を上積みできるか。

10日目、御嶽海がとったりで荒鷲（右）に敗れる

10日目

御嶽海 7－3 ●とったり○ 荒鷲

西前頭4枚目　モンゴル出身、峰崎部屋

正念場の3連敗 詰め甘く、軽量荒鷲に不覚

御嶽海は詰めが甘かった。荒鷲に得意の右四つを許すまいと左脇を固め、鋭く当たる。右の押し手から突き、押しの追撃で攻勢。手がよく伸びて一気に前へ出たが、足の運びが不十分。土俵際へ詰まる荒鷲に左腕を取られ、捨て身のとったりを食って土俵にはった。

荒鷲には、十両時代から通算4度目の顔合わせで初めて敗れた。8、9日目は得意ではない怪力の大型力士への連敗だったが、140キロと幕内では軽量の荒鷲に対するこの日の不覚は、流れが一度変わると修正するのに労力を強いられることもある15日間の難しさを象徴する。

支度部屋では、前日に続いて報道陣の問い掛けに無言を貫いた後、「まあ、明日から一日一番」とだけ話した。朝稽古後の取材対応でも、部屋関係者を通じて「今日、勝ち越します」と伝えただけ。直接のやりとりを回避し、本人の中で、地力をもうワンランク上げるための苦悩や試行錯誤をしているようだ。

初日から7連勝を飾った勢いのころ、「しっかり自分の相撲を取れれば、勝ち越しは当然の結果」と語っていた在位4場所連続の関脇。勝ち越しを通過点とし、意識する三役で初の2桁勝利達成に向け、立て直せるか正念場を迎えている。

11日目

御嶽海 7－4 ●押し出し○ 正代

東前頭4枚目　熊本県出身、時津風部屋

歯車かみ合わず4連敗 師匠「ここで切り替えないと」

御嶽海が自分の相撲を取れなくなっている。踏み込みから腰が沈まない。押し込めないまま、右脇を正代の差し手が襲い、巻き替えようとして重心が浮く。おっつけに肘が開く悪い癖も露呈。引いて呼び込んでしまい一方的に押し出された。

同じ元学生横綱で1歳上の正代は2017年の初場所で新関脇になったが、3月の春場所を最後に三役を離れ、前頭4枚目の今場所も前日まで5勝5敗と一時の勢いがない。

この1年間の対戦成績でも4勝1敗と分の良かった相手に敗れ、御嶽海はテレビ中継の取材に「弱い、それだけ」と返答。支度部屋でも落ち着きを欠いた様子で「こんな時に平常心を持つなんて、人間できるのですかね。僕はできない。何をすればいいのか、分かっていたら4連敗しない」と報道陣に語った。

場所前から実戦的な稽古に積極的に取り組み、体づくりも見直す新たな姿勢で臨んだ今場所。一日一番や平常心を大切に幕内自己最長となる初日から7連勝を飾り、本人の中でも少なからず手応えがあったのは間違いないだろう。だが、三役で初の2桁勝利や優勝争いへの周囲の期待も感じる中、連敗し始めると、歯車がかみ合わない。

4連敗は17年5月の夏場所以来。4連敗以上は過去に4場所あるが、全て下位の相手に敗れるのは今場所が初めてだ。

前半戦が好調だった分、後半戦の御嶽海は自分にどこか期待して、結果にがっかりし、不安に陥っていないか。土俵下で審判長を務めた師匠の出羽海親方（元幕内小城乃花）は「ここで切り替えないと、ずるずるといってしまう」と懸念した。

12日目

御嶽海● 突き出し ○隠岐の海

7−5

東前頭5枚目 島根県出身、八角部屋

精彩を欠いたまま深刻 前出られず…完敗

御嶽海は消極的な相撲で完敗した。弱々しい立ち合いで、しっかり踏み込んだ隠岐の海に攻め手を出せず、思わず引いてしまう。足を運んでくる相手に対し、左へ回り込みながら抵抗したが、あえなく突き出された。前に出られず、後退するばかりの取り口に、連敗を抜け出せず自信を失っている様子が露呈した。

隠岐の海とは、自身が新小結だった2016年11月の九州場所以来の対戦で過去の戦績は1勝1敗。巨漢や怪力ではないが、身長191センチの32歳は御嶽海にとって「長身で何をしてくるか分からず、やりづらい相手」でもあった。引いたのは相手得意の四つ相撲の展開を嫌がっての判断だろうが、初日から7連勝の時と打って変わって生命線の立ち合いから精彩を欠いたままで、状態は深刻だ。

御嶽海は故障が原因ではないとする。黒星が苦手な相手に及ばなかったり、自分のミスによるものだったりする面があるとしても、調子が良かった前半戦の感覚の後で勝てなくなると、「気持ちの立て直し方が分からなくなったり、全てを（好調時と同じく）いつも通りにやろうと思っても『いつも通りできているのか』『いつも通りそのものが狂っていないか』って、不安に襲われたりする」という。精神面が整わずに動きが悪化している。

今年のテーマは大関昇進も見据え、三役の地位でもう少し地力をつけること。だからこそ「毎場所、勉強。まだ今の自分はそういうレベルなのだと思う」と現状を受け入れている。13日目の相手は鶴竜で、その後の2日間は豪栄道と高安の見通し。今場所初の上位連戦で御嶽海らしい向かっていく気持ちを呼び起こし、前に出る自分の相撲を取れなければ、最低限の目標に掲げる勝ち越しも遠のく。

13日目

御嶽海 ○ 押し出し ●鶴竜

8−5

東横綱 モンゴル出身、井筒部屋

迷わず突き押し、勝ち越し 横綱を撃破

初日から7連勝した前半戦とは別人のような相撲で8日目から5連敗した御嶽海。13日目のこの日から3日間は横綱、大関戦が見込まれ、歯が立たずに負け越してしまうのではないかと心配する周囲の声も出ていた。7連勝から8連敗となれば史上初の不名誉となるが、在位4場所連続の関脇は、持ち前の上位に挑戦する気持ちもカンフル剤に、自分の相撲を取り戻した。

鶴竜にはこの1年間で2勝（1敗）。押しの圧力に対し、鶴竜が悪い癖の引きを見せた隙を逃さなかった。御嶽海は前日までの5連敗では生命線の立ち合いで精彩を欠き、前に出ていなかったこともあり、「自分の相撲を見つめ直し、何があっても押していくだけだった」と迷わなかった。鋭く踏み込んで左で突き起こし、のけ反った鶴竜を出足良く押し出した。

連敗脱出までは「長かった」と明かした。疲労感で、この日の朝も普段より20分近く遅く稽古場に姿を見せた。すると、師匠の出羽海親方（元幕内小城乃花）から「技術うんぬんの問題じゃない。相手に気持ちで負けるな」と背中を押された。御嶽海は「自分でスイッチを入れた」と、幕下力士の胸を長い距離押したり、土俵際で粘ってもらって馬力を呼び起こしたりして足の運びにむちを打った。汗をたっぷりとかいて精神的にも吹っ切ろうとしていた。

「場所前から調整してきたので今日は自信を持ってやった」。調整は実戦的な稽古を積極的に行う新たなものだったが、その主な稽古相手は優勝争いで先頭を走る同じ出羽海一門の栃ノ心。鶴竜を3敗に後退させる援護射撃に「普段から稽古をつけてもらっているので、少しでも手助けになればと思って頑張った」。気を良くし、残り2日間は意識する三役での初の2桁勝利を諦めていない。

14日目

御嶽海● 寄り切り ○豪栄道

8−6

東大関 大阪府出身、境川部屋

豪栄道に完敗 10勝の壁高く 「大関昇進の足掛かり」再び届かず

御嶽海が出番を待っていた支度部屋に、初優勝を決めた栃ノ心が戻ってきた。「同じ一門で稽古をつけてもらっている関取が優勝した。うれしかった」。入門初日から胸を出してもらい、その後も連合稽古や巡業で共に汗にまみれている一門の先輩と抱き合い、祝意を伝えた。

栃ノ心の快挙を励みに、自身は一門筆頭力士の豪栄道から今場所9勝目を狙ったものの、あっけなく敗れた。立ち合いの速さ、鋭さで及ばず、右脇を差されて上体が起きる。差しきれない左を抱えられ、前傾姿勢を崩さない大関の出足に一方的に寄り切られた。

関脇在位は4場所連続。さらに三役7場所目となった今場所も、大関昇進の足掛かりとなる2桁勝利に届かなかった。初日から7連勝を飾り、達成の可能性が高かったものの、8日目から平幕相手に喫した5連敗が足を引っ張った。

8日目の逸ノ城戦で気持ちが切れたのか、疲れが顔に出るようになった。9日目の栃ノ心戦までは、苦手な怪力の大型力士への黒星だったので決定的な影響はしなかったが、荒鷲のとったりに足を運び切れなかった10日目から崩れた。

勝ちを意識し、気持ちの作り方や取り口に迷いが出た。生命線の立ち合いまで弱々しくなる悪循環。四つ相撲の正代に押し出し、隠岐の海に突き出しという押し相撲の決まり手で屈した。自信に満ちあふれていた前半戦とは一変。

支度部屋では、自分のふがいなさに悔し涙を浮かべていた。鋭い立ち合いから相手の重心を押し上げるという、15日間の流れを支える自分の型に13日目の鶴竜戦で立ち返った。だが、14日目は厳しさが鈍った。栃ノ心の優勝を受け、25歳の関脇は「自分にもチャンスがある」と語った。世代交代も進む中、それは間違いないだろうが、ものにするには揺るぎない型や心身のスタミナ、経験が必要だ。

千秋楽

御嶽海 8－7 ●上手投げ○ 高安 西大関

茨城県出身、田子ノ浦部屋

8勝7敗で終える 高安を攻めきれず 来場所へ決意

御嶽海は高安に今場所も及ばなかった。大関のかち上げに対してかち上げで応戦。下から押し上げて左をねじ込み、寄りで土俵際まで追い詰めたまでは良かった。だが、腰高。右脇に入っていた相手の差し手が深くなり、左側は上手を許して一気に守勢に。タイミングの良い投げに転がった。これで高安戦5連敗。今場所は、大関昇進後初の2桁勝利となる12勝まで白星を伸ばした2歳上の相手と比べ、「まだまだ差はある」と語った。

2017年の秋巡業長野場所で、御嶽海は稽古中に横綱日馬富士(引退)に「(関脇以下で番付が)上がったり、下がったりしたくないだろ?。上がれるチャンスの時に上がっておけよ」と声をかけられた。数少ない好機を逃さないためには、自分をしっかり鍛えることが必要－という意味の激励だった。同様の激励は同じころ、高安からも受けていた。自身の成長を見せるためにも「大関が相手だったので、最後勝ちたかった」が、かなわなかった。

関脇在位4場所連続となった今場所は、開催告知チラシのモデルに初採用された。後ろ姿だったため、「いつか正面からの自分の姿が載るように、頑張りたい」と話し、言葉どおりに初日から7連勝の勢いを見せた。実戦的な稽古を積極的に行い、体づくりを見直した場所前の新たな姿勢には少なからず手応えがあった。

しかし、厳しい攻め手が続かず、8日目以降は1勝7敗と失速。三賞の候補にも挙がらなかった。「今場所いろいろ経験できてよかった。この方向でしっかりやっていきたい」。時間をかけ、主役を15日間担える地力をつける。

13日目、押し出しで鶴竜(右)を破る

元関脇鷲羽山(先代出羽海親方)・石田佳員さん語る

稽古がつくる自分信じる気持ち

御嶽海は前半戦から本来の押しではなく、寄りの動きも目立ち、作戦に頼っていた印象だった。押し相撲の力士が最初から差したり、まわしを取りにいったりすると、迷いにつながりかねない。

7連勝して安易な気持ちも生まれ始めていたのか。8、9日目は逸ノ城、栃ノ心に挑戦者の姿勢で臨めなかった。立ち合いに迷いが出て、踏み込みが弱く、中途半端な攻めで四つに組み止められた。腰が引けて足が出ず、上体だけ前に出た。

荒鷲のとったりに落ちたのが、象徴的だった。地力は御嶽海が上でも、負けるはずのない相手に負けると、あれ、どうして、と感覚がおかしくなる。恐怖心が生まれ、ますます足が出なくなる。

迷ったら、ど真ん中の直球を投げろと、何度も言っている。自分の型が確立していれば、迷っても立ち返れる。御嶽海の型は、立ち合いの圧力と速さで上回って相手を突き放し、はず押しやおっつけも交えながら、土俵外へと押し出すことだ。7場所連続の勝ち越しは三役の力がある証拠。でも、三役で2桁勝てないのは、それが原因だ。

後半戦の御嶽海は13日目の鶴竜戦だけ、自分の相撲で勝てた。御嶽海は5連敗、鶴竜は2連敗中だった。ただ、鶴竜は御嶽海にとっての6、7連敗に匹敵する重圧を受けていた。

鶴竜は3横綱の一人として土俵に上がり、初日から白星を重ねた。だが、白鵬、稀勢の里が順に休場した。一人横綱で負けられず、優勝しなければならない重圧で体ががちがちになった。10連勝した後は別人だった。鶴竜の重圧に比べたら、御嶽海の連敗は大した問題じゃない。「何を考えているのか。じっくり地に足をつけ、開き直って思い切りやれ」と言いたい。精神力を鍛えないといけない。ネガティブに考えていたら、どんな相手にも勝てない。反省は15日間が終わった後でしっかりすればいい。

稽古は3年後、5年後を見据えてやるもの。それをしない力士ほど作戦に頼る傾向がある。初優勝した同じ出羽海一門の栃ノ心の胸を借りてやればいい。関脇らしい稽古をして初めて上を目指せる。基本動作を含めて充実した稽古が、相手に負けないという自分を信じる気持ちにつながる。

4場所連続の東関脇
力士生活4年目に

❶自己流での調整を変えて体を追い込み、「２桁勝利を目指して場所を盛り上げたい」

❷2月23日には出身地の木曽郡上松町で開かれた「囲む会」に出席、「精進をして期待に応えられる結果を残したい」

❸大阪府堺市の出羽海部屋宿舎で、春場所の番付表を手にする

❹場所15日間の無事を願う「土俵祭り」に出席。稀勢の里、白鵬の２横綱が休場となり、5場所連続の関脇に優勝争いが期待される

❺三役で初の２桁勝利を狙って堅固な心身の土台づくりに専念、稽古に積極的に取り組んだ

❻2月12日に松本市で開かれた関脇昇進を祝う祝賀会。「3月場所では目標である2桁勝利へ頑張る」と決意表明

❷

❶

❺

❹

❸

❻

「五輪刺激受けた」

2018 春場所

東関脇　7勝8敗

初日

御嶽海 1－0 ○すくい投げ● 荒鷲

東前頭2枚目
モンゴル出身、峰崎部屋

白星発進
焦らず前へ…立ち合いの圧力

先場所で不覚を取った荒鷲を豪快にすくい投げた。御嶽海は立ち合いの圧力で勝った。右は相手に前まわしを許し、左も差し手争いで脇が開いたものの、重心の低さを維持。中に入ろうと差し込んでいた右を生かし、上手投げに打って出た荒鷲の体を、タイミング良く宙に浮かせて転がした。「焦らなかったのが、良かった」と振り返った。

先場所は10日目に当たった。初日から7連勝し、8日目から苦手な怪力の大型力士に2連敗を喫した翌日だった。過去3戦全勝だった相手を下して勝ち越しを決め、流れを再加速させようとしたが、土俵際でとったりを食らって逆転負け。勝利を意識し、動きが小さくなった結果だった。崩れて精神面を立て直せず、結局8勝7敗に終わった。

三役に復帰した2017年の春場所から1年間、小結と関脇で勝ち越しを続けたが、先場所のような流れの変化に対応しきれず、2桁勝利に届かない。今場所は土台となる「気持ちづくり」を意識して体を追い込んできた。「気持ちの維持は、毎場所で直面する状況が違う。これをやれば大丈夫というものはない」と冷静かつ柔軟に一日一番に臨もうとしている。

稀勢の里、白鵬の2横綱が休場した今場所は、初日から大関の高安、豪栄道が敗れ、早くも混戦模様。御嶽海は8日に部屋後援者が運営する大阪府泉大津市内の高齢者福祉施設を3年連続で慰問し、利用者から「先場所は栃ノ心が優勝したから、御嶽海さんにもチャンスがある。頑張ってください」と声を掛けられた。周囲の期待を肌で感じながら、進歩を見せる15日間が始まった。

2日目

御嶽海 2－0 ○寄り倒し● 宝富士

西前頭2枚目
青森県出身、伊勢ケ浜部屋

どっしり2連勝
「自分のペースで」

御嶽海は腰にどっしりとした重さがあった。四つ相撲の宝富士との7場所ぶりの対戦。右おっつけで左差しを封じ、突き、押しで前に出た。右腕を手繰られてバランスを崩しかけたが、「反応が悪くなく、相手も見えていた」と慌てずこらえた。向き直ると、もろ差しになって168キロの相手の重心を浮かせ、足を運んで力強く寄り倒した。

場所前、宿舎近くの施設で計測した体重は、過去最高の165キロ。これ以上の過度な体重増は、故障や糖尿病のリスクも生じさせるため、朝稽古後のウオーキングを何日も行った。下半身には、一般人の数倍の負荷がかかることもあり、足腰の強化につながった。1年ぶりの大阪で、地元の人たちから「体が大きくなった」と言われる中、2日目までどっしりと安定した動きを見せる。

先場所（1月の初場所）に続き、初日から2連勝の好発進。先場所は連勝を7まで伸ばした後に崩れて8勝止まりだっただけに「まだ2日目。自分の中で調子が良いのか、悪いのか、分かっていない」と慎重な姿勢を崩さない。「大事なのは、自分のペースを乱さないこと」。三役での初の2桁勝利のため、戦績や周囲の状況に左右されず、今場所こそ腰を据えて「一日一番」に徹する。

2日目、御嶽海が宝富士（手前）を寄り倒す

3日目

御嶽海 2－1 ●はたき込み○ 遠藤

東前頭筆頭
石川県出身、追手風部屋

足流れて初黒星
遠藤の巧みな回り込み、こらえられず

御嶽海は人気者同士の遠藤に敗れ、3日目で初黒星を喫した。互いに頭で当たった立ち合いから、左を浅く差して懐に入ろうとしたものの、頭の位置が低すぎた。後頭部近くを遠藤に押さえ付けられると、足を運んではたきをこらえようとしたが、巧みに回り込んだ遠藤の動きが上回った。

初日から見せるどっしりとした重い腰でこの日も前に出たものの「相手を引かせても、結果が出なければ意味がない」ときっぱり。「足の運びが（重心と連動せず）流れた。思うように足が出ていない」と反省した。過去最重量の165キロとなった体を使い切れていない様子だった。

2歳上の遠藤とは、現行制度で3人しかいない幕下10枚目格付け出しでデビューした同士。5場所ぶり5度目となった顔合わせは、遠藤が前回対戦時と同じ前頭筆頭に戻って再び来場所の新三役を狙う中で迎えた。三役8場所目の御嶽海は力の差を示せず、前回からの2連勝を逃した。

今場所も目標とするのは三役で初の2桁勝利。師匠の出羽海親方（元幕内小城乃花）が、130人が集まった今月4日の部屋激励会で「御嶽海は関脇の地位を維持しているが、そろそろ2桁勝利に向けて頑張ってくれると思う」とあいさつするなど、大関候補の成長は周囲が求めるところだ。4日目は得意ではない怪力の大型力士、逸ノ城と当たる。初日から7連勝を飾った先場所のような快進撃は見せられなかったが、目標を達成する流れづくりのためには、重要な一戦になる。

4日目

御嶽海 3－1 ○押し出し● 逸ノ城

東小結 モンゴル出身、湊部屋

難敵に攻め勝つ
厳しい取り口、重心浮かせる

192センチ、215キロの逸ノ城につかまったとしたら、万事休す―。苦手な怪力の大型力士にそう思っていた御嶽海だが、この日は取り口のうまさと厳しさが光った。右は喉輪で相手の上体を起こし、はず押しを効かせて左上手を許さない。左は脇を固めて当たり、そのまま肘を張って相手十分の右差しを防いだ。相手の重心をじわじわ浮かせて勝機をうかがうと、左もはずに入れて前進。一気に押し出した。

支度部屋に戻ると、「攻めの形が良かった。自分の体勢が取れたし、思った通りだった」と納得した顔で振り返った。

中日に対戦した先場所は立ち合いでつかまってしまい、初日からの連勝が7で止まった。2014年にスピード出世で「怪物」と騒がれた逸ノ城は再浮上の気配を強め、今場所は15年名古屋場所以来の三役復帰。2日目に大関高安を破り、3日目まで3連勝だった。「今場所好調の相手に勝てれば（5日目以降の流れのために）いいなと思っていた」と御嶽海。3勝目の価値は大きい。

今場所を終えると、4月は春巡業が控える。長野県内では、10日に伊那市、11日に東御市で行われる。御嶽海は「県内2カ所で巡業があるので、絶対に負け越しては帰れない」と自覚する。前日の遠藤戦から切り替えて連敗を避け、しっかりと白星先行を続けている。

5日目

御嶽海 4－1 ○押し出し● 玉鷲

西前頭筆頭 モンゴル出身、片男波部屋

盛り返し4勝目
突き押しで自分の形に

押し相撲を得意とする者同士の一戦。勝負の肝となる立ち合いで、対戦12度目の土俵に上がった御嶽海は「立ち合い（の出方）が決まらなかった」という。そのまま玉鷲が猛然と踏み込んできた。

御嶽海は「とっさに考えた」と当たりながら右に動いた。バランスを崩した相手を一気の突きで土俵際に追い詰めたが、玉鷲も元関脇。力強い突きで粘られた。

それでも、ここからが御嶽海の真骨頂だ。いったん距離を取って、身長189センチの玉鷲を下から突いて押すと「（相手の体が）伸びて（上体が起きて）くれた」。過去9勝2敗と合口の良さが示す通り、激しい突き押しの応酬を確かな技術で制して難なく押し出した。

序盤戦の5日間を終えて1敗をキープ。ただ、本人は「調子が良いか悪いかまだ分からないですね」と慎重な口ぶりだ。確かに初日から7連勝した先場所のような快進撃ではないが、粘り強く自分の形に持ち込んで白星を重ねている。

「自分の相撲をしっかり見つめ直していかないと（7連勝後に5連敗した）先場所のようになる」と御嶽海。三役での初の2桁勝利を目指す25歳は、悔しい経験を糧に一回り成長したのか。真価が問われる中盤戦に向かう。

7日目、押し出しで千代大龍（右）を破って5勝目

6日目

御嶽海 4－2 ●押し出し○ 貴景勝

西前頭3枚目 兵庫県出身、貴乃花部屋

新立ち合い不発
「やりにくい相手」攻略できず

御嶽海が「やりにくい相手」と認めるのが、4歳下の貴景勝。身長175センチ、体重170キロの丸い体形で、低い位置から相手の圧力を利用するように押し返す技術にたける。そのため御嶽海はこれまで、立ち合いで突き放して流れを握る持ち味の型は「かえって相手のペースに持ち込まれかねない」と封印する傾向があった。

5度目の顔合わせとなったこの日、もろ差しで下から中に入ろうとする新たな立ち合いで臨んだ。相手の上体を少し起こしたまでは良かったが、引きながら横に動いた貴景勝のいなしに体勢を崩し、前のめりになって主導権を失った。何とか向き直ったものの、上体が起きてしまい、押しをまともに受けて土俵を割った。

「立ち合いは面白いかなと思ったけれど…」と御嶽海。もろ差しで中に入るのは良く使う攻め手だが、「相手の腕が長くないこともあり、すぐに外されてしまった」と不発。その後の相手の横への動きに対して、「ついていけない自分の方が悪い」と反省した。

これで対戦成績は、2勝3敗と黒星が先行。その2勝も、立ち合いの工夫や引き技を用いた上での白星で、自分の相撲を取り切れた結果とは言い難い。

目標とする三役での初の2桁勝利から周囲が期待する大関昇進を考えると、苦手な力士はつくりたくない。御嶽海もそれを自覚し、経験と稽古を積むつもりだ。

7日目

御嶽海 ○押し出し● 千代大龍

5－2

西小結

東京都出身、九重部屋

5勝目 引きに反応、前へ 余裕はなくても押し出し

立ち合いの御嶽海は、千代大龍の常とう手段といえる左かち上げに右かち上げをぶつけて応戦。やや後退しつつも、相手の突き、押しを下から手をあてがってこらえると、右おっつけを嫌がった千代大龍の引きに鋭く反応し、前に出た。再び引き技に出られて前のめりになったものの、俵にかかった右足1本で転倒をこらえ、浅く差していた左を頼りに押し出した。

「自分に余裕はなかったけれど、相手が引いてくるのは、頭にあったので」と対応し切った御嶽海。千代大龍は東前頭3枚目だった先場所を8勝7敗で終え、平幕上位の他力士が振るわなかったこともあって、今場所は新小結だった2014年秋場所以来の再小結で迎えた。ただ、6日目まで1勝5敗と低迷。安易な引き技を含め、ちぐはぐな取り口が目立っていた。

一方、御嶽海は自身の取り口を「体を寄せられていないから、最後ああなる。今場所は足が少しついていっていない」と落ち着いた口調で反省した。3日目に遠藤、前日の6日目に貴景勝に星を落とした相撲もそれが影響した。三役過去7場所で2桁勝利が一度もないこともあり、今場所は「冷静なくらいでちょうどいい」と自身の状態を慎重に見極めている。

中日8日目は、平幕だった先場所に初優勝を飾った、同じ出羽海一門の栃ノ心と当たる。「5勝2敗と4勝3敗じゃ、中日を迎える気持ちが全然違う」。今場所2度とも連敗を回避できたことを好材料に、つり出しで惨敗した先場所の雪辱を期す。

8日目

御嶽海 ●肩透かし○ 栃ノ心

5－3

西関脇

ジョージア出身、春日野部屋

関脇対決苦杯 出足鈍く、練った作戦完遂できず

御嶽海は左へずれるように当たり、栃ノ心の右腕を手繰って押し出そうとした。だが、出足が伴わない。右を差した栃ノ心の肩透かしに右渡し込みで抵抗しようとしたが、及ばず崩れ落ちた。

平幕だった先場所で初優勝を飾った栃ノ心は、御嶽海が苦手な怪力の大型力士。同じ出羽海一門の部屋に所属するため、日頃から連合稽古で胸を合わせる。2月中旬にも都内で3日間行った連合稽古で計30番当たった。「栃ノ心関と互角以上にできたら優勝できるということは、普段の稽古場で胸を借りているのでうっすらと想像できる」と意気込んでいた。

この日、「大きいし、腕も長い分、普段の倍動かないといけない」と自身のスピードを生かしたそうとしたが、作戦を完遂できなかった。豪快につり出された先場所に続いて敗れ、支度部屋ではぶ然とした表情で無言。帰り際、敗れた後に引きずっているように見えた右足の状態について「大丈夫」とだけ答えた。

師匠の出羽海親方（元幕内小城乃花）は「取り口を考えること自体は悪くないと思うけれど、突き放して主導権を握るという、自分の相撲を取りきろうとすることも大事」と、地力強化の観点も踏まえて注文した。

5勝3敗で中日を折り返し、残りは7日間。三役で初の2桁勝利が目標だが、1横綱、2大関との対戦が残っていることも考ええると、楽ではない後半戦が待ち構える。

元幕内大鷲・伊藤平さん語る

勝ちを意識しすぎないで

前半戦は逸ノ城に良い相撲で勝った。怪力の大型力士は苦手だし、三役に久しぶりに返り咲いた好調の相手だった。右はず押しを効かせ、よく我慢した。逸ノ城の方が我慢しきれず、焦って下がってしまっていた。

御嶽海は体が大きくなり、圧力も上がっているように見える。先場所不覚を取った荒鷲を押し込み、すくい投げた初日がそうだった。相変わらず相撲勘が良く、相手が隙を見せると、鋭く反撃して勝機を逃さない。

遠藤にはたき込みで敗れたのはぶつかり稽古が不足している。後頭部下を上から押さえ付けられ、足がついていかなかったが、この形になっても耐えるための鍛錬は、ぶつかり稽古でやることができる。自分の現役時代、同じ高砂一門だった押し相撲の（元関脇）富士桜は、ぶつかり稽古を一日に2度やった。番付が下の力士たちが土俵内で稽古している時間帯にもそこに加わっていた。

貴景勝とは、相手の方が低いから、やりづらいのだろう。もっと下から当たり、はずで押し上げて、そのまま土俵外へ持っていくか、横から突き落としたらと思うが、どうだろうか。押し相撲の力士が前や横への動きをすることはいいが、はたきとか、引く動きはよくない。

中日は先場所優勝の栃ノ心に敗れ、5勝3敗で折り返した。星の挙げ方そのものは悪くないと思う。連敗がないし、先場所のような周囲が騒ぎすぎてしまうほどの連勝もしていない。勝ち越しを目前にして、勝ちを意識しすぎなければ、2桁勝利も不可能ではない流れだと言える。

体重が増えたからといって、心配になって食事を制限するのは、栄養不足で体が弱りかねない。ちゃんこ場で、好きな物を中心に食べればいい。無駄に増えた体重は、稽古で汗を流して落としてほしい。

9日目

御嶽海 5－4 ●すくい投げ○ 東前頭3枚目 琴奨菊

福岡県出身、佐渡ケ嶽部屋

今場所初連敗
浅い踏み込み、立ち合い厳しさなく

御嶽海は立ち合いに厳しさがなかった。琴奨菊への必勝パターンになりつつあったもろ差しを狙ったものの、踏み込みが浅くて右腕が入らない。右脇を差され、相手得意の左四つを許して重心が浮く。体を振って粘ったが、形勢は変わらず、すくい投げに転がった。

2017年5月の夏場所から5場所連続で勝っていた元大関の琴奨菊に、6場所ぶりに敗れた。支度部屋では、悔しさといら立ちが混じった険しい表情で「見たままです」と吐き捨てるように話した。

今場所も三役で初の2桁勝利が目標だが、初の連敗を喫し、4敗目。8日目から連敗するのは、初日から7連勝の後に大きく失速した先場所（1月の初場所）と同じだ。

精神面で崩れて自分の相撲を見失わないように、場所前は体を追い込んで「気持ちづくり」を進めた。この日も、10日目以降の立て直しの鍵は「いつも通りやること」と語った。横綱、大関との3戦が控える残り6日間で進歩を示せるか。

この日の朝稽古では、前日に公表された新たな暴力問題を受け、師匠の出羽海親方（元幕内小城乃花）ら親方衆が日本相撲協会の臨時役員会合に出席するため、慌ただしく部屋宿舎を出ていった。

御嶽海は軽めの内容で稽古を切り上げ、前日の取組後に引きずるようにしていた右足の回復を進めることができた様子。日頃から「自分たち力士ができることは、相撲を取ること」と話している25歳の関脇は、本分に徹する。

10日目、松鳳山（右）の攻めをこらえる御嶽海

10日目

御嶽海 5－5 ●寄り倒し○ 東前頭4枚目 松鳳山

福岡県出身、二所ノ関部屋

もがいて3連敗
リズム乱され「2桁」崖っぷち

御嶽海は先場所（1月の初場所）に続き、8日目から3連敗。先場所は初日から7連勝を飾った後だったものの、今場所は5勝2敗から黒星三つを重ねた。10日目を終えて5勝5敗。横綱、大関戦が控える残り5日間で挽回できず、1勝4敗だった先場所のようになってしまうと、2016年11月の九州場所以来の負け越しも現実的になる。

元小結の34歳のうまさにしてやられた。突き、押しの応酬で始まった中で、松鳳山の立ち合いを含めた計4度の張り手にリズムを乱された。引き技から上手を取られると、形勢逆転を狙ったが動きは粗く、もろ差しを許して一気に腰が浮いた。後退した土俵際で何とか右首投げで残そうとしたが、寄り倒されて土俵下まで転がった。

「立ち合いは悪くなかったけれど、相手も良かった」と御嶽海。「自分の足は前に出ているので」と体の状態は悪くないとしたが、8日目の取組後に右足を引きずっていたのに続き、この日は左膝付近にテーピングを施して臨んだ。160キロ台半ばまで増えた体重が下半身への負担となっている可能性もある。

8場所目を迎えた三役での初の2桁勝利達成に向けても崖っぷち。御嶽海は「でも、ここから切り替えてね、残り5番を全部勝ったら2桁。上位陣も好調とは言い切れないし」と前向きな言葉を並べた。先場所の反省を踏まえ、今場所に重視する苦境での「気持ちの維持」を貫き、起死回生のきっかけをつかめるか。

11日目

御嶽海 5－6 ●寄り切り○ 東前頭5枚目 千代丸

鹿児島県出身、九重部屋

2桁勝利逃す
初顔の千代丸に不覚、4連敗

御嶽海は4連敗で6敗目。初顔合わせの千代丸に不覚を取った。踏み込んだ御嶽海は左喉輪に右はず押しで対抗。下から押し上げようと前進したが、腰が高くて圧力が不足。これが隙となり、右下手に続いて左上手も取られ、苦しくなった。辛抱したものの、勝機は生まれずに寄り切られた。

1歳上の千代丸とは2015年の名古屋場所、秋場所で同じ十両にいたが、対戦なし。千代丸は17年の名古屋場所でようやく再入幕を果たすと、その後も少しずつ番付を上げ、東前頭5枚目の今場所が自己最高位。9日目に大関豪栄道を破り、存在感を高めていた。

御嶽海は小結3場所を含め、三役は8場所目。経験と地力の差を示したかったが、支度部屋では、ふがいなさを感じて表情は険しく、「何も言うことはありません」と報道陣の質問を遮った。

この日も朝稽古を終えると、疲労のたまった下半身のケアに努めた。170キロ近くまで増え過ぎた体重が、生命線の足の運びに良くない影響を与えている。同じく8日目から連敗街道に入った先場所は、初日から7連勝の勢いを続けられずに精神的に大きく崩れた。何か一つでもかみ合わなくなると、人が変わったような相撲にもなってしまう。だから、大関昇進の足掛かりがつかめない。

今年に入り、従来の基本を重視した鍛錬に、実戦的な稽古や土俵外の体づくりにも積極的に取り組む姿勢を上積みするようになった。「1日7番のトーナメント方式でやる学生相撲から、一日一番を15日間行う大相撲に必要なものを、丸3年やってみて感じるようになった」と語っていた。

何事も一朝一夕にはいかないことは、自覚している。持ち前の抜群の相撲勘と勝負強さを、一場所通して発揮するためにはまだ時間が必要だ。

12日目

御嶽海 ●下手投げ○ 正代

5－7

西前頭4枚目
熊本県出身、時津風部屋

7敗目喫す
12戦目の正代に今場所も及ばず

受けるような立ち合いの御嶽海は武器の突き、押しを封じられて左四つ。右上手は引けたものの、続く左の攻防で正代にもろ差しを許してしまった。寄りに後退した土俵際で右上手投げを連発して逆転を狙ったが、背筋力の強い相手に粘られて決まらない。肩越しの上手一本の苦しい体勢から下手投げに転がった。

元学生横綱同士で1歳上の正代とは、幕下時代から通算12戦目。玉鷲と並び最も対戦回数の多い相手となったが、これで2場所連続で及ばなかった。

先場所（1月の初場所）を再現するように、8日目からの連敗が5に伸びた。支度部屋で報道陣に正代戦の狙いを聞かれると「いつも通り」と落ち着きを欠いた強い口調で即答。「言うことは(これ以上)ない」と、この日も質問を遮った。

御嶽海は三役に復帰した２０１７年の春場所から、9勝6敗と8勝7敗の戦績を2場所ごとに繰り返してきた。「その法則になっていることは、分かっている」と話していた御嶽海。順番通りだと、今場所は9勝6敗だったが、7敗目を喫し、「法則」は崩れた。安定感のあった星の挙げ方にも、変化が出てきている。

13日目は平幕の北勝富士と対戦する。同じく東関脇だった先場所は横綱鶴竜と当たった日だが、戦績の上がらない今場所は、取組編成を担う日本相撲協会審判部の判断によって見送られ、鶴竜は魁聖の挑戦を受ける。在位5場所連続の関脇としては不名誉なことだが、勝ち越しを諦めずに貪欲に白星をつかめるか。

13日目

御嶽海 ○はたき込み● 北勝富士

6－7

西前頭6枚目
埼玉県出身、八角部屋

平幕相手に意地
慌てず連敗脱出、士気上げ大関戦へ

13日目の御嶽海は、番付通りだと、横綱鶴竜戦が組まれる見通しだった。だが、戦績が振るわないため、日本相撲協会審判部の判断によって、平幕の北勝富士を代わりに当てられた。「悔しさはある。(自分が)ふがいない」と、在位5場所連続の関脇。意地を試される土俵に上がった。

頭同士でぶつかると、北勝富士に右前まわしを許したものの、下から押し上げ、右を差して力強く前進した。攻め切れずにいったん引き技を選択。前まわしを頼りに残った相手を仕留められなかったが、慌てない。北勝富士が前まわしを離して右喉輪で勝負に出ると、残して軽やかに横に動きながらはたき込んだ。

本名の大道久司として名を上げた東洋大時代、北勝富士は日体大の中村大輝としてライバル関係にあった。同じ年で、互いに手の内を知り尽くし、角界入りして以降も立ち合いの変化もなくぶつかり合ってきた。6度目の対戦は、一気に押し切れなかったが、「結果が全て」。絶対に負けたくない気迫が、不本意な取組編成となった13日目の土俵の支えとなった。

先場所（1月の初場所）と全く同じように、8日目から始まった連敗は5で止まった。験を直すためにこの日まで、御嶽海は会場入り用の着物を、初日から7連勝を飾った先場所の前半戦と同じ物に変更。出羽海部屋付き床山の床力は「悪い流れを断ち切る」として、御嶽海のまげの先端を1センチほど切った。

体重増の影響で痛みの出た下半身も少しずつ回復。動きに重心の低さが出てきた。ただ、既に7敗し、8場所ぶりの負け越しに後がない状況は変わらない。14日目は対戦成績で5連敗中の大関高安戦だが、「いつも、ここからと思っている」とさらに士気を上げる。

14日目

御嶽海 ●突き落とし○ 高安

6－8

東大関
茨城県出身、田子ノ浦部屋

連続勝ち越し止まる
千秋楽勝って三役の座守れるか

御嶽海は左喉輪を効かせた押しで土俵際まで攻めたものの、高安に回り込まれて残される。右差しとなって寄り立てたが、これも残された。体同士が離れて押し合いとなり、やや強引に前に出たところで突かれた。最後の最後で足がついていかず、前に落ちた。見せ場はつくったが、高安戦6連敗。支度部屋では「結果が結果（全て）」とだけ話し、後の質問には目を閉じて無言だった。

今場所8敗目。２０１７年1月の初場所から続けてきた勝ち越しが7場所連続で止まった。今場所は１７０キロ近くまで増え過ぎた体重が、足の運びに悪影響した。体を絞り切れておらず、師匠の出羽海親方（元幕内小城乃花）は今場所中、「（四股、すり足などの基本）運動をもっとやれ」と再三指導したが、既に下半身に痛みが出ていた。

17年6場所を幕内でただ一人全て勝ち越し、大関候補の1番手に挙げられて今年に入った。しかし、先場所も今場所も8日目から下位相手に5連敗するなど、心や体に安定感を欠き、三役で初の2桁勝利を達成するための勢いがつくれない。場所前は筋力強化や実戦的な稽古に前向きに取り組むようになったが、成果を出すには時間が足りなかった。

15年3月の初土俵から、まだ4度目の負け越しを悲観する必要はないという見方もある。ただ、周囲の出世への期待に応えてこそ、大相撲の力士。千秋楽の豪栄道戦に勝って7勝8敗で終えれば、玉鷲ら他力士の戦績にもよるが、小結にとどまれる可能性がある。日頃から、日本相撲協会の顔である三役の地位だけは「絶対に維持したい」と語っている。来場所以降の流れも左右する一番となる。

千秋楽、浴びせ倒しで豪栄道(下)を破る

千秋楽

御嶽海 7－8 ○浴びせ倒し● 豪栄道

西大関 大阪府出身、境川部屋

7勝、三役残留に望み 久々の負け越し、気持ちは前へ

ご当地大関に挑んだ千秋楽。観客の「豪栄道」コールも起きる中、御嶽海は当たってすぐに右差しを許し、左上手も与えてしまった。右四つの守勢となったものの、相手の上手出し投げに素早く足を運んでこらえ、反撃に転じる。左をねじ込んでもろ差しになると、出足を強めて前進。大関の足がそろったところを、豪快に浴びせ倒した。

先場所（1月の初場所）は、14日目から2大関に連敗。今場所も前日は高安に敗れていたが、「昨日は良い相撲が取れていたので」と、復調の手応えがあった。「勝って15日間を締めるのは大きい」と受け止めた。

7勝目を挙げ、来場所も小結で三役に残留できる可能性を残した。報道陣から感想を問われると、「残れるか、分かんないっすよ」と慎重な物言いだったが、平幕上位に2桁勝利者がいないことを確認し、「じゃあ、大丈夫か」と語った。

前日に負け越しが決まり、2017年1月の初場所からの連続勝ち越しが7場所で止まった。安定した成績を残し、大関候補と目される一方で、三役での2桁勝利が一度もないこともあり、周囲の期待と、自身が感じる自分の実力とのギャップに違和感を感じていたようで「久しぶりに負け越したけれど、悔しさはあまりない。むしろ、少しほっとしている」とした。地に足をつけ、もっと精進すべきだという反省がある。

先場所で一緒に三役を務めた4歳下の貴景勝、阿武咲は今場所、故障で休場した。前頭筆頭まで上がった同じ年の北勝富士も崩れ、2場所連続で負け越した。土俵人生はどこで歯車がかみ合い、狂うか分からない。

御嶽海は、今年のスローガンとして「稽古十分《じゅうぶん》」を達成し、大関を目指す「覚悟充分」を掲げ、揺るぎない地力を備えていく気持ちがある。ファンはじれったい思いでいるが、スローガンを体現するまではいましばらく時間が必要か。

元関脇鷲羽山（先代出羽海親方）・石田佳員さん語る

大関狙うなら、自分の殻を破る稽古を

負け越しが決まっていた御嶽海は、千秋楽で豪栄道に勝って7勝目を確保した。7勝と6勝では、大きな違いだ。

7勝は小結として来場所も三役に残れる可能性が出てくるだろうが、6勝で平幕まで落ちてしまうことが確実となったら、これまで積み上げてきたものが振り出しに戻りかねない。2桁勝利を狙うと公言していたから、期待外れの評価を受けることもあるだろう。周囲の冷ややかな視線を感じ、傷つくかもしれない。

14日目は高安に敗れたものの、良い相撲だった。4日目の逸ノ城戦のような、御嶽海の押し相撲で来場所以降につながる内容だった。逸ノ城戦はつかまってしまった先場所の経験が生かされ、『おおっ』と思わせた。

評価できる相撲はそれくらい。3日目の遠藤戦と6日目の貴景勝戦は相手のいなしに足がついていかなかった。8日目からの5連敗中は琴奨菊や松鳳山に差しにいって敗れた。その手で以前に勝ったという安易な気持ちがある。相手も研究してくる。差して組むのは、自分の動きも止まってしまい、リスクが増える。

体重が170キロ近くまで増えたようだが、下半身に疲労性の痛みが出ていたのを見ると、御嶽海にとっては限界の体重だ。稽古量が足りていれば、体つきが変わっても、体重は変わらないもの。御嶽海は今年26歳になる。体が動くから稽古しなくても勝てる年齢だが、今の稽古量を増やせる年齢でしっかり鍛えておかないと、30歳を過ぎてから急に勝てなくなる。稽古で力の貯金をつくり、その利子で、稽古量を増やせなくなる30歳以降を取るつもりでいてほしい。

8場所ぶりに負け越して、感じるものもあるだろう。大関を狙うなら、ゼロから自分を鍛え直す気持ちが必要かもしれない。場所前は部屋の幕下力士とやって体を追い込んでいたが、番付が上の者との稽古が体を絞り、体をつくる。4月の巡業には横綱、大関が出てくるし、苦手な怪力の大型力士の逸ノ城や栃ノ心とも稽古できる。来場所以降の場所前には、師匠に勧められるのではなく、自分から出稽古の行き先を決め、行動してほしい。

もう、そういうことに気付き、自分の殻を破ってもいい地位と年齢だ。

東小結、三役にとどまる
県内2カ所で春巡業

「勝ち越し大前提」

2018夏場所

東小結　9勝6敗

❶長野市内でスピードスケートの小平奈緒選手と会食。小平選手の金、銀メダルに触れ、「うれしかった」

❷雷電場所で横綱鶴竜（左）に稽古をつけてもらい、苦しげな表情

❸東京都墨田区の出羽海部屋で、夏場所の番付表を手にする

❹初日前日、長くて重いロープを使ったトレーニングで体を鍛える

❺両国国技館内の相撲博物館で開催中の雷電展を見学。江戸期の大関雷電は旧大石村（東御市滋野）出身。県出身の大関昇進は雷電以来となる

❻東御市での雷電場所会場入り前に、史上最強力士の雷電の墓参りに訪れ、飛躍を誓う

❼栃ノ心（右上）ら春日野部屋との連合稽古は4日間。「仕上がりはよい」

初日

御嶽海 1－0 ○押し出し● 東前頭3枚目 **大栄翔** 埼玉県出身、追手風部屋

再浮上へ白星発進
1年ぶり小結「相手が見えている」

「相手が見えている。自分の相撲だったと思います」。支度部屋に戻った御嶽海は、納得の表情で淡々と振り返った。

立ち合いで大栄翔の喉輪攻めにあごが上がったが、骨盤の前傾角度を保ち、圧力を維持。相手の引き技に乗じた一気の出足で前進。左右の腕もよく伸び、隙を与えない。土俵際も腰の構えが万全で、難なく押し出した。

先場所は7勝8敗で8場所ぶりに負け越し、5場所連続で在位した関脇から1年ぶりに小結に戻った。小結での過去3場所を含めた三役8場所で2桁勝利が一度もなかったこともあり、失速感は否めなかった。

ただ、番付降下を心機一転の機会と捉え、場所前は番数を増やすことをテーマに栃ノ心らと実戦的な稽古を重ねた。先場所後から炭水化物の摂取量に気を付けて体重も管理し、体を絞った。再浮上への第一歩となる初日に「緊張感がいい感じで高まった」と仕上げた。

今場所は、取組時に着用する絹の締め込みも通算3本目の物に新調した。2月に松本市で開かれた関脇昇進の祝賀会に合わせ、県内の農協グループから贈られた物で、色は1本目と同じ濃い赤紫色。地元の支援に対し、白星で感謝を伝えた。

「まだ、初日。勝ち越しを目指し、けがをしないようにやりたい」。慎重な物言いに、調子を15日間維持することへの強い意識がにじんでいた。

２日目、白鵬（上）に上手投げで敗れる

2日目

御嶽海 1－1 ●上手投げ○ 西横綱 **白鵬** モンゴル出身、宮城野部屋

白鵬に苦杯
「ばたついた…」出足の良さ、ふいに

「はあーっ、くそっ」。結びの一番を終え、花道を下がる御嶽海は、悔しそうに声を上げた。

左に動いて上手を取りに来た白鵬を右はず押しで受け止め、上体を起こした。中に入ろうとすかさず前進。追い込んではたきに出たが、決まらず、引いたことによって自身の圧力が下がってしまう。白鵬も引いたものの、御嶽海はついていくだけ。頭を押さえ付けられて上手投げに転がった。

２０１７年７月の名古屋場所で通算勝利数の記録が懸かった白鵬を破った時のように、相手よりも先に動くことで勝機を探ろうとした。出足の良さには前日の初日から手応えがあったが、「自分の方が横綱よりもばたついていた」。安易な引き技は白鵬には通じなかった。見せ場をつくって館内を沸かせても、「負けたら意味がない」と反省した。

白鵬には、4月10日の春巡業伊那場所で厳しい稽古をつけてもらった。5月3日の稽古総見でも指名されて相撲を11番を取った。関取衆が顔を合わせる場で話をする機会も増え、三役9場所目を迎えた御嶽海は、存在を認められ始めている実感があった。朝稽古を終えると、「今日は楽しみ」と3場所ぶりの顔合わせに士気を高めていた。

今場所初黒星は幕内１００敗目（１２５勝）。目標とする幕内千勝にあと26勝に迫った白鵬に勝ちきるには、攻め手の厳しさを磨くしかない。

3日目

御嶽海 2－1 ○押し倒し● 西前頭2枚目 **阿炎** 埼玉県出身、錣山部屋

平幕の阿炎を圧倒
「自分の相撲取れば負けない」

押し倒されて土俵下に転げ落ちた阿炎を気遣うように、御嶽海は両手で相手が体を起こすのを助けた。上位との初の総当たり戦に臨んでいる幕内3場所目の平幕阿炎に対し、「三役を1年余り務めた自信はあった」と三役9場所目の御嶽海。稽古場を含めて初の顔合わせとなった一番を、落ち着き払ってものにした。

阿炎の師匠は、高回転の突っ張りでならした元関脇寺尾の錣山《しころやま》親方。手足が長い阿炎も突き、押しが武器でもろ手突きで当たってきたが、御嶽海は下からあてがいながら前に出る。前傾姿勢を保ち、右へ右へと回り込む相手をよく見て突き、押し。攻め手を休めず、出足も良く一方的に押し倒した。

「体が（回り込む相手に対して）伸び気味だったけれど、腕が良く伸びていた」と御嶽海。2学年下の阿炎とは中学、高校時代も対戦していないというものの、「警戒したことは特にない。自分の相撲を取れば、負けないので」と言い切った。

２０１７年9月の秋場所は横綱、大関陣に休場者が相次ぐ中で精神面を整えられず、下位への取りこぼしがあった。そこから体づくりや稽古内容を見直し、一日一番の姿勢を貫くことを徹底。本場所を重ね、下位の挑戦を受ける立場にも慣れてきた。1歳下の大栄翔に快勝した初日に続く白星を手にし、「良い流れができてきた」と語った。

4日目
御嶽海 2－2 ●寄り切り○ 栃ノ心
東関脇 ジョージア出身、春日野部屋

立ち遅れてなすすべなし 栃ノ心の踏み込みに完敗

「完全に立ち遅れた」と御嶽海。大関昇進に突き進む栃ノ心の鋭い踏み込みに劣勢となり、浅いもろ差しでこらえたものの、相手に万全の左上手を与えてしまった。「力が違う。取られたら動けない」。右はおっつけられ、寄りに後退。なすすべなく土俵を割った。

栃ノ心とは、4～10日に行った春日野部屋との連合稽古でほぼ連日、胸を合わせた。「やってもやっても負けた」。突き放せず、何度もつかまった。本場所でも1月の初場所から3連敗。怪力の大型力士が苦手とはいえ、同じ出羽海一門の兄弟子との実力差は開きつつある印象が拭えない。

朝稽古には、福島中（現木曽町中）時代の恩師が校長を務める三岳小や福島小の6年生約50人が修学旅行で見学に訪れた。寄せ書き付きの写真パネルを受け取った御嶽海は、報道陣に「相手が大関とりとかは、何も考えていない。相手に合わせず、自分の相撲を取りたい」と意気込みを語った。だが、有言実行とはいかなかった。

御嶽海は先場所まで8日目からの5連敗を2場所連続で喫した。栃ノ心と先々場所は9日目、先場所は8日目に当たり、そこから立て直せなかった。今場所は「良い緊張感を15日間続けられるかが大事」と、一場所を通して自分の相撲を取りきることを意識する。気持ちを切り替え、5日目に再び白星先行できるか。

4日目、御嶽海が寄り切りで栃ノ心（右）に敗れる

5日目
御嶽海 3－2 ○引き落とし● 玉鷲
東前頭筆頭 モンゴル出身、片男波部屋

玉鷲に攻め勝った 序盤5日間で3勝「悪くない」

出足の鋭さを生かして下から突き、押しを繰り出す御嶽海は、190センチ近い長身で高い位置から押してくる玉鷲に攻め手の質で上回る。玉鷲には初顔合わせから8連勝の後、心身の状態を整えられなかった2017年の後半に2連敗したが、これで3連勝。通算11勝2敗。合口の良さが戻ってきた。

踏み込んでから、もろはず押しで攻勢。「相手が立ち合いで突き放してこなかった。押し合いなら負けない」と、左喉輪でさらに押し上げる。玉鷲から頭を下げての反撃を受けたものの、よく見て左へと体を開いて引く。膝が伸びて腰高の相手は勢いが余ったまま、土俵外へと出ていった。

「良かったと思う。（引いたのは）流れだった」。1年前はともに三役を務めていたが、玉鷲は17年11月の九州場所で陥落し、そこから4場所中3場所で前頭筆頭にとどまる。一方、御嶽海は三役在位が8場所連続で「三役に1年余りいるのは一つの自信」と、取り口に落ち着きを増す。

前日は大関とりに挑む栃ノ心に完敗して2敗となったが、連敗を再び避け、序盤戦5日間を3勝2敗で終えた。鶴竜、豪栄道との対戦を残す中盤戦以降に向け、「調子も良く、悪くないペース」と闘志を秘める。

6日目
御嶽海 4－2 ○上手出し投げ● 遠藤
西小結 石川県出身、追手風部屋

6度目の対戦 遠藤を圧倒 ホープ対決「負けられなかった」

次世代を担うホープで人気も高い2人の6度目の対戦。御嶽海は8場所連続9場所目の三役となる東小結、左膝などの故障が回復した遠藤は新三役の西小結としてぶつかった。「自分は三役を1年余り務めている。簡単には負けられなかった」と御嶽海。土俵でその気持ちを体現した。

立ち合いから出足の良さを生かし、体重が乗った圧力の強い突き、押しで遠藤の上体を起こす。相手が前まわしを取って反撃しようと頭を下げると、はたきに転じる好判断。左上手を取って出し投げで仕留めた。「良かったと思う。体が動いていた」とうなずいた。

夏場所の番付が発表された4月末。報道陣から遠藤と東西の小結に就いた感想を聞かれると、「何も考えていない」と素っ気なかった。ただ、実際の心中は違う。同じ学生相撲出身者で2歳上の遠藤が活躍したことは、就職予定だった御嶽海が角界入りする後押しとなった。先場所は敗れたが、反省から170キロ近くまで増え過ぎた体重を160キロ余まで絞り、この日は前日よりも早く稽古場に出て仕上げた。

7日目は魁聖戦。今場所は稀勢の里、高安が休場したこともあり、過去3場所の小結時代と違い、前半戦は関脇以下の相手を中心に進む。「連勝を伸ばすことよりも、自分の相撲を取ることを考えたい」。変わらずに一日一番に集中する。

7日目

御嶽海 4－3 ●寄り切り○ 魁聖

西前頭筆頭
ブラジル出身、友綱部屋

またも巨漢の壁 苦手の魁聖に「何もできなかった」

3連勝を狙う御嶽海が当たったのは、過去3戦全敗と相性が悪い魁聖。195センチ、204キロの大きな体で、四つ相撲を取る。御嶽海は学生時代にほとんど対戦した経験がない巨漢タイプを苦手としている。朝稽古では、魁聖が得意とする右四つを防ごうと、左おっつけや右はず押しの立ち合いを何度も繰り返した。

しかし、苦手意識が土俵で出る。左脇を締め、右はず押しから相手を起こそうとしたものの、当たり自体が弱い。左を魁聖に強烈におっつけられて動きが止まる。左脇に相手の差し手が食い込むと、左上手も許してしまって万事休す。右四つとなって「何もできなかった」と寄り切られた。

同じ巨漢でも、逸ノ城とはタイプが違うようだ。魁聖には強く当たろうとしても、巨大なクッションのように柔らかく包み込まれ、長い腕で捉えられてしまう。逸ノ城に勝った時のようにはず押しが効かず、別の攻め手も浮かばない。こうして、強い力で9場所ぶりの対戦も仕留められ、「見ての通り」と肩を落とした。

巨漢も苦にならなくなるような地力をつければ、三役での過去8場所で一度もない初の2桁勝利に近づけることは、御嶽海も分かっている。

明日は直近2場所連続で5連敗が始まった鬼門の8日目。ここから崩れていかないように「いつも通りやるだけ」と切り替え、慎重に準備する。

7日目、寄り切りで魁聖(左)に敗れ、巨漢の壁を越えられず

8日目

御嶽海 5－3 ○押し出し● 松鳳山

東前頭2枚目
福岡県出身、二所ノ関部屋

張られても冷静 圧力保ち押し出し 中日の「失速」回避

御嶽海は立ち合いで左ほおを松鳳山に張られたが、「想定内」と慌てなかった。寄り倒された先場所は4度の張り手でリズムを乱されており、34歳のベテランが用いる常とう手段だったからだ。

右脇は相手の差し手が入ったが、おっつけて威力をそぎ、少し引いて振りほどく。前傾姿勢を崩さず、圧力を保って攻めに出ると、右はずが「うまく入った」と優勢に。流れよく押し出した。

「相手に踏み込まれたけれど、距離を取り、しっかり押すことができた」と冷静だった御嶽海。前日は苦手な巨漢タイプの魁聖に今場所3敗目を喫したものの、この日は連敗の危機を三たびしのいだ。

中日8日目は、直近2場所連続で5連敗が始まった日でもあった。今場所は「体力面から失速しないようにしたい」と毎朝、先場所までより30分近く早く起き、基本動作を中心に汗をかいている。「今のところ、体も自分の言うことを聞いてくれている」と語った。

9日目は同じ学生相撲出身者の豊山と初顔合わせ。東洋大4年の時、東京農大3年だった相手とは、5度対戦。独特の押しにリズムを乱され、分は悪かったようだ。三役を1年以上務める角界の兄弟子として格の違いを示せるか。

元幕内大鷲・伊藤平さん語る

勝機は強い当たりから

6日目の遠藤戦は、迫力があった。ライバル意識から負けられない気迫が前面に出ていた。5日目の玉鷲戦も、相性の良さから自信たっぷりだった。初日から伸び伸びと自分の相撲を取ろうとしている印象を持った。

2日目は白鵬を押し込むことができた。そこからはたきに出たが、上位陣で食うのは、今場所不振の豪栄道くらい。はたきじゃなく、いなして体を泳がせていれば、次の手が効いただろう。押し手についても、初金星を挙げた阿炎は、白鵬の胸の良いところを押していた。参考にしてほしい。

7日目の魁聖には、巨漢への苦手意識が出ていた。やる前から勝てないと思っていたのか、まっすぐ当たり、そのまま捕まって敗れた。いなしを交えるとか、何かを工夫することもできなかった。何も残らず、次に負ける可能性も高まる。

前日の遠藤戦を見て、これは魁聖戦もいけると思った。抜群の相撲勘を発揮する御嶽海でも、そういうことが起きてしまうから相撲は不思議だ。

自分には押ししかないと思い、強く当たれば、勝機も生まれるかもしれない。一瞬でも相手に隙が生まれれば、巨漢だろうとそれを突ける力を御嶽海は持っている。他人には、簡単にまねができない良いものを。

中日に勝ち、5勝3敗で折り返した。御嶽海がこれまで長い連敗をしてきたのは、主に中盤戦。負けが少し続くと、また崩れてしまうのではないかと、そう思い込んで自分に重圧をかけてしまっていたのではないか。小結に下がり、周囲の関心も大関とりの栃ノ心に向けられている今場所は、課題を克服する良い機会だ。勝ち越し、さらに2桁勝利も諦めず、自信を持って戦ってほしい。

9日目は、自分の相撲料理店(佐久市)のお客さん約40人とバスで観戦に行く。本場所を見るのは、2017年1月の初場所以来だ。遠藤戦のように思い切り当たり、小気味良い相撲を取って沸かせてほしい。

9日目

御嶽海 6－3 ○押し出し● **豊山**

西前頭3枚目
新潟県出身、時津風部屋

勝機逃さず一気　貫禄を示す6勝目
2桁勝利も視野に

1学年下の豊山とは初顔合わせとはいえ、学生時代に何度も対戦し「分が悪かった」と御嶽海。それだけに警戒して臨んだが、8場所連続で三役を務める実力者が角界での成長を見せつけた。

まずそれが表れたのが立ち合い。互いに押し相撲を得意とするだけに激しくぶつかったが、「思った以上に（豊山の圧力が）軽かった」。意表を突かれてリズムを乱され、突き、押し合いからの攻めをこらえられて劣勢となり、土俵際まで後退した。

しかし、ここからが見せ場。素早く右へ回り込んで窮地を切り抜けると、土俵中央から一気の押しで圧倒。詰めの甘い豊山に対し、仕留めるべきところで決める強さを見せつけ「良い攻防だった」とうなずいた。

初日から9連敗となった豊山は隣県の新潟県出身。御嶽海は自らの力を示しつつ「（豊山は学生時代とは）レベルが違った」と、成長を期待する思いから語った。

自身は今場所2度目の連勝で6勝目を挙げ、2場所ぶりの勝ち越しに大きく前進。三役初の2桁勝利が少しずつ視界に入ってきた。ただ、直近2場所は中盤戦から失速しただけに慢心はない。「一つ一つ自分の相撲を取っていくだけ」とかぶとの緒を締めた。

9日目、押し出しで豊山（右）を破る

10日目

御嶽海 7－3 ○突き落とし● **勢**

西前頭5枚目
大阪府出身、伊勢ノ海部屋

勝ち越し王手
追い込まれても「相手見えた」

御嶽海は立ち合いで勢に押し込まれたが、慌てなかった。食い止めて、右はず押しと左おっつけで前進。はたいてから再び前に出ようとしたところを相手にいなされ、土俵際に追い込まれたものの、頭を下げて必死に突っ込んできた勢を、冷静に右で突き落とした。

31歳の勢は、2012年春場所から幕内の土俵にほぼ立ち続ける。194センチの長身だが、体重168キロで、御嶽海が苦手な巨漢ではない。過去4度の対戦でも、一心不乱に攻め手を打ってくる相手に落ち着いて対応。17年の夏場所以来1年ぶりとなったこの日の対戦も制し、5戦5勝とした。

今場所初の3連勝を飾り、「体が動いていると思う。相手が見えているし」。よく使う表現で振り返ったが、口調は普段よりも力がこもり、精神面も上り調子の様子。直近2場所は中盤戦で5連敗を喫していただけに「最後まで気を抜けない」と自戒も忘れなかった。

11日目は、結びの一番で鶴竜と当たる。勝てば、2場所ぶりの勝ち越しを決めて関脇復帰に前進するだけでなく、大関とりに挑む同じ出羽海一門の兄弟子、栃ノ心の優勝に向けた援護射撃にもなる。10日目時点で36本の懸賞が出されており、価値ある一番に「自分の相撲を取りきるだけ」と士気を高めていた。

11日目

御嶽海 7－4 ●はたき込み○ **鶴竜**

東横綱
モンゴル出身、井筒部屋

引いて後手
横綱に踏み込まれ、勝ち越しお預け

御嶽海は立ち合いで鶴竜に踏み込まれた。前日の琴奨菊戦で変化し、館内を騒然とさせた横綱は真っすぐ突進。圧力を受けた御嶽海は思わず引いてしまい、主導権を握れなかった。追撃を回り込んでかわし、下から押して反撃するが、嫌がった横綱のはたきに足を運べず、転がった。

弓取り式が終わって花道を下がり、「あーっ」とうなり声を上げて支度部屋に入った。報道陣の質問にも目を閉じて無言。2場所ぶりに臨んだ鶴竜戦をものにできず、悔しさをにじませた。

東関脇だった先場所の13日目。御嶽海は番付通りなら、一人横綱となった鶴竜との対戦が組まれるはずだったが、外された。2場所連続で8日目から5連敗する不振だったため、平幕力士を当てられる屈辱を味わった。

「横綱戦を外され、自分がふがいなかった。初土俵から一番、悔しい思いをした」と御嶽海。「関脇の番付（の高さ）にいても、勝ち星を重ねていなければ、横綱戦を組んでもらえないんだと思った」。角界の看板力士の一人として、責任を全うできる状態に自分を保たなければならないと理解し、反省した。

慎重に準備した今場所は先場所までとは打って変わって8日目から連勝を続け、前日まで7勝3敗。この日の鶴竜戦は、勝ち越しも懸けた価値の高い一番となった。しかし、生命線の立ち合いで後手に回り、成長を白星で示すことはできなかった。

12日目

御嶽海 7−5 ●突き出し○ 千代大龍

東前頭4枚目
東京都出身、九重部屋

足踏み続く 攻め立てられ、力なく…

御嶽海は負け越しまで後がない千代大龍にあっけなく敗れた。立ち合いで左かち上げを使った体重190キロの体当たりをまともに受け、踏み込めない。起こされた上体を突きの連発で攻め立てられ、力なく後退。右に逃れようとしたが、足の運びが鈍くてかなわず、「（相手が）強かった」と土俵を割った。

千代大龍とは、5場所連続の顔合わせ。先場所まで、相手の常とう手段の左かち上げに自分の右かち上げをぶつけるなど立ち合いも工夫し、3連勝した。だが、今回は精彩を欠いた立ち合いで4場所ぶりに敗れた。

前日の鶴竜戦でも引いてから反撃する際、やや腰高で出足に力強さを欠いた。そして12日目に今場所初の連敗。終盤戦に入り、下半身には疲労性の痛みが出ている感がある。基本動作を入念にやっていた朝稽古も前日から軽めの調整だけになった。この日の支度部屋では、「疲れました」と息切れ感をにじませた。

13日目の相手は、先場所敗れた東前頭5枚目の琴奨菊。14日目と千秋楽は、幕下時代から通算5勝7敗と分が悪い正代や苦手な巨漢の逸ノ城と対戦する可能性がある。

先場所で8場所ぶりに負け越し、関脇から1年ぶりに小結に戻った今場所。8場所連続9場所目となった三役で初の2桁勝利に中盤戦まで前進していたが、2場所ぶりの勝ち越しに向けても気が抜けない状況になった。

13日目

御嶽海 8−5 ○寄り切り● 琴奨菊

東前頭5枚目
福岡県出身、佐渡ケ嶽部屋

不安耐え白星 関脇復帰濃厚の勝ち越し

御嶽海はもろ差しに徹し、琴奨菊を攻め続けた。当たり勝って腕を2本とも入れると、左を34歳の元大関に抱えられて体を振られ、右は何度も外されながら諦めずに差し直す。右へのおっつけや巻き替えの動きもこらえ、相手得意の左四つを避ける。腰高でなかなか寄り切れなかったが、最後は体を密着させて決着をつけた。

琴奨菊戦の過去7勝も、もろ差しを中心に挙げた。12場所連続の顔合わせは「最初に2本入ったのが良かった。何度も寄り切るチャンスはあったのに自分の体が伸びてしまい、ものにできなかった。でも、攻め続けるしかないと下から下からと意識し、体も動いてくれた」。集中力を保って2場所ぶりの勝ち越しを決め、「ほっとした」と土俵で天を仰いだ。

7勝目を挙げた後は2連敗。先々場所と先場所は、中盤戦の5連敗を立て続けに喫しただけに、同じような失速への不安が頭をよぎり始めていた。今場所も体に痛みが出て、準備不足に陥る悪循環は同じだったが、この日は前半戦と同じく朝稽古で基本動作をおろそかにしなかった。

場所前から番数を重ねることを意識して実戦的な稽古を重ね、食事を管理して増え過ぎていた体重も減らした。やるべきことをやって土台づくりを進めた結果、失速への不安は「先場所よりは小さくなったと思う」と自分を見失わなかった。

14日目は正代と当たり、千秋楽は逸ノ城と対戦する見通し。連勝すれば、9場所目を迎えた三役で初の2桁勝利を達成する。「気を引き締め、前に出る自分の押し相撲を取る。結果は後から付いてくる」。関脇復帰が濃厚となった来場所を前に、さらなる出世への足掛かりをつくれるか。

14日目

御嶽海 8−6 ●すくい投げ○ 正代

西前頭4枚目
熊本県出身、時津風部屋

物足りない6敗目 攻め手貫く精進を

立ち合いで正代の右かち上げを受け、御嶽海は後退した。右上手を取って体を寄せたものの、腰が沈まず、圧力が高まらない。土俵際での強引な投げは、背筋の強い正代に粘られてしまう。自身の右脇に入っていた相手の差し手によって逆転のすくい投げを食らい、土俵下まで落ちた。

しばらくたってから立ち上がると、右足を引きずって土俵に戻り、花道を下がった。その姿に満員の館内はざわついたが、報道陣の問い掛けには「大丈夫です」と返答。千秋楽は出場する意向を示した。

6敗目となり、今場所も三役での2桁勝利には届かなかった。先場所で8場所ぶりに負け越すと、仕切り直そうという気持ちから、2桁勝利を公言することはなくなった。勝ち越しは前日に達成したが、今場所で三役在位は9場所目になる。1横綱2大関が休場していることもあり、物足りなさが残る。

6敗は、立ち合いでの当たり負けや、攻めても腰が浮いて詰めが甘くなって喫した。師匠の出羽海親方（元幕内小城乃花）ら親方衆は、強く当たって流れをつくる持ち味の取り口や、稽古時から動きの低さを徹底するよう求めてきた。体のケアに努めながら、厳しい攻め手を15日間貫くための精進が求められる。

「勝ち越しているけれど、気持ちを切らさないようにやる。千秋楽は自分の相撲をしっかり取るだけ」。関脇復帰が濃厚な来場所につなげるためには、好内容が必要だ。

千秋楽、押し出しで巨漢の逸ノ城（左）を破る。来場所での関脇復帰は確実で、三役10場所目を迎える

千秋楽

御嶽海 9－6 ○押し出し● 逸ノ城

西関脇 モンゴル出身、湊部屋

前へ、これが御嶽海
次世代担い手、追走なるか

御嶽海は得意ではない巨漢に快勝した。逸ノ城の当たりを受け止めると、右はず押し、左差しで圧力をかけた。前日に白鵬に投げ勝った相手にまわしを許さず、怪力を逃れて一気に前進。「前に出られた。自分の相撲を取れたので、良かった」と、反撃の機会すら与えずに押し出した。

前日の取組後と同じく、右足を痛そうに引きずりながら所作に戻った。支度部屋では、「足は大丈夫」と説明。8場所ぶりに負け越した先場所（3月の春場所）も千秋楽で大関豪栄道を破って終えており、「（先場所会場地の）大阪に続き、気分よく終われて良かった」とうなずいた。

14日目の正代戦で6敗目を喫し、今場所も2桁勝利に届かないことが決まった。それでも、千秋楽は気持ちを切らさず、前に出る相撲を取った。

4月10、11日に行われた春巡業の伊那、東御場所。御嶽海は「お客さんに『大関を目指して』と何度も言われた。先場所負け越したのに、それに触れることもなく、気遣いのある対応をしてもらった」と振り返る。感謝の思いを結果で示すため、今場所は日々の結果に一喜一憂しないことで安定感を保ち、15日間取りきることを目指した。

関脇への復帰が確実な来場所は、三役10場所目になる。「相撲をいったん忘れ、体づくりから始めたい。6月は巡業がないから、部屋でしっかり稽古する。2桁勝利には（実戦的に）番数をこなすしかない」。次世代の担い手に挙げられて時間がたつ中、高安に続いて栃ノ心が大関に昇進する。御嶽海はどんな追走劇を見せるのか。

元関脇鷲羽山（先代出羽海親方）・石田佳員さん語る

真の力を、まだ遅くない
印象薄かった夏場所

2場所連続の負け越しを逃れ、勝ち越す力があることを示したけれど、三役はもう9場所目。長野県のファンも、9勝6敗の成績で大喜びしている人は少ないだろう。

相撲の印象がとにかく薄かった。逸ノ城戦のような本来の突き、押し相撲が少なく、作戦や、その場しのぎの相撲が多かった。だから三賞の候補にも挙がらなかった。

初土俵からあまりにも順調に来ていることも原因だろう。今の地位を守るため、負けない相撲を取ろうとしている。挑戦者の相撲じゃない。大関を目指すと言ったのが、口だけに映りかねない。

2桁勝利や大関昇進を狙うなら、自分の相撲はこうだと主張し続ける相撲が大事だ。そういう相撲を取れば、今の実力を把握できるが、作戦やその場しのぎの相撲で負けると、実力が把握できない。的中して勝っても余計に自分の実力が分からず、疑心暗鬼になる。

相手を土俵際に追い込んでも、腰が下りなかったり、腕の使い方が不十分だったりと、攻め手の甘さが目立った。大きな故障や体調不良があったら勝ち越せないレベル。同じ一門の栃ノ心との稽古で力をつけてほしい。

5連敗した先々場所と先場所のような長い連敗への不安もあったようだ。「心技体」と言うように心が伴わないと名力士になれない。精神面から見つめ直してほしい。

番付が上がると、いろいろな人が集まってくる。目を配りきれず、大切な人に礼節を欠いてしまうことがあるかもしれない。心遣いやフォローを忘れず、地に足をつけた人生を送ってほしい。素直な心で、視野を広く持つことは、相撲で不安や疑心暗鬼にならなくなることにもつながる。

引退後を含め、どんな人生がこれから待っているか分からない。自分の経験から言えば、壁にぶち当たったり、どつぼにはまったりするのも必要なこと。恐れてはならない。はい上がって来られれば、真の力がつく。まだ遅くない。一皮むけるための猶予はある。

初賜杯！　長野県出身力士としても初めて
さらなる歓喜に向けて、次の挑戦始まる

2018 名古屋場所

西関脇　13勝2敗

❶関脇に復帰し、名古屋場所番付表を手に「勝ち星2桁、頑張る」。愛知県犬山市の出羽海部屋宿舎にて

❷サッカーJ2の松本山雅FCのホーム試合を観戦。山雅サポーターから「御嶽海コール」を受け、握手などで交流した

❸初日前日、横方向へのすり足で汗をかく御嶽海。場所前は気持ちを切り替える力を高めるため、実戦的な稽古で精神面を支える体力強化を主眼に置いた

❹境川部屋への出稽古開始。豪栄道（左）ら25番を取り、2桁勝利達成へ番数重ねる

❺新大関の栃ノ心（右）に指名されて相撲を取る御嶽海。出稽古に来た3大関とともに汗を流した

❻稽古再開。右かかとにサポーターをつけ回復を優先しながら、部屋の三段目力士に胸を出す

初日

御嶽海 1−0 ○押し出し● **阿炎**

東前頭3枚目 埼玉県出身、錣山部屋

関脇復帰場所好発進

「きちんと調整できた」

御嶽海は立ち合いで素早く手を出し、阿炎のもろ手突きを下から力強くはね上げた。相手得意の第一手の威力を狙い通りにそぎ、上体を起こしておいて休まず突き、押した。苦し紛れに引いて呼び込んでしまった阿炎を難なく押し出した。

2学年下の阿炎には、初顔合わせだった先場所から2連勝。同じ押し相撲の力士には負けない自信を示し、「(相手よりも)自分の相撲を取るだけだった」。先場所で白鵬、豪栄道を初挑戦で破り、勢いを見せた阿炎を寄せ付けなかった。

2017年の名古屋場所は新関脇で臨み、そこから5場所連続で関脇を務めた。先場所は小結に下がったものの、今場所は再び関脇に戻り、「復帰できてうれしく思う」。目標は三役で初の2桁勝利。過去9場所は7場所で勝ち越してきたが、9勝と8勝止まりだった。

精神面を支える体力を強化しようと、場所前の稽古は豪栄道、栃ノ心らと4日間で計74番を取った。右かかと痛を抱え、不安要素がある中での初日だったが、「きちんと調整できたので」と己を信じて白星発進した。

押し出しで阿炎(左)を下す

2日目

御嶽海 2−0 ○上手出し投げ● **勢**

東前頭2枚目 大阪府出身、伊勢ノ海部屋

勢に6戦無敗

「相手見えていた」鋭く出し投げ

御嶽海は落ち着いていた。勢に得意の右差しを許すまいと、左脇を締めて力強く当たり、突き、押しを連発。脇が甘くなって右差しを許してしまったものの、194センチ、168キロの体を預けるようにのしかかってきた相手の動きを利用する。取った左上手で下がりながら鋭く出し投げを放ち、土俵に転がした。

「相手が見えていた」と御嶽海。勢は6月下旬、ゴルフ女子の比嘉真美子と結婚することを明らかにした。御嶽海は勢と2年ほど前からテレビ番組の出演や食事の場で一緒になり、付き合いがある。今場所前にも顔を合わせ、「おめでとうございます」と伝えた。ただ、祝儀代わりの白星を献上するミスは犯さず、勢に6戦無敗とした。

10場所目を迎えた三役で初の2桁勝利を達成するため、場所前は実戦的な稽古で番数を求めた。報道陣に準備が間違っていない感覚があるかと問われると、「まだ2日目」と慎重な物言い。関脇の過去5場所は初日からの2連勝が3度あるものの、その後にいずれも失速した。「気持ちは落ち着いている」と勝ってかぶとの緒を締める。

3日目

御嶽海 3−0 ○送り倒し● **貴景勝**

西前頭3枚目 兵庫県出身、貴乃花部屋

苦手攻略3連勝

左前まわし奪取で主導権、作戦奏功

御嶽海は作戦勝ちだった。立ち合いで迷わず左前まわしを奪取。貴景勝に突き放すための距離を十分取らせず、重心を浮かせて主導権を握った。自分は左前まわしを軸に低い体勢を維持。右ものぞいてもろ差しを果たした。やや引いてから右を深く差すと再び前進。右ですくいながら相手のバランスを崩し、一方的に送り倒した。「自分の想像した通りの相撲が取れた」とうなずいた。

過去の対戦成績は2勝3敗。御嶽海にとって貴景勝は小さく丸い体形で押しづらい。相手の圧力をタイミング良く押し返す技術にもたけ、「やりにくく、苦手意識もある」と御嶽海。取り口は作戦に頼りがちで、前回対戦した3月の春場所はもろ差しで攻め始めたが、御嶽海に比べて腕が短い相手に外されて敗れた。

左前まわしを狙う作戦は、前々回に対戦した1月の初場所と同じ。この時は横綱鶴竜が数日前に貴景勝を下した取り口を参考にして勝った。

右かかと痛を抱える今場所は足の運びや攻め手の圧力が十分と言えず、本人も「まだ本調子じゃない」と認める。それでも、初日は狙い通りに阿炎の第一手の威力をそいで押し出し、2日目は相撲勘の良さを生かして勢を出し投げで仕留めた。「前半戦は気持ちをもたせ、調子を上げて後半戦でバテずにやりたい」。一日一番に頭を使って集中しながら、三役で初の2桁勝利に前進する。

4日目

御嶽海 4−0 ○押し出し● **玉鷲** 東小結 モンゴル出身、片男波部屋

慢心なし4連勝 喉輪・いなしに対応「ここから」

御嶽海が幕内で初日から4連勝を飾るのは、1月の初場所以来2度目。初場所は連勝を7まで伸ばした後、自身に期待し過ぎた感があって自分の相撲を見失い、5連敗を含む1勝7敗と失速した苦い経験がある。

だからこそ、支度部屋で報道陣から感想を聞かれても「いつも通りでしょ。前半は調子が良いんだから」と淡々と返答。4勝のうち、この日の玉鷲をはじめ阿炎や勢とも合口がめっぽう良いため、「ここまでは実力。でも、まだまだここから」と自分を戒めるように語った。

玉鷲を下した取り口も「流れはいいが、詰めの土俵際でしっかり腰を落とさないといけない」と反省した。呼吸が合わずに2度目で成立した立ち合いはタイミングを遅らせ、相手の動きをよく見て踏み込んだ。すぐに右を浅く差して前進。右喉輪に動じず、左からのいなしにも足を送った。突き、押しも交えてスピードに乗り、最後は腹を当てて体ごと押し出した。

白鵬が休場を決めた。優勝争いへの意識について聞かれると、「チャンスはどの場所でもある。上位がいないと場所が締まらない」と残念がり、自身は一日一番の姿勢を崩さない。鶴竜に土が付き、早くも栃ノ心と2人だけの無敗となった。初場所以来の高い注目を集める中、今度は違う御嶽海を見せられるか。

６日目、正代に勝ち、ただ一人全勝を守る

5日目

御嶽海 5−0 ○押し出し● **松鳳山** 西小結 福岡県出身、二所ノ関部屋

前へ前へ5連勝 立ち合い自信、張り手に動じず

御嶽海は立ち合いで松鳳山の右張り手を食らったものの、顎を引いて下がらない。十両時代を含めた過去8度の対戦で、何度もリズムを狂わされた手だからだ。踏み込んで右はず押しで左差しを許さず、自身は左も浅く差して後退させる。前傾姿勢を保って突き、押しで追撃。土俵際で右へ回り込もうとした相手を左腕一本で押し出した。

右かかと痛が完治せずに突入した今場所で、立ち合いが後手に回らない。豪栄道、栃ノ心らと4日間行った場所前の稽古が生きている様子で「大関の立ち合いはトップクラス。勝敗に関係なく、立ち合いだけでも互角にできたのは、自信になった」と振り返る。

一方、土俵際の詰めは納得できない。松鳳山に対しても、回り込む相手の動きに正対しきれず、左横に見ながら手を伸ばした。「体が流れた。正面に相手を置かないと、何があるか分からない」と足の運びを自戒した。

初日から5連勝は1月の初場所に続いて幕内で自身2度目。目標に掲げる三役で初の2桁勝利にも、早くも半分の勝ち星数まで来た。それでも、初日から7連勝の後に大失速した初場所の苦い経験を受け、「ここから。辛抱強くやっていくしかない」。正念場が一つも二つもあることを覚悟しながら中盤戦に入る。

6日目

御嶽海 6−0 ○押し出し● **正代** 東前頭筆頭 熊本県出身、時津風部屋

ただ一人全勝 正代を圧倒 「体動いてくれている」

6連勝を飾って帰路に就こうとした支度部屋のテレビで、栃ノ心が玉鷲に敗れて初めて土が付く様子を見た。中盤戦に入った本場所で、初めてただ一人の全勝力士となった御嶽海。報道陣に優勝争いの意識を問われると、「ここからでしょ」と返答。残り9日間で重要になるのは「いつも通り（にやること）」と表情一つ変えず、平常心を貫く姿勢を強調した。

連日、「しっかり相手を分析しながら、前に出る自分の相撲が取れている」という。3連敗中だった正代には、立ち合いで左前まわしを取る新たな作戦に出た。正代は先場所などと同じく、右腕を使ったかち上げで体を起こしにきたが、御嶽海は迷わず上から押さえるように上半身をぶつけて威力を削減。かち上げた正代の腕の下にスペースが生まれると、狙い通りにまわしを取った。

正代の重心を浮かせ、右に回って上手出し投げで崩す。はず押しに切り替えた左の攻めも効かせ、流れ良く押し出した。「いい集中の仕方をしているし、思った以上に体が動いてくれている」。右かかと痛を抱える中で作戦の遂行に徹し、ここまで無駄の少ない取り口で白星を重ねる。猛暑の愛知で、母の母国フィリピンの料理も口にして食欲も旺盛だ。

6日目を終えて無敗は1月の初場所以来2度目だが、初場所は鶴竜と初優勝した栃ノ心も並んでいた。今場所はこの日から鶴竜が休場し、1敗に後退した栃ノ心も右足親指を痛めた。師匠の出羽海親方（元幕内小城乃花）は「まだ（栃ノ心ら優勝候補と）直接対決もあるだろうし、一日一番の姿勢でやってほしい」と地に足をつけた日々を求める中で、25歳の御嶽海が貴重な優勝争いを経験できる可能性が高まっている。

7日目

御嶽海 7−0 ○寄り切り● 琴奨菊

西前頭筆頭
福岡県出身、佐渡ケ嶽部屋

慌てずに7連勝
元大関琴奨菊を崩し、じわじわ寄る

御嶽海は慌てなかった。過去の勝ちパターンのもろ差しを果たしたが、琴奨菊に巻き替えられ、左四つに。しかし、右上手を引くと、左下手からの投げを交えて元大関の34歳を崩し、じわじわと寄る。まわしの位置が相手より終始低い安定した動きで、土俵際でさらに腰を下ろして寄り切った。

もろ差しの攻め手が崩れても、「前に出ること（が重要なの）には変わりない。相手よりも先に体が動いてくれた」と御嶽海。朝稽古後には、栃ノ心が3横綱に加えて休場することを知り、報道陣から優勝のチャンスが一層広がった—と問われたが、「チャンスは今までもいつもあった」ときっぱり。特別な気負いはないとし、琴奨菊戦も落ち着いて取り切った。

1月の初場所以来、自身2度目となる初日からの7連勝。中日8日目に勝てば、幕内自己最速で勝ち越しを決める。初場所では、そこから自分の相撲を見失って5連敗。苦い経験を引きずったまま、次の3月の春場所でも5勝2敗で迎えた中日から5連敗した。初場所と同じ戦績で、周囲に「鬼門」とみられている中日の相撲は、9日目以降の流れに直結する。

今場所は東京開催の5月の夏場所から使用する、通算3本目の濃い赤紫色の締め込みをつけている。地方場所では新三役だった2016年11月の九州場所から、母校東洋大カラーの鉄紺色の2本目を使ってきた。だが、東京場所で使用する濃い赤紫色を地方場所でも使用し、ルーティンに変化をつけた。流れを変えようとする意志が見て取れる。

中日に、違う御嶽海を見せて三役で初の2桁勝利に前進できるか注目だ。

8日目

御嶽海 8−0 ○寄り切り● 千代の国

西前頭2枚目
三重県出身、九重部屋

幕内で自身初のストレート勝ち越し
体勢立て直し逆襲「白星つなぐ」

御嶽海は頭で激しく当たり合ったが、立ち遅れ気味で優位に立てない。千代の国の強烈ないなしで体が泳ぎ、前のめりになった。ただ、骨盤の前傾角度は維持し、「膝（の動き）には余裕があった」と粘って向き直る。顎を引き、体を丸めた突き、押しで逆襲に転じると、右はず押しからもろ差しとなり、鋭い出足で寄り切った。

「冷静だった。体が動いてくれ、良かった」。同じく初日から7連勝した1月の初場所は中日に敗れ、そこから5連敗。3月の春場所も5勝2敗で迎えた中日から5連敗し、周囲に失速癖をささやかれるようになった。「意識しないと言えばうそだった。今日から初日のつもりでやった」。これまで11日目だった幕内自己最速の勝ち越しを大幅に更新した。

優勝争いでも、初めて単独首位の立場で後半戦に入る。「(成長して)自分が初場所と違うかは一つ勝っただけだから分からない。優勝を意識せず、白星をつなげたい」。右かかと痛を抱える今場所の当初の目標は、三役で初の2桁勝利。「いつ、自分が負けるか分からない。失速しないようにしたい」。そのための鍵は「しっかり寝て、しっかり食べる」。朝稽古を含め、当たり前の日常を繰り返して平常心を維持し、好機を逃さないことだ。

元幕内大鷲・伊藤平さん語る

立ち合い良く、取り口多彩

御嶽海は立ち合いに圧力があり、先に主導権を握れている。顎を引いて、歯を食いしばった良い立ち合いをしている。

初日から阿炎に自信を持って当たり、勢にも圧力があるから出し投げが効いた。重心が浮かず、体の寄せ方もうまい。玉鷲には腹で寄せた。

貴景勝には左前まわしを取りにいった。押し相撲の御嶽海がまわしを求めにいくのだから、驚いた。四つ相撲の正代にも左前まわしを取りにいった。勝算があったのだろう。押し相撲の力士は押しに徹することが道というのが、今までの考え方。御嶽海は多彩だ。

場所前は、右かかと痛を抱え、実戦的な稽古は4日間にとどまった。名古屋場所の宿舎に入るまでも、東京で2日間やっただけだったようだ。

栃ノ心のように、故障を抱えながらでも稽古で体を追い込んできた力士の方が、本場所に入ってまた新たな箇所を痛めて休場する。御嶽海のように、マイペースでやった方がいいと見てしまう人もいるかもしれない。ただ、突出した素質と相撲勘がある御嶽海だからできること。誰にでもまねできるわけではない。

8日目は相手を見下したように取らないことが大事だった。初日から7連勝後に5連敗した1月の初場所が教訓になったのではないか。残り7日間。高安は2敗を守っているが、豪栄道はかど番を脱出したら休場してしまうのではないかと思うほど元気がない。逸ノ城も好調と言えず、苦しい体勢だとすぐ力を抜く。あとは平幕との対戦。苦手な巨漢の魁聖と立ち合いに破壊力がある千代大龍がこわい。名古屋場所は暑さで消耗し、横綱、大関陣以外の優勝も多いのが特徴だ。

今場所は今まで一番の優勝のチャンス。3横綱と新大関が休場したという運も、実力のうちだ。優勝すれば、大関昇進にも最短距離になる。先場所が9勝だったので、今場所で優勝し、大関とりが懸かる9月の秋場所で11、12勝ぐらいすれば、11月の九州場所で新大関が現実的になる。

私が暮らす佐久市に郷土力士を優勝パレードに呼ぶというのが、かつて同じ角界にいた私の夢。かなう可能性が日々高まっていると感じている。

9日目

御嶽海 ○寄り切り● 大翔丸

9－0

東前頭5枚目
大阪府出身、追手風部屋

全勝堅持 さえた速攻
初場所の苦い経験乗り越え

前日に幕内で初のストレート勝ち越しを決めた御嶽海は、この日の朝稽古を終えると緊張感が少しほぐれた表情で語った。「昨日の取組前は体がガチガチで、初場所の再来かと思った」。1月の初場所は同じ状況で中日に敗れ、そこから5連敗。頭をよぎった苦い経験を乗り越えてみせた。

師匠の出羽海親方（元幕内小城乃花）は「同じ中日まで7連勝でも、初場所の時は引いて勝ったのもあった。今場所は攻めていて内容がいい。踏み込みも良く、先手が取れている」と指摘。日本相撲協会の名古屋場所担当部長でもあり、3横綱と新大関が休場する中、「長野の観客も多く、館内が盛り上がっている」と貢献をたたえた。

この日の相手は、1学年上で同じ元アマチュア横綱の大翔丸。対戦は2016年5月の夏場所以来だ。その後、御嶽海が勝ち越しを重ねて三役10場所目を迎えたのに対し、大翔丸は幕内の中位から下位に位置しており、前頭5枚目の今場所が最高位だ。

取り口は速攻がさえた。立ち合いの踏み込みが依然として鋭く、低く当たってもろ差しに成功。苦し紛れに右を首に巻いた相手に素早く体を寄せる。しっかり足を運んで反撃の機会を全く与えずに寄り切った。

「学生時代から互いを知り尽くし、相手も嫌だったと思う。実力の差は分からないけれど、（結果は）地位の差じゃないかな」。番付通りに圧勝し、一つのヤマ場を乗り越えた後にも決して隙をつくらなかった自身に及第点を与えた。

10日目、寄り切りで輝（左）を下し、三役初の10勝目

10日目

御嶽海 ○寄り切り● 輝

10－0

西前頭4枚目
石川県出身、高田川部屋

抜かりなく無敗
三役初の2桁勝利、自分見失わず

御嶽海は突き、押しの応酬から輝の右おっつけに重心が浮きかけたものの、右を差し、左もねじ込んで対応。浅いもろ差しで体を密着させると、右巻き替えを狙う相手を左からおっつけるようにして走り、寄り切った。

「うまく入って走れた」と御嶽海。2学年下の輝とは、ともに十両だった2015年9月の秋場所以来の対戦。「もう少し踏み込んで、もっと力の差を見せつけられたら良かった」と三役定着の関取らしく自省した。

10連勝し、残りは5日間。11日目は過去4戦4敗の魁聖と当たる。支度部屋では、「苦手な（巨漢の）相手だから…」と力ない様子で語ると、優勝争いについても「残りはクールダウン（失速）して、面白くする」と冗談を交え、取り囲んだ報道陣をけむに巻いた。

ただ、この日の会場入り前は医療機関で栄養補給の注射を打ってもらった。食欲も落ちず、日々の準備に抜かりはない。支度部屋での発言には、周囲の雑音に流されて自分を見失うことがないように心掛ける姿勢が見える。

12日目は3敗に後退した遠藤か。13日目以降は御嶽海よりも番付が高い豪栄道、高安、逸ノ城との対戦が見込まれる。

この日、観客席から見守った父春男さんは「最終的な結果はともかく、優勝争いの舞台に立って初めて経験できるいろいろなことを、今後の力士人生のために学んでほしい」と期待した。

11日目

御嶽海 ○押し出し● 魁聖

11－0

東前頭4枚目
ブラジル出身、友綱部屋

巨漢の壁突破 11連勝
優勝への手応え？「まるっきり、なし」

御嶽海は、苦手な巨漢の魁聖に初勝利。初日からの連勝を11に伸ばし、幕内自己最多タイの勝利数を土つかずで手にした。「この勝利は大きい」。優勝争いにも、苦手力士に自信をつけさせないためにも、価値の高い白星となった。

「しっかり考えてやれた」と当たってすぐに左にずれ、左を差し、右はず押しで重心を浮かせた。左を魁聖に巻き替えられたが、おっつけ、右を差して前進。相手の抵抗で左腕がはね上がったものの、「走れたので良かった」と腰を前に送って休まず押し出した。

御嶽海にとって、巨漢は学生時代にほとんど対戦経験がなく、苦手。魁聖は体が柔らかくて重く、攻めようとしても巨大なクッションに包み込まれてしまうような感覚といい、前回対戦した先場所は「攻め手が浮かばない」とぼやいていた。

前日に三役で初の2桁勝利を達成。先場所後、先代の出羽海親方（元関脇鷲羽山）から「8勝ではなく、10勝してはじめて勝ち越したと思え」と授けられた助言を生かした。「それまで8勝で無意識にほっとしていた部分はある」と御嶽海。壁を突破すると、この日は魁聖への苦手意識を払《ふっ》拭《しょく》するテーマを自らに与え、越えてみせた。

12日目は高安戦。3敗力士が多い影響か、取組編成を担う日本相撲協会審判部の意向で、平幕ではなく、大関戦が先に組まれた。報道陣に優勝への手応えが増しているかと問われたが、「まるっきり、なし」ときっぱり。「普通に15日間を無事に取れればいい。大関戦も簡単じゃないけれど、しっかり勝たないといけない」とし、快進撃を支える一日一番の姿勢を自分自身に確認した。

12日目

御嶽海 11−1 ●突き落とし○ **高安** 西大関 茨城県出身、田子ノ浦部屋

逆転許した 軍配差し違え 今場所初黒星

「軍配差し違えで高安の勝ちとします」—。審判長の阿武松親方（元関脇益荒雄）がマイクを使って説明すると、満員の館内は騒然となった。

高安のかち上げに下がらず、左差し、右上手で我慢した御嶽海。出し投げを打って崩し、一気に前進。土俵際で引き技に出た高安を、体勢を崩しつつ右手で押した。前のめりに落ちた御嶽海よりも、高安の左足が先に出たように見え、行司は御嶽海に軍配を上げた。

だが、審判の一人の西岩親方（元関脇若の里）が右手を挙げて物言いに。高安の指先は残り、御嶽海の足が先に出たと判断された。高安戦は7連敗となった。

支度部屋に戻ると、自ら座る位置をずらし、初めて報道陣にあえて背を向けた。髪を結い直す間に質問が六つほど飛んだが、無言。帰路に就く際、粘る報道陣に「(悪くない内容も)勝たなきゃ意味がない」「(差し違えは)仕方ない」と返答。「いいクールダウン（失速）でしょ」と、自嘲気味に語った。

優勝制度が定められた1909（明治42）年以降、長野県出身の優勝力士は一人もいない。偉業達成の期待が御嶽海に集中する中、師匠の出羽海親方（元幕内小城乃花）は「今場所だけでなく、来場所もまた同じ良い相撲で勝てるようにしてほしい」と、大関昇進を見据えて土台の底上げを忘れないように求める。

場所前、御嶽海は三役で初の2桁勝利が懸かった15日間の当初のテーマを「連敗しないこと」と語っていた。2桁勝利は一度も負けずに達成したものの、猛暑で体力を削がれ、重圧もかかる優勝争いの佳境に、真価を試されることになった。

13日目

御嶽海 12−1 ○送り出し● **豪栄道** 東大関 大阪府出身、境川部屋

エンジン全開 冷静に、初優勝へ「力出し尽くす」

勝てば初優勝に大きく前進し、負ければ優勝の行方が混《こん》沌《とん》としかねない大一番で、御嶽海は冷静だった。

鋭い出足の豪栄道に左前まわしを許して押し込まれたが、素早く体を開いて左上手を確保。右で相手の頭を押さえながらの出し投げで背を向けさせ、送り出した。

豪栄道には、場所前の出稽古で2日間計20番取り、3勝17敗。勝率は低かったが、重視したのは立ち合い。「互角に立ち合えた」と、得た収穫を本場所で生かす。「(相手が)速かった。でも、動けた」とシナリオ通りの取り口だったようだ。

初日から小結、平幕相手に11連勝を飾った後、前日に高安に惜敗した。気持ちを切り替え、豪栄道戦の位置付けを頭の中で整理できていた。「連勝をどんなに続けていても、上位とやって負けたら自分も周りも物足りなくなる」。仮に千秋楽を終えて初優勝を果たしたとしても、2大関に2敗では、栄冠の価値が薄れる恐れがあった。

「まだ終わっていないから、勝ちは勝ちでしっかり納めたい」と御嶽海。初優勝に王手をかけて14日目を迎える。「重圧がないというのはうそになるけれど、悔いの残らないように力を出し尽くす」。長い伝統のある出羽海部屋の力士としては、1980（昭和55）年初場所の横綱三重ノ海以来の優勝が懸かる。

普段から、取組の映像を見返すのは、自身が格好良いと感じるような、勝った時が中心という。報道陣にこの日の豪栄道戦の映像には、格好良い自分がそこにいるか—と問われ、「いるでしょ。120%」。軽口も飛び出し、14日目に向けてエンジン全開だ。

14日目

御嶽海 13−1 ○寄り切り● **栃煌山** 東前頭13枚目 高知県出身、春日野部屋

重圧越え歓喜 涙のスピード初賜杯 稽古で充実の「動く体」次の挑戦へ

栃煌山を寄り切って初優勝を決めると、2番を残した状況で、館内を無数の座布団が飛び交った。大きく息をつき、勝ち名乗りを受けた御嶽海。「この15日間、すごい緊張した。周りの声援を聞いて優勝しないといけない感じになって…、何とか勝てました」。涙を抑えきれず、目頭を覆った。

優勝は「10勝くらいから少し意識していた」と明かした。初日から11連勝の後、大関高安に惜敗したが、「場所前から稽古で充実した毎日を過ごし、体が動いていた」と重圧下で崩れなかった。

前日に豪栄道を破って王手を懸け、日ごろから連合稽古で胸を合わせてきた栃煌山には「稽古場通り、中に入ってもろ差しで重心を浮かせるイメージでいった」。立ち合って左四つとなったものの、右上手を求めて左の防御が甘くなった相手の隙を突き、自身の右を巻き替えて寄り切った。

2桁勝利に一度も届かなかった三役の過去9場所の経験が躍進を支えた。「いつかきっとという思いで、ずっと我慢することしかできなかった」。今場所は右かかと痛を抱えて臨み、長い相撲は避けたかった中、「出足を止めないようにやった。速い相撲が勝利につながった」と乗り越えた。1月の初場所で初優勝を飾った同じ出羽海一門の兄弟子、栃ノ心の存在も大きかった。「連合稽古を一緒にやっているので、自分もできると思った」。来場所は栃ノ心に続き、大関とりが懸かる可能性が高い。「期待は当然、ある」と師匠の出羽海親方（元幕内小城乃花）。さらなる歓喜の瞬間が訪れるか、御嶽海の次の挑戦が始まった。

御嶽海初優勝

14日目、寄り切りで栃煌山（右）を破り、初優勝を決める

光る分析力と勝負強さ

名古屋場所で連勝街道を走っていた御嶽海は「相手を冷静に分析し、前に出る自分の相撲が取れている」と言った。相手の重心を浮かせたり、バランスを崩したりするための手段は、押し相撲を土台にして多彩。分の悪い貴景勝、正代には左前まわしを取り、巨漢の魁聖には左にずれて当たった。栃煌山にはもろ差しを狙い、初優勝につなげた。

「分析」は相手を映像を見て研究するわけではない。対戦日までに支度部屋のテレビで目に入ってきたり、土俵下に控える時に見たりして今場所の各力士の傾向を整理。過去の対戦の取り口もはっきり覚えており、対戦日の土俵で相手の体つきで体の調子、しぐさや表情で心理面をはかり、最終的に作戦をまとめる。

短期決戦のトーナメント方式で効率的な勝利が必要な学生相撲の経験が生きている。

分析力は土俵外でも。部屋のちゃんこ場では優勝を決めた21日朝も後援者の人数や食事の進み具合を見て給仕する力士に適切に指示。宴席を含め、相手の興味を外さず場を盛り上げる。

部屋後援組織・名古屋出羽海会の松田昭人会長は「後援会員を長くやっているけれど、あんなに頭の回転が速くて賢い関取はそういるものじゃない」と指摘する。

今場所前は、番数をこなすことを強く意識して実戦的な稽古を行ったものの、上位陣だけでなく、平幕相手にも勝率は上がらなかった。ただ、重視していた立ち合いでは、互角以上にできたことに手応えを得て、本場所では前に出ることを貫いた。

本番重視の考え方は角界入り前からのもの。福島中学校（現木曽町中学校）時代の相撲部監督で三岳小の安藤均校長は「大会でも突然、やったことがないような手で負け、別の大会で同じタイプの相手に勝ったことがあった。本人の中で大事な一番があり、それまでいろいろ試していたのではないか」と振り返る。三役になってからも一つ一つの取組を財産にして今場所につなげた。

集中力を高める方法にも御嶽海らしさがにじむ。取組の映像は自分が勝った時を中心にスマートフォンで見返し、気持ちを乗せるために、「格好良い場面を特に選んで見ている」。相手の映像は見ない。そもそも、別のスポーツの好プレーや歌の映像、漫画などを見てリラックスに努める時間の方が圧倒的に長い。

唯一の黒星がついた12日目。大関高安に惜敗したが、「内容は内容止まり。結果が全ての世界」と自分に厳しかった。来場所は大関とりが懸かる可能性が高い中、上位陣の顔触れも今場所と同じではないだろう。25歳は、新たに真価を試される。

「自己流」の活躍支えた師匠

御嶽海の初優勝が決まると、師匠の出羽海昭和親方（元幕内小城乃花）は喜びをかみしめた。御嶽海が自己流の稽古姿勢で活躍できるのは、それを認めてくれる師匠の存在が大きい。現役時代に部屋の同期力士が心臓疾患で急死した経験も持ち、細心の注意と気遣いで見守ってきた。

場所前の7月初め。御嶽海は右かかとの不安を訴え、最終日の出稽古を回避したいと申し出た。計4日間続けてきたため、「あと1日なんだけれどなあ…」と出羽海親方。踏ん張りを促しつつ、意向を受け入れた。他の部屋力士を含め、普段から体の不調を訴えた場合は無理させず、「病院に行け。帰ってきたら必ず報告しろ」が口癖だ。

現役時代の1990年。新十両、新入幕の場所が同じで切磋琢磨《せったくま》していた力士が朝稽古後に突然、倒れて亡くなった。出羽海親方が弟子を心配するのは、人生は何が起こるか分からない怖さからだ。

90年当時、身長188センチの柔らかい体で将来を期待されたが、「あれから相撲に集中しづらくなり、故障がちになった」と複数の部屋関係者。三役に届かず、98年引退した。

親方となり、2014年に出羽海部屋を継承。15年に御嶽海が入門した。その年の夏、御嶽海が2場所連続で勝ち越しを立ち合いの変化で決めると、将来を見据え、前に出る自分の相撲を貫いて地力を高める必要性を説いた。

相撲内容だけでなく、四股など基本動作を怠らないよう再三求めてきた。「辞める時の悔いが少しでも少なくなるようにしてあげたい」と胸中を明かした。自身の経験に基づく言葉には、重みがあった。

御嶽海は「学生時代からのやり方を時々注意しながらも、反対はせず、自分のペースでやらせてくれている。他の部屋に入っていたら、つぶれていた可能性もあると思っている」と感謝する。

今場所後半戦。御嶽海にどんな助言をしているかと問われ、出羽海親方は「話は日常会話。相撲の話をして、俺の緊張感が伝わると、本人も硬くなってしまうかもしれないから」と説明した。弟子への思いは、14日目に結実。会場で初優勝を見届け、「うれしかったし、ほっとした」。角界屈指の伝統を誇る出羽海部屋での優勝者は38年ぶり。担当部長を務めた名古屋場所を上位陣が欠ける中で盛り上げた御嶽海に、「とりあえずおめでとうと伝えたい」。乾杯セレモニーが待つ部屋宿舎に向かった。

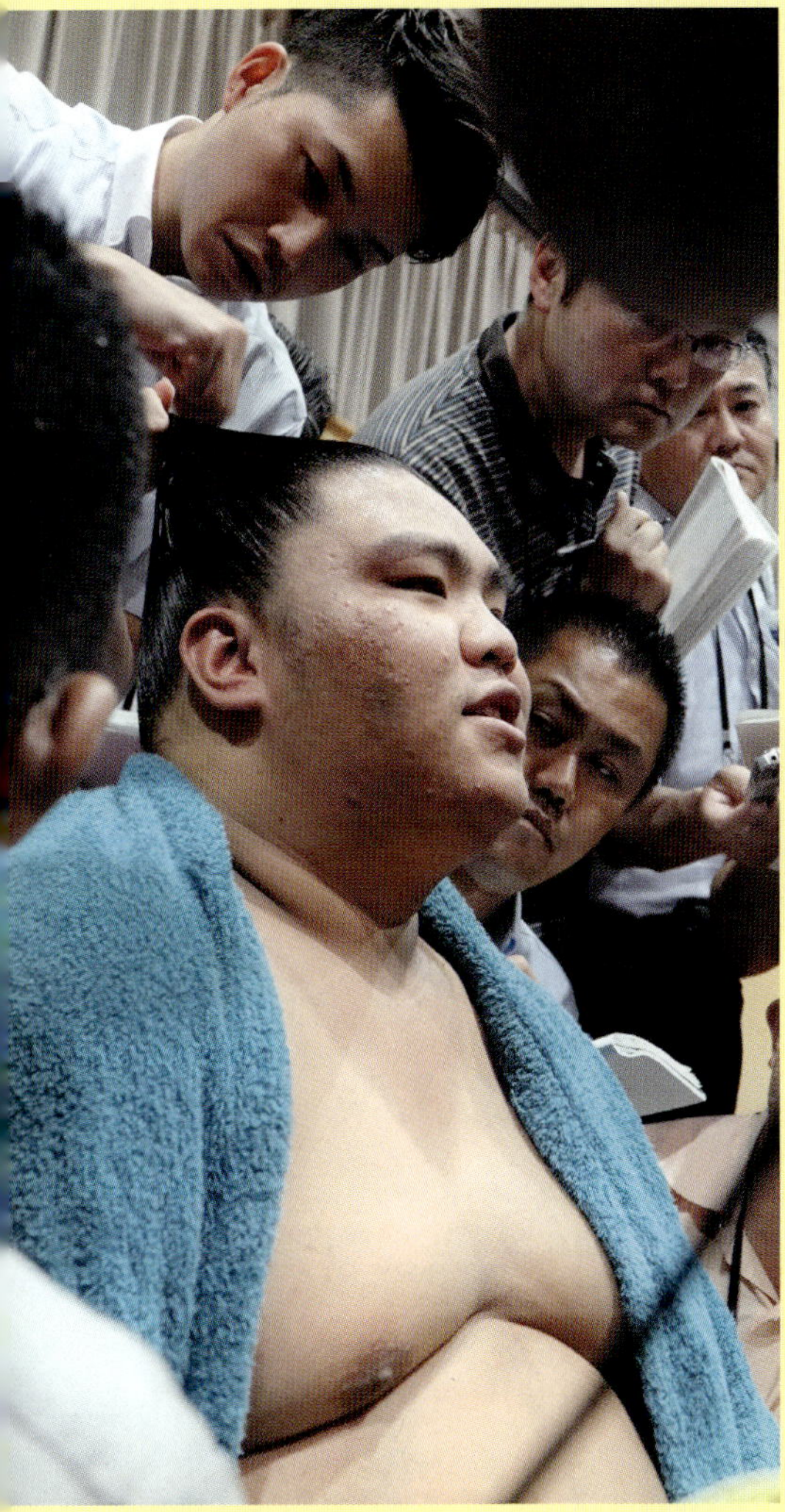

初優勝を決め、支度部屋で笑顔の御嶽海

14日目夜、愛知県犬山市の出羽海部屋宿舎で、初優勝を祝う御嶽海と出羽海親方（右）

御嶽海関の初優勝に歓喜する地元上松町の町民ら。最前列で仲間と抱き合って喜ぶ母親の大道マルガリータさん（前列左から３人目）

快挙、信州沸く

母「よくやったね」上松町で笑顔と涙

「おめでとうー」。関脇の御嶽海が念願の初優勝を決めた21日、地元の木曽郡上松町、木曽町で行われたパブリックビューイング（ＰＶ）に詰め掛けた計約２４０人の住民らは歓喜に沸いた。相撲が盛んな木曽地方にとって、しこ名の由来となった御嶽山の麓で育った郷土力士の快挙は、この上ない喜び。地元に元気を与えた御嶽海関への感謝の言葉が飛び交い、大関昇進への期待も大きく膨らんだ。

上松町では地元スポーツクラブ「木曽ひのきっ子ゆうゆうクラブ」が同町公民館でＰＶを開催し、町民ら約１２０人が駆け付けた。御嶽海関の初優勝が決まると、「感動をありがとう」「地元のヒーローだ」と歓喜の声が上がった。

会場では、母親の大道マルガリータさんが「御嶽海」と記したＴシャツを着て最前列で応援。手を合わせ、祈るようにテレビ画面で息子の雄姿を見守った。優勝が決まると仲間と抱き合って喜びをかみしめ、「よくやったね、おめでとうと伝えたい。応援してくれたみんなに感謝したい」と涙を流した。

御嶽海関の後輩に当たる、木曽町中学校相撲部1年の佐々木英人君は堂々とした姿が印象的だったとし「御嶽海関と同じ押し相撲が得意なので、これからも目標にして頑張りたい」と話した。

木曽ひのきっ子ゆうゆうクラブ事務局長、辺見元孝さんは「優勝すると信じていたが、こんなに感動するとは」と興奮気味。「御嶽海関は地元のヒーロー。大関昇進を目指し、町を挙げて応援し続けたい」と力を込めた。

会場では、御嶽海関の初優勝を伝える信濃毎日新聞の電子版号外（ＰＤＦ号外）が１００部配られた。

上松町の店舗内のテレビで観戦した父親の大道春男さんは「ようやった。そう声を掛けたい」と喜んだ。この日の取組は、低い姿勢だったので安心して見ていられたという。「まだ角界に入って日も浅い。初めての経験でプレッシャーもかかる中だったのに、よく頑張った」とたたえた。

勝利が決まり、手を上げて喜ぶ住民たち。木曽町文化交流センターにて

JR 松本駅前、御嶽海の初優勝を伝える信濃毎日新聞の号外を受け取る人たち

千秋楽

御嶽海 13－2 ●掛け投げ○ 豊山

西前頭9枚目 新潟県出身、時津風部屋

千秋楽、豊山（左）の捨て身の掛け投げを残せずに敗れる

快進撃で消耗… 「勝って賜杯」とはならず 13勝2敗で今場所終える

14勝目が懸かった御嶽海は激しい攻防の末、豊山に敗れた。鋭い立ち合いから出足で勝って寄り立てたものの、腰高で残されると守勢になり、右へ回り込む。こらえた後に右を差して強引に出たが、豊山の捨て身の掛け投げを残せずに落ちた。

「優勝に関係なく、しっかり勝ちたかった」と御嶽海。東洋大時代、東農大の1学年下だった豊山には、独特の押し方にリズムを乱され、「分が悪かった。1勝4敗とか5敗とか」。初顔合わせとなった先場所は圧勝したが、今場所は敢闘賞に初選出された相手の勢いを止めきれなかった。

初優勝を決めた前日夜は、祝福の連絡が500件以上と殺到した。母のマルガリータさんに電話で「優勝したよ」と報告すると、「おめでとう。千秋楽に見に行くよ」と言われた。午後11時前には親しい後援者との「ミニ祝勝会という感じ」の会を切り上げ、千秋楽に備えた。久しぶりに深い眠りについたというものの、「もう体力が残っていない」と自己記録ずくめの快進撃による消耗は、激しかったようだ。

元関脇鷲羽山（先代出羽海親方）・石田佳員さん語る

見えた白星重ねるための方向性 地に足をつけ大関とりへ

場所前の稽古を見た限り、御嶽海が優勝するとは、想像できなかった。場所に入ると、日に日に良くなった。精神的に落ち着いていた。足を運び、下半身の上に上半身があった。俵の手前でしっかりと腰を下ろした。だから、突き落としや引き落としを食わなかった。

唯一のミスは高安戦。出し投げを打って崩したものの、親指がしっかりかかっていなかった。ついていけず、相手と体の距離が離れて、最終的に突き落とされた。それでも、相撲内容全体としては勝っていたけれど。

踏み込んで突き放す取り口だと、まだ脇が甘いので、相手に付け入る隙を与える。今場所のように出足が良ければ、はず押しやおっつけに、左右どちらかを浅く差すような攻め手の方が、安定感がある。来場所以降、安定して白星を挙げるための方向性が見えた。苦手な懐の深い長身力士には、はず押しだ。差そうとしたら、つかまる。

初優勝の次の場所は9勝、10勝止まりということも珍しくない。来場所は皆が研究する。地に足をつけ、けがをしない体をつくってほしい。新大関の栃ノ心があんな負け方をして、けがで休場するなんて誰が思っただろうか。落とし穴はどこにあるか、分からない。

8月上旬に長野、下諏訪で巡業があり、地元は大騒ぎになると思う。でも、浮ついた気持ちになってはいけない。祝賀イベントの誘いがあちこちからあるだろうが、親方衆と吟味して顔を出してほしい。長野県の人たちも、さらに上を目指すべき力士だということを理解して、控えるべきところは控えてほしい。

出羽海部屋の力士が前回優勝したのは1980年の横綱三重ノ海さん。自分も現役の真っただ中で、横綱土俵入りで太刀持ちをやっていた。今、部屋で当時を知るのは山科親方（元小結大錦）、出来山親方（元関脇出羽の花）だけ。新たな歴史が刻まれ、後援者の人たちも喜んでくれていると思う。自分にも、あちこちから連絡が来た。

優勝決定後のインタビューで、「導いてくれた出羽海部屋の皆さんに感謝している」と言っていて心に響いた。これからも、一人で強くなったと思うな。謙虚さを忘れるな。大関とりの道は決して楽ではない。ゼロから再出発するくらいの気持ちでちょうどいい。

「充実の15日間」後半失速なし、自信に

―千秋楽から一夜、記者会見―

関脇御嶽海が7月23日、初優勝した名古屋場所の千秋楽翌日に愛知県犬山市の出羽海部屋宿舎で記者会見し、「長かったようで本当に短い、充実した15日間だった」と今場所を振り返った。会見では時折冗談を交えつつも、真剣な表情で心境や来場所への抱負などを語った。

―今場所で見える景色は変わったか。

「後半に失速することが多かったので、そこを払拭《ふっしょく》させることができた。後半失速せずに、2桁勝てたというのは大きな自信になった。（景色は）来場所変わるのかなと」

―終盤は（優勝の）重圧との戦いだった。

「白星を重ねることだけを意識していた。10日目を過ぎたくらいから少し意識したけど、余裕はなかった。重圧というよりいつも通りのことをやろうと思ってやった」

―これまでの自分には何が足りなかったか。

「本当に気持ちだと思っていた。今回の15日間は、『後半に失速しない』という強い意志を持ってやれた。気持ちは重要なんだなと思った」

―出羽海親方とゆっくり話をしたか。

「師匠も忙しそうで自分もいろいろあったので、あんまり話すことはできなかった。長くしゃべったら泣きそうだったので、止めたということもある」

―入門から約3年半での優勝。

「みんなの支えがあって今まで自分のやってきたことが、間違っていなかったと思えた」

―長野県の盛り上がりはどう感じるか。

「むちゃくちゃうれしい。長野県が団結して盛り上がってくれているというのは刺激になるし、本当に背中を押してくれる。長野県民をすごく誇らしく思う。（巡業で）笑顔で堂々と長野に帰れる。皆さんの笑顔が見たい」

―来場所や今後に向けては。

「全然まるっきり考えてない。いったん相撲は頭から外して、また考えていきたい。今はゆっくり休めたらいい。（日本相撲）協会の顔になったり、（出羽海）部屋の顔になってきているので、もっと見本になるようにやっていきたい」

―次の地位（大関）への意識は。

「あまりない。勝ち続けるのみ。上を見てはいる」

御嶽海 次の夢へ

賜杯「めちゃくちゃ重たかった」

初優勝を果たした関脇の御嶽海は賜杯を手にした時も、優勝パレードの際にも満面の笑みを浮かべた。

千秋楽の取組後に行われた表彰式。御嶽海が日本相撲協会の八角理事長（元横綱北勝海）から賜杯を受け取ると、ひときわ大きな拍手が名古屋市のドルフィンズアリーナに響き渡った。観客席には、しこ名の入った白地のタオルや手作りの「優勝おめでとう」と書かれた紙を広げる人が多かった。

優勝インタビューで賜杯の感想を問われた御嶽海は「めちゃくちゃ重たかった」。今場所の15日間は―の問いには「暑かったっす」と会場の笑いを誘い、「（優勝争いは）なかなかできる経験じゃないので楽しもうと思った」とも話した。来場所に向けては、「上を目指して、稽古に励みたい」ときっぱり口にした。「次は大関だ」と館内から声が飛んだ。

優勝パレードは、ドルフィンズアリーナ前から市内の愛知県警本部前まで。御嶽海は、旗手を務めた栃煌山と一緒にオープンカーに乗った。多くのファンが取り囲み、スマートフォンを御嶽海に向けて、次々とシャッターを切った。「みたけうみぃー」と叫んだり、「優勝おめでとう」と声を掛けたりする人も多く、御嶽海は、上げた両手を振りながらファンの大歓声に応えた。

パレードを終えると、千秋楽パーティーが開かれる市内のホテルへ別の車で移動。優勝者のために用意された部屋で、日本酒が注がれた銀杯を両手で持って口を付けた。「めちゃくちゃ冷たくて、うまかった」と満足した様子。両手でタイを持ち上げた後に取材に応じ、「めちゃくちゃうれしい」と語った。関係者らが待つパーティー会場へと向かう足取りは軽かった。

父の大道春男さんと母のマルガリータさんは千秋楽の取組を升席で観戦した。取組を冷静に見つめた春男さんは表彰式で一瞬、感極まった表情に。マルガリータさんは、御嶽海が描かれたうちわを持って声援を送り続けた。

春男さんは「良かった、よくやってくれたという気持ち。初優勝だけでなく、大関という次の夢があると思うので、しっかりやってほしい」。マルガリータさんは「すごく感動した。自分の息子を褒めることになるけれど、すごいな、うれしいと思いました」とした。

千秋楽パーティーの会場で、母親の大道マルガリータさん（左）と握手。中央は元関脇鷲羽山の石田佳員さん

ファンの大声援を受け、パレードする御嶽海（手前右）と、沿道から見守る父親の大道春男さん（中央）

大関とりへ扉開けるか 勝負は後半戦

「いつも通りの自分を出すだけ」

2018 秋場所

東関脇 9勝6敗

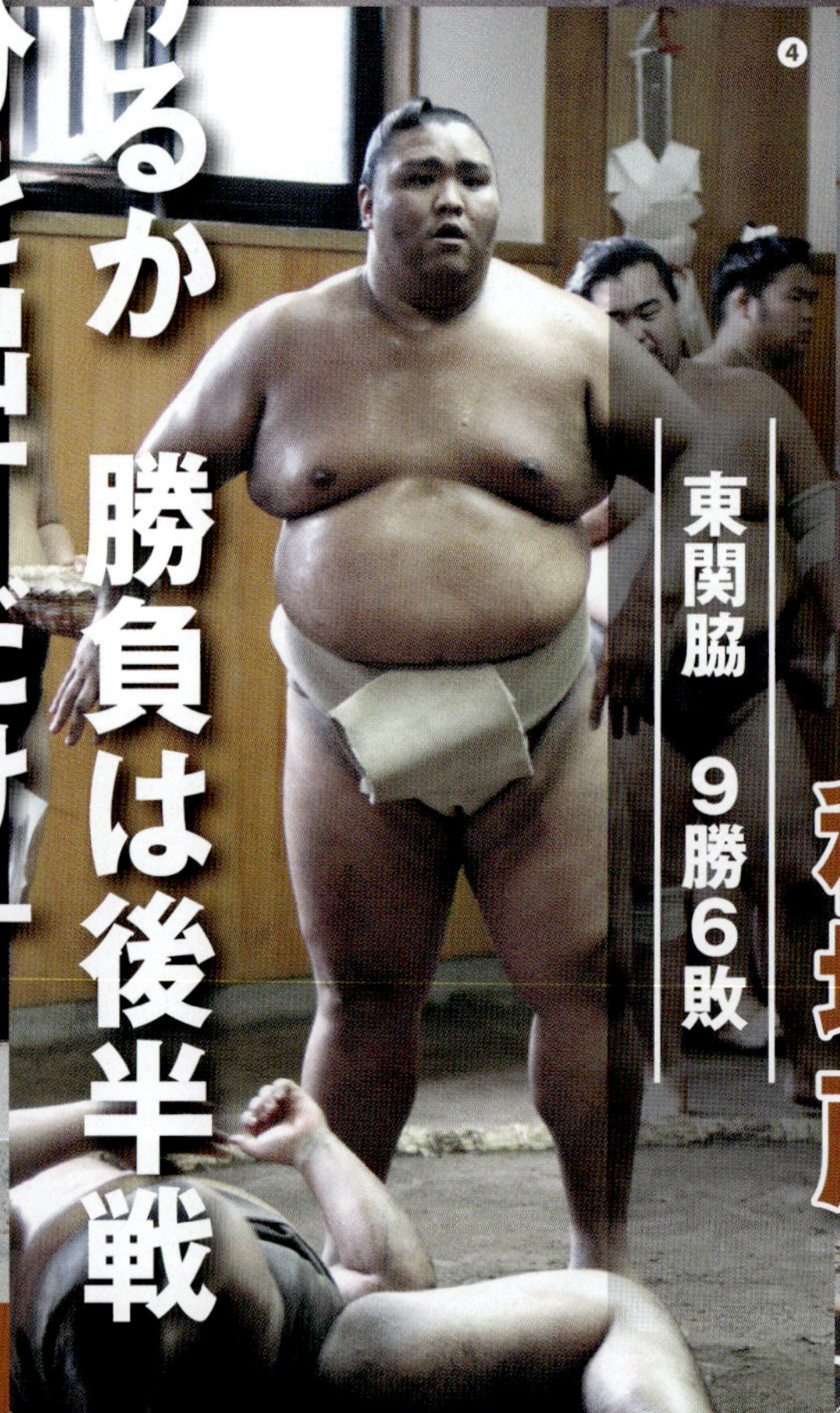

❶ 名古屋場所の優勝額贈呈式に出席、「優勝額」の前で鶴竜と記念撮影に納まる
❷ 秋場所の番付表を手に笑顔を見せる
❸ ぶつかり稽古で、再開初日の部屋稽古を終える
❹ 場所前は「いつも通り」の調整で、やるべきことに集中。部屋の序二段力士（左下）に稽古をつける
❺ 秋場所の新番付が発表され、東京都墨田区の出羽海部屋宿舎でガッツポーズ
❻ 日本ボウリング場協会から贈られた品を手に記念撮影
❼ 両国国技館での土俵祭りに臨む（右から）御嶽海、高安、稀勢の里、鶴竜、白鵬

初日

御嶽海 1−0 ○押し出し● **正代**
東前頭3枚目
熊本県出身、時津風部屋

動じず前へ 大関とりへ注目の初日

初優勝した次の場所で、初の大関昇進も懸かる秋場所。高い注目を浴びる中、初日を迎えた御嶽海は「硬さはなかった」と落ち着いていた。

正代には先場所、立ち合いで左前まわしを取って動きを止めて快勝。今場所の正代は同じ攻め手を警戒するように踏み込んで押してきたものの、御嶽海は「相手も考えてきたってこと」と動じない。重心位置を保って相手の圧力を受け止め、右おっつけを軸に辛抱。左喉輪で相手の上体を起こすと、左喉輪を嫌った正代の引きを逃さずに前進し、いなしにも動じずに向き直して押し出した。

報道陣から対応に余裕があったのかと問われ、「はい。相手が見えていた」。大関とりに好発進できたのではないかと向けられると、「いつも通りの場所。あまりあおらないで」とちゃめっ気交じりに応じた。

初日の朝稽古には、早くも十数人の報道陣が集まった。ただ、稽古を終えた御嶽海は付け人を通じて「今場所も頑張りますので、よろしくお願いします」と伝えただけ。自身は応対せず、自分のペースで集中に入り、土俵で結果を残して見せた。

今場所は休場明けの稀勢の里ら3横綱、3大関が出場。「自分への声援は力になるけれど、(大きさは)いつも通りでしょ」と御嶽海。役者がそろった土俵で真価を試される15日間が始まった。

初日、正代(手前)を攻め、押し出しで破る

2日目

御嶽海 2−0 ○押し出し● **千代大龍**
西前頭2枚目
東京都出身、九重部屋

粘って反撃 追い込まれても、勝ちきる

大関昇進が懸かる秋場所で、初優勝した先場所に続いて初日から2連勝を飾った御嶽海。千代大龍に土俵際まで追い込まれてファンをひやりとさせ、本人も取組後の支度部屋で「危なかった」と漏らしたが、そこから勝ちきる地力があった。

千代大龍との対戦成績は過去4勝4敗。前回の顔合わせは5月の夏場所12日目で、立ち合いで千代大龍の左かち上げを受けた御嶽海は力なく土俵を割っていた。この日も立ち合いで千代大龍の力強い体当たりをまともに受けると、右喉輪で攻め立てられて一気に土俵際まで下がってしまった。

それでも前回の対戦とは違った。低い重心を保ったまま粘り、下半身に十分な力があった。「体が反応してくれた」と素早く右に回り込んで体勢を整え、反撃。最後は千代大龍が引いたところを逃さずに、押し出した。

支度部屋では、報道陣からの問いかけに淡々と応じた御嶽海。初日から2連勝の感想を問われると、「まだまだこれから。いい緊張感だと思います」。まだ15日間の2日目を終えたばかり。快進撃を見せた先場所と同じく、あくまで冷静に、一日一番に集中していく。

3日目

御嶽海 3−0 ○はたき込み● **玉鷲**
東小結
モンゴル出身、片男波部屋

「勝った」と思った一番、取り直し 終盤に照準「状態上げる」

物言いがつき、取り直しとなった一番だった。

最初の一番は、押し込まれた御嶽海が土俵際で身をていして首投げを放ち、行司は玉鷲の体が先に土俵についたと見て御嶽海に軍配を上げた。

だが、協議の末、錦戸審判長(元関脇水戸泉)が両者の体が落ちるのが同時として「取り直しと致します」と宣言した。

御嶽海は「勝った、決まったと思っていた」という。でも、「違うと言われれば、違うので。負けていないので、落ち着いていた」。動揺せず、もう一番に立ち合った。

今度は、玉鷲の突進に対して下から攻め手を出し、後退しなかった。左を浅く差し、右から押しながら前に出て逆襲。相手が耐えようと頭を下げすぎた隙を逃さず、はたき込んだ。玉鷲戦は今年に入って負けなしの5連勝。通算13勝2敗と合口の良さを堅持した。

大関昇進に向けて好発進しているものの、「ここまではいつも通り(の戦績)」と冷静。「体は動いているけれど、全部がしっくりこない」と表情も緩まない。初日から3勝は、初優勝した先場所のように力強く踏み込んで前に出て勝ち切る内容ではなく、筋肉の張り方も物足りない。

日々の朝稽古では、圧力を一点、一方向に集中させて相手に伝えるイメージで、てっぽうやすり足に励む。「しっくりくれば、もっと前に出られる」。勝負どころは上位陣と当たる終盤戦と覚悟しており、「状態を上げていければいい」。焦らず、右肩上がりの相撲内容を狙っていく。

4日目

御嶽海 4－0 ○押し出し● **逸ノ城** 西関脇 モンゴル出身、湊部屋

出足一気、これぞ御嶽海
幕内最重量227キロ押し出し

これぞ御嶽海という相撲がようやく出た。御嶽海は同じ関脇の逸ノ城を立ち合いから一気の出足で圧倒。会心の内容で4連勝を飾り、「しっかり前に出られた。きょうはいい流れだったと思います」とうなずいた。

3日目までは順調に白星を重ねていたものの、土俵際に追い詰められる場面も多く、持ち味の体重が乗った本来の強い突き、押しが影を潜めていた。

この日は違った。低く鋭い立ち合いで幕内最重量227キロの逸ノ城に左を固めてぶつかり、相手得意の右四つを許さない。すぐさま左を差すと、そこから逸ノ城に左上手を許したものの、左の差し手を深くして重心を浮かせ、右はは《ママ》ず押しで前進。盤石の攻めで押し出した。

これで逸ノ城に3連勝で対戦成績は4勝3敗。初優勝した先場所は同じ巨漢の魁聖から初勝利を挙げており、これまで苦しんできた大型力士への苦手意識を払拭《ふっしょく》しつつある。前日に通算300回出場を果たし、厳しい土俵を生き抜いてきた経験が着実に成長に結び付いている。

「自分の相撲が取れて気分がいい」と大関とりに向けて波に乗れる勝利を挙げ、5日目は大関栃ノ心にぶつかる。最初の上位戦を前にした心境を問われると「いつも通り」と言葉に力を込めた。

5日目、栃ノ心（左）を寄り切りで破る

5日目

御嶽海 5－0 ○寄り切り● **栃ノ心** 西大関 ジョージア出身、春日野部屋

上位初戦に快勝
盤石、無敗で中盤戦へ

今場所初の上位戦で、御嶽海が快勝した。左を固めて鋭く踏み込み、右で突いて栃ノ心の上体を起こした。防御の甘い大関に対し、素早くもろ差しに成功。出足を利かせて密着し、まわしもつかんで前に出た。栃ノ心に左上手を許したが、相手の体は伸びていて形勢逆転に至らない。そのまま力強く寄り切り、栃ノ心戦の連敗も3で止めた。

「（右で）はじいて前に出ようと思い、しっかりはじけた」と御嶽海。場所前の4日間の実戦的な稽古で取った63番のうち、4割余の26番は栃ノ心に胸を借りた。「いつも稽古している。（右四つでまわしを）取られることは頭にあった」。大関2場所目で早くもかど番の栃ノ心は、先場所途中休場の原因となった右足親指の回復が思わしくない。踏ん張ろうとしても腰が沈まない相手の状態を稽古中から見越し、御嶽海は策を遂行した。

6日目も大関戦で、豪栄道と当たる。上位戦について、場所前の御嶽海は後半戦に組まれると覚悟したが、先場所までと違って横綱、大関陣が全員出場しているため、予想よりも早くなった。

それでも、「前に出ること、絶対に引かないこと、それができれば、おのずと結果はついてくる」。前日の逸ノ城戦から内容が上向いていることもあり、自らに確認するように手綱を締めた。

6日目

御嶽海 5－1 ●寄り切り○ **豪栄道** 東大関 大阪府出身、境川部屋

止まった出足、1敗
張り手に意表突かれ、上体も浮く

御嶽海は豪栄道に立ち合いで意表を突かれ、前日の栃ノ心戦に続く大関戦連勝はならなかった。

先場所の対戦で、豪栄道は第一手として左前まわしを取ってきた。稽古場を含め、左前まわしを取って前に出るのは、豪栄道がよく使う攻め手。先場所の御嶽海は左上手を取って逆襲し、送り出しで初優勝に大きく前進した。

この日の豪栄道は違った。左の攻めは張り手。御嶽海は「立ち合いが全然だめだった」と出足を止められた。逆側はおっつけられて上体が浮き、窮屈なもろ差しで勝機を探ったものの、主導権を握った大関に隙は生じなかった。「その後も全然だめ。仕方ない」と外四つで寄り切られた。

同じ出羽海一門の境川部屋に所属する32歳の豪栄道は、三役に14場所連続で在位した後、2014年の秋場所で大関に昇進した。三役在位10場所連続となり、初の大関とりに挑む25歳の御嶽海は、取り口を考えてきた一門の兄弟子の壁を今場所は越えられなかった。

先場所は12日目に高安に初黒星を喫したものの、翌日は豪栄道に快勝。「気持ちを切り替え、大関に勝てて良かった」と口にし、連敗を回避して流れを維持した。大関とりが懸かる今場所は6日目に初黒星を喫したが、前回の経験があるだけに「明日からでしょ」ときっぱり。

7日目に当たる貴景勝は得意とは言えない相手。下位に取りこぼさず、再び連敗を回避できるか。大関昇進の是非で勝ち星数と並んで求められる「内容」につながるだけに重要になる。

7日目

御嶽海 6−1 ○突き落とし● **貴景勝**
西小結
兵庫県出身、貴乃花部屋

連敗回避、冷静に封じる 張り手「見えて、待てた」

バチン、バチンと音を響かせ、顔を何度も張られても、御嶽海は「冷静でした」。押しの応酬の中、4学年下の貴景勝から張り手でリズムを崩されそうになったが、「やり返しても（冷静さを失いかねず）だめ。頭もくらくらしなかったし、相手が見えていた」。いなされ、土俵際に追い込まれたものの、瞬時に右に動き、攻め手が空を切った相手を突き落とした。

主導権は、立ち合いで握った感覚があった。この日は踏み込んで突き放す本来の攻め手。先場所で左前まわしを取って快勝していたため、相手が警戒してくると読んだ。

前日の豪栄道戦で初日からの連勝が止まったが、「切り替えられたからよかった」。大関昇進への足を引っ張りかねない連敗を避けるため、一日一番に集中した。相手の圧力を下からタイミング良く押し返す技術にたける貴景勝に対し、本来の攻め手を前面に出すのは対戦7度目で初めて。自分の相撲で流れの悪化を回避しようとした。

館内は、御嶽海に比べて番付も年齢も下の貴景勝の荒っぽい攻め手にざわついたが、「いいんです。張るのも一つの技」と25歳の関脇。「横綱（白鵬）と違い、張り手から次の崩しがあるわけではない。だから、待っていればいい」と貫禄を漂わせて解説し、「楽しかったですよ」と弾みのつく6勝目に納得した。

8日目

御嶽海 6−2 ●押し出し○ **勢**
東前頭筆頭
大阪府出身、伊勢ノ海部屋

当たり負け、2敗 重圧増す上位との戦いへ

御嶽海が敗れた勢は、過去6勝0敗と合口が良く、今場所は初日から7連敗と苦しんでいた。御嶽海は「集中していた」と油断や慢心を戒めて臨んだようだが、相手も最高位が関脇の実力者。初白星を必死に求めてきた勢に出足で圧倒され、いいところがなかった。

立ち合いは「良かった」と踏み込んだ感触は悪くなかったが、当たり負けして後退。突き、押しを繰り出しても、威力不十分で腕をはね上げられた。勝機を求め、引いて左に回り込もうとしたものの、長身の勢の方が体勢が低くてついてこられ、押しの追撃にあっけなく土俵を割った。

立ち合い後の動きは「よく分からない」とし、自身の体への違和感や、不安が残る右かかとの悪化については否定した。初の大関とりが懸かる中で疲れも「感じていない」と語った。

昇進への目安となる11勝に到達するには、横綱、大関との4番を含めた残り7番で5勝が必要になった。勢戦の印象を払拭《ふっしょく》する好内容も求められ、重圧の増す日々が待ち受ける。

この日の朝稽古で、自ら竹ぼうきを持ち、土俵をならす珍しい姿があった。普段は幕下以下の力士が担う作業に場所中に加わるのは、3月の春場所以来。8場所ぶりに負け越した場所だが、精神面を整えようとする姿勢をにじませ、それは初優勝した7月の名古屋場所への流れにつながった。

中日に7勝目を手にできなかったものの、こんな日もあると切り替えて、後半戦に入れるか。

元幕内大鷲・伊藤平さん語る

勝負強さ、後半戦に発揮を

御嶽海は初優勝した先場所と比べ、立ち合いで相手に与える圧力が乏しい。先場所は力強く踏み込み、その後も相手よりも先に攻めて勝っていた。今場所は自信をつけ、相手の出方を見ている取組もあるかもしれない。ただ、重圧も感じているのだろう。完敗した豪栄道戦がそうだが、1歩目が先場所のように出ていないように映る。

8日目に2敗目を喫したが、それでも、初めて大関昇進が懸かる中、戦績と雰囲気づくりは決して悪くない。栃ノ心を相手に大関戦で勝ち星を挙げ、ここまで連敗もしていない。自分の状態が完璧じゃなくても、その日の心や体の状態に合わせて準備して結果を出す。とても器用な人間なのだと思う。学生相撲の経験なのか、本人の性格なのか、好機を逃さず、一発勝負に強いという印象。それは変わらない。

御嶽海のことだから、後半戦にかけて勝っていくうちに自分の相撲になっていくと思う。横綱、大関戦は残り4番。稀勢の里は左の攻めにこだわっているものの、体が伸びており、横綱が綱渡りの相撲を取っている。御嶽海はしっかりおっつけ、いなしも交えれば、勝機は十分にある。鶴竜には悪い癖の引きが出るように圧力をかけ、安定感がある白鵬には速攻でいくしかない。高安戦の連敗も7で止めたい。

上位4人に対して2勝2敗で終えられ、下位にもとりこぼさなければ、11勝4敗。それなら、昇進の可能性は高まる。

長野県からでも、大関昇進が懸かるような力士を出せるのだと思い、御嶽海を尊敬の目で見ている。周りに何を言われても、自分はこうやるんだという、一つの信念がある。それを、相撲道を外れないように見守ってくれる師匠の出羽海親方の存在も大きいと思う。

あとは新大関で臨んだ先場所の栃ノ心のような、勢いがある中での故障だけが心配。体重にあった稽古を怠らずに積んで万全を期してほしい。

9日目

御嶽海 6－3 ●寄り切り○ **白鵬** 西横綱 モンゴル出身、宮城野部屋

白鵬の壁　3敗目
止まった動き、いら立ち隠せず

花道を引き揚げ、支度部屋への通路を歩く御嶽海は「あぁー、くそっ」と大声を張り上げた。風呂から上がり、髪を結い直すための上がり座敷では、報道陣に背を向けて着席。質問を一切受け付けない空気をつくり、激しい悔しさを示した。

白鵬の冷静さに屈した。御嶽海は立ち合いで左上手を許しても左へ回り込み、左前まわしを取って反撃。しかし、ここで横綱に付き合うように動きを止めてしまった。長く組み合った後、蹴ってきた白鵬の誘いに乗るように前に出たが、右下手出し投げで泳がされてしまう。左喉輪で体がのけぞり、寄り切られた。

支度部屋で報道陣に背を向けたのは、先場所12日目の高安戦以来2度目。軍配をもらったものの、物言いがついて差し違えで敗れ、初日からの連勝が止まった取組だった。そこから切り替え、連敗せずに初優勝を果たしたが、大関昇進に初めて挑む今場所はどうか。

9日目のこの日、平幕の勢に完敗した前日から今場所初の連敗を喫し、3敗目。昇進の目安は4敗までで15日間の内容も問われる。上位とは10日目に当たる鶴竜に加え、稀勢の里、高安との対戦も残している。乱れた感情を整え、崖っぷちの状態で残り6日間に向かう。

9日目、白鵬（右）に攻められ、寄り切りで敗れる

10日目

御嶽海 6－4 ●寄り切り○ **鶴竜** 東横綱 モンゴル出身、井筒部屋

攻め甘く、鶴竜に反撃許す
昇進「厳しい状況」

御嶽海は鶴竜になすすべなく寄り切られ、4敗目。大関昇進の目安となる11勝の可能性を残しているものの、10日目までの内容も芳しくなく、今場所後の昇進は厳しくなった。

立ち合いの踏み込みでこの日も優位に立てず、突き、押しを封じ込まれて右四つ。左で抱えて前に出たものの、腰が沈まず、まわしの位置が高い。右下手を引いた鶴竜に左上手も許して体勢を整えられ、土俵際から反撃の寄りに防戦一方。腰が伸びて土俵を割った。

朝稽古では、しぼんでいく大関昇進への雰囲気に、多い日は20人近くいた報道陣も半分以下に減った。今場所の御嶽海は相撲に集中したいという考えから、稽古後は自ら対応せず、付け人を通じて短いコメントを伝えるだけ。この日は「まだまだ終わらせないですよ」だったが、土俵の攻め手は甘いままだった。

支度部屋では、報道陣の質問に3度無言を貫いた後、「まあ、横綱が強かった」とぽつり。「残り5日間。しっかり切り替えてやりたい」とし、2桁勝利を諦めない姿勢を示した。

ただ、中日から3連敗する姿は、中日から5連敗した1月の初場所と3月の春場所と同じような失速感を与えかねない。

11日目の相手は魁聖。先場所で初勝利を挙げたものの、苦手な巨漢タイプだ。12日目以降は稀勢の里、高安との対戦も残っている。結果と内容次第では、大関とりが「白紙」になりかねない危うさをはらんでいる。

11日目

御嶽海 6－5 ●寄り倒し○ **魁聖** 西前頭筆頭 ブラジル出身、友綱部屋

5敗　大関とり出直し
結果出せる地力を

御嶽海は苦手な巨漢の魁聖に、初めて勝った先場所と同じ立ち合いを選択。左にずれて当たり、つかまらないようにしたが、今場所は浮き腰のふわっとした当たりで威力がない。先場所と同じく左は差したものの、右は相手に左上手を許し、先場所のようにはず押しで抵抗できなかった。もろ差しで食い下がるも、力なく寄り倒された。

先場所で初優勝を飾り、初の大関とりを懸けて臨んだ今場所。本来の出足が影をひそめつつも冷静に取って白星を重ねていたが、8日目の平幕勢戦で2敗目を喫してから消極的になった。流れが悪くなると腰高になる傾向も顔を出し、4連敗で5敗目。残り4番全て勝って10勝を確保し、来場所に再び大関昇進に挑めるかが焦点となった。

支度部屋では、「まだまだ白星が先行しているから、気持ちをつくり直していきたい」と、精神面を含めた失速感から脱する意気込みを示した。

帰り際には、師匠の出羽海親方（元幕内小城乃花）から、前に出る相撲を思い切って取ることや、朝稽古でしっかり汗をかいて準備するように求められた。御嶽海は「はい」とうなずいたものの、計6人の横綱、大関陣と対戦するのは8場所ぶりということもあり、消耗は隠せない様子だ。

場所前から、かつてなく高い注目を周囲から集め、気の抜けない日々を送っていた御嶽海。その中でも結果を出せる地力が必要だと、新たな課題を突きつけられている。

12日目

御嶽海● 寄り切り ○稀勢の里

6－6

東横綱 茨城県出身、田子ノ浦部屋

失速6敗目 稀勢と四つ相撲、勝機なし

御嶽海は1月の初場所、3月の春場所と同じく、中日から5連敗。今場所は3横綱との対戦があったとはいえ、平幕2人に完敗し、内容が芳しくない。失速ぶりは、仮に残り3番を全て勝って9勝を確保し、11月の九州場所で優勝争いに加わる好結果を残したとしても、大関昇進の是非に際して「待った」の材料とされても不思議はない。

初優勝した先場所（7月の名古屋場所）に比べ、勢いが続かない。師匠の出羽海親方（元幕内小城乃花）は「先場所だって、稽古でつくった勢いじゃない」と、日ごとの作戦遂行で白星を積み重ねて生んだものと指摘。流れが悪く、本来の動きができなくなった時に立て直す地力の欠如は、以前からの課題。今場所6敗目で、三役で2桁勝利を挙げたのは在位11場所の間で先場所だけだ。

御嶽海は課題から目を背けず、この日の朝稽古もいつも通りの時間に姿を見せ、基本動作などで汗をかいた。今場所は修学旅行中の県内児童らが連日のように観戦しており、この日は出羽海部屋を訪れた母校・上松小の6年生から千羽鶴をもらって「最後の横綱戦、頑張る」と士気を高めた。

稀勢の里戦は2017年7月の名古屋場所以来。初めて勝った同場所と同じもろ差しを狙ったものの、復調傾向にある横綱に右をねじ込めず、左四つ。先に動いて勝機を探り、突き、押しの展開を挟んで再び左四つとなると、スタミナ不足もあって腰が浮き、寄り切られた。「何の勝機もなかった。（胸を合わせたら）取れない」と振り返った。

国技館を出ると、上松小とは別の児童らからも声援を受け、25歳の関脇は硬い表情のまま、左手を挙げて応えていた。自分のふがいなさに胸が締め付けられているかもしれないが、土俵で結果を出すしか、道はない。

13日目

御嶽海 ○ 押し出し ●妙義龍

7－6

東前頭5枚目 兵庫県出身、境川部屋

我慢の7勝目 連敗、なんとか止めた

御嶽海は「立ち合い負けだったんじゃないか」と、この日も押し込めず、妙義龍の突き、押しに下がった。だが、冷静に右おっつけでしのぎ、左を浅く差して反撃。もろ差しにしようとしても妙義龍のおっつけで右を差せなかったが、相手が引いたところを逃さなかった。右も差し、中に入って前進。腰を浮かせず、足をしっかり運んで最後は押し出した。

元関脇の妙義龍とは、2016年3月の春場所以来の対戦。埼玉栄高時代はチームメートの豪栄道と鍛え合い、日体大4年時に国体を制して幕下付け出しデビューした学生相撲の先輩だ。故障もあって17年は十両陥落を味わい、そこから復調した。御嶽海は先場所前の連合稽古で胸を合わせていたこともあり、先手を取れなくても「我慢だった」と退けた。

3横綱1大関が不在の状況だった先場所で初優勝し、真価が問われた今場所は13日目が終わった。妙義龍に勝って6日ぶりに白星を挙げたものの、既に6敗で、場所後の大関昇進は千秋楽まで勝ち続けてもかなわない情勢だ。その中で迎える14日目の相手は高安。7連敗中の相手だけに「しっかり大関に勝って、勝ち越しを決めたい」と目前の一番に自らを奮い立たせた。

14日目

御嶽海 ○ 突き落とし ●高 安

8－6

西大関 茨城県出身、田子ノ浦部屋

望みつなぐ8勝目 7連敗中だった高安下す

高安との接戦で御嶽海に軍配が上がったのに物言いがついたのは、初優勝した先場所の12日目と同じ。この時は差し違えで敗れ、初日からの連勝が止まった。ただ、今場所は「自分が勝っていて、ただの確認だと思った」と確信があった。協議を終えた阿武松審判長（元関脇益荒雄）が「軍配通り」―と説明し、御嶽海は大きな1勝を収めた。

高安のかち上げをものともせず、鋭く踏み込んで左を浅く差し、右はおっつけて下から攻めた。左下手を引いた相手の寄りに後退したものの、「我慢できた」と攻め手を変えず、土俵際で体を開いて右から力強く突き落とした。7連敗中だった3学年上の「特別視している」という相手に対し、2017年1月の初場所以来の白星を挙げ、「良かった」とうなずいた。

14日目、突き落としで高安を破り、勝ち越し

17年7月の名古屋場所で新大関になった高安には、以前から「上がれるチャンスに上がっておけよ」と声を掛けてもらっていた。自身初の大関昇進が懸かった今場所。12日目に場所後の昇進が消滅したが、5日目の栃ノ心に続いて2大関を破った実績を残した。「残り一番、しっかり白星を取りたい」。千秋楽に勝って3連勝を飾り、9勝を確保して終えることは、来場所での昇進再挑戦に望みを託す道となる。

千秋楽

御嶽海 9-6 ○はたき込み● 阿炎

西前頭4枚目 埼玉県出身、錣山部屋

最後まで自信持てず「10勝できる地力を」

初の大関とりに失敗した御嶽海は、千秋楽に9勝目を確保して終えた。来場所で再び大関昇進が懸かる可能性はゼロにならなかったものの、「勝ち星が2桁に乗らなければ、8勝も9勝も一緒」と悔やんだ。

この日は、もろ手突きで立って突き、押しを繰り出す阿炎に対し、下からあてがって押し込んだ。回り込んだ相手に右上手出し投げで崩されたが、頭をつけた阿炎が前のめりになった隙を逃さず、自身も下がりながら右に回り込んではたき込んだ。土俵際の動きに余裕があったのかという問いに、うなずいた。

在位11場所目となった三役で、2桁勝利は初優勝した先場所の一度だけ。中日から5連敗する失速ぶりを払拭しきれず、「3連勝で終えたけれど、もう少し早く達成（立て直し）できれば良かった。10勝できる地力をつけないといけない」。その先に、大関昇進があると考えている。

場所前は先場所と変わらず、普段通りを心掛けて準備。「自分の相撲を取れれば、（昇進目安の）11勝はいく」と語った。しかし、現実は違った。初日から5連勝したが、動きがすごく良かった先場所ほどの調子ではない。「これでいいのか」と自信を持ちきれなかったという。

豪栄道も元大関の琴奨菊も、初優勝して綱とりに注目が集まった翌場所は9勝、8勝止まり。御嶽海は「どうすれば、自分のもやもやが晴れるのか、すぐに答えが分かるようだったら、昇進できている。これは経験していくしかない」と生みの苦しみを受け入れる。

今場所の上位陣は場所前にそれぞれ不安を抱えていた。だが、終わってみれば、関脇以下の勝ち越し力士が対象となる三賞が、史上初の該当者なしになったように、上位陣の対応力と安定感が際立った場所だった。

「良い場所だった。全ては気持ち。自分もこれから良い感じになるはず」。追い求める地力を蓄えられれば、御嶽海も上位陣に加われる。

千秋楽、阿炎（右）をはたき込みで下す

九州場所での大関とり「成績次第で出てくる」

阿武松審判部長（元関脇益荒雄）は御嶽海の九州場所での大関とりについて「まだ（審判部で）話し合っていないけど、成績次第では出てくる」と含みを持たせた。大関昇進の目安とされる直近3場所合計33勝には、来場所で11勝すれば届く。

元関脇鷲羽山（先代出羽海親方）・石田佳員さん語る

自分も変わりながら成長、必要

御嶽海は初優勝した先場所の方が良く動いていた。重圧が少なく、3横綱1大関も不在。動きが止まることなく、伸び伸びと取れていた。今場所もいつも通り準備し、先場所と同じような感覚で臨んだのだろう。だが、先場所とは他の力士の意識が違うことに対応しなければならなかった。

関脇以下の優勝者は翌場所で必ず集中砲火を浴びる。大関昇進が懸かればなおさらだ。上位陣はつぶしに来るし、下位の力士は対抗心で向かってくる。集中砲火をくぐり抜けた横綱、大関とは地力が違うから、2場所続けて同じようには勝てない。過去に関脇以下の者の連続優勝はほとんどない。

8日目、過去6戦6勝の勢に初めて負けた。今まで押し込まれても残れたが、イチかバチかで突進する相手に、あれっていう感じで押し出された。

9日目以降は白鵬、鶴竜、稀勢の里に粘ったが、押し切れなかった。先場所は下位の相手を中心にすぐに決着がつく相撲が多かったから、負けて、すごく疲れを感じたはずだ。あれ、おかしいなと迷いも出たと見る。苦手な魁聖にも敗れ、今年3度目となる中日からの5連敗で失速した。

15日間を通し、本来の前に出る相撲が取れたのは栃ノ心、逸ノ城との相撲くらい。勝ち越しを決めた高安戦も、右の攻めを前まわしからはず押しに変えて耐えたのが良かったが、綱渡りだった。千秋楽に9勝目を挙げて、11月の九州場所での昇進再挑戦に首の皮がつながった。10月2日に長野県で優勝を祝うイベントがあるようだが、8勝止まりじゃまずかった。来場所は横綱、大関を何人かずつ破った上で12勝程度を挙げれば、昇進の空気が復活するだろう。

それまでに稽古場で好印象を与えることも必要だ。場所前の稽古総見を見たが、上位陣の稽古中に八角理事長（元横綱北勝海）から「御嶽海、いけ」と積極性を求められていた。重視する立ち合いだけを確認し、それ以降は一方的に負ける姿勢もまずい。総見後、八角理事長は「覇気がない」と切り捨てた。そういう印象は周囲に伝染する。

今回の経験を大切にしてほしい。自分の相撲と精神状態のつくり方を見直し、本場所ごとに起きる変化に対応するため、自分も変わりながら成長しなければならない

2018 九州場所

東関脇　7勝8敗

大関を「つかみ取りたい」
求められる快進撃　昇進に再挑戦

❶母校の木曽郡上松町上松小学校での優勝報告会に出席。子供たちに声援で送られる御嶽海
❷九州場所では2場所連続の「東関脇」。三役在位は12場所目で、11場所連続の三役在位は昭和以降で7位の長さとなる
❸木曽郡木曽町は名古屋場所での優勝をたたえ、御嶽海に「スポーツ栄誉賞」を贈呈。町文化交流センターで開いた表彰式で、代理で出席した父の春男さんが原久仁男町長から表彰状を受け取った
❹初日前日、部屋力士が持つタオルを腰に回し、負荷をかけた状態ですり足を行う
❺春日野部屋との連合稽古初日、大関栃ノ心（奥左）に厳しい稽古をつけてもらい、苦しそうな表情
❻三役以上の力士が出席する土俵祭りは、初日から休場する横綱白鵬、鶴竜、小結魁聖が不在だったため、力士の人数は7人だけ。御嶽海は「三役以上の一人として、しっかり場所を盛り上げたい」を自覚を口にした。手前は貴景勝

初日

御嶽海 ●突き落とし○ 栃煌山

0−1

東前頭2枚目　高知県出身、春日野部屋

初日に土　攻め手に甘さ
大関とり、出ばなくじかれ

御嶽海は頭で当たったが、腰が沈まず、右、左と喉輪を見舞って栃煌山の上体を起こそうとしても圧力が不十分。突き、押しの追撃を相手に下からあてがわれ、重心が浮く。栃煌山に左ですくって突き落とされてバランスを崩すと、体が泳いだ状態から足を運んで制御できず、土俵の外に飛び出した。

勝ち星と内容次第で大関昇進の可能性が再び高まる今場所で、平幕相手に出ばなをくじかれた。

31歳の栃煌山は三役在位25場所の経験があるものの、御嶽海は過去6勝1敗と合口が良く、場所前の連合稽古でも胸を合わせていた。「相手を押し込めている。（自身の動き自体は）悪くなかったと思う」と振り返ったが、攻め手の甘さを指摘されても仕方がない。

御嶽海が初日に黒星を喫したのは、２０１７年9月の秋場所以来7場所ぶり。朝稽古を終え、「（初優勝した次の場所だった）先場所と違い、今場所は心も体も整え、良い感じで力んでいない」と話していたが、白星につなげることはできなかった。

稀勢の里、栃ノ心も苦杯をなめた初日。白鵬、鶴竜が休場した今場所を三役の一人として盛り上げたいと考える御嶽海は「横綱、大関は連敗しない。置いていかれたくないという思いはある」。自身にとっても昇進の芽がしぼみかねない下位への連敗の回避に向け、2日目に仕切り直す。

2日目

御嶽海 ○押し出し● 玉鷲

1−1

西前頭2枚目　モンゴル出身、片男波部屋

引きずらず前へ
調子は「まだまだ」

取組の内容を伴っての11勝以上が今場所の大関昇進の目安とされる中、御嶽海は場所前に「連敗をしないようにしたい」と語っていた。その言葉通り、7場所ぶりに味わった初日の黒星を引きずることなく初白星を挙げ、平幕相手の連敗は避けた。

玉鷲には前年の九州場所で敗れて以来、今年は先場所まで5戦全勝。通算でも13勝2敗と合口が良い。前向きなイメージが自身の中にもあり、「（合口の良さも）考える。前に出るという意識だった」。

立ち合いから頭で当たって玉鷲の上体を起こすと、間髪入れず突き、押しを繰り出して前進した。左はずで土俵際まで追い込んだところで、右を巻き替えられた。少し体が泳ぎ、右腕が離れたものの、素早く体を寄せて押し出した。

それでも初優勝した7月の名古屋場所のように力強く踏み込んで一気に前へ出る圧力は、まだ影を潜めている。取組後の支度部屋で報道陣から自身の調子を問われても、「全然まだまだ。もうちょっとですかね」と語るにとどめた。冷静に自分自身と向き合う中で修正し、上昇機運に乗せていくことができるか。

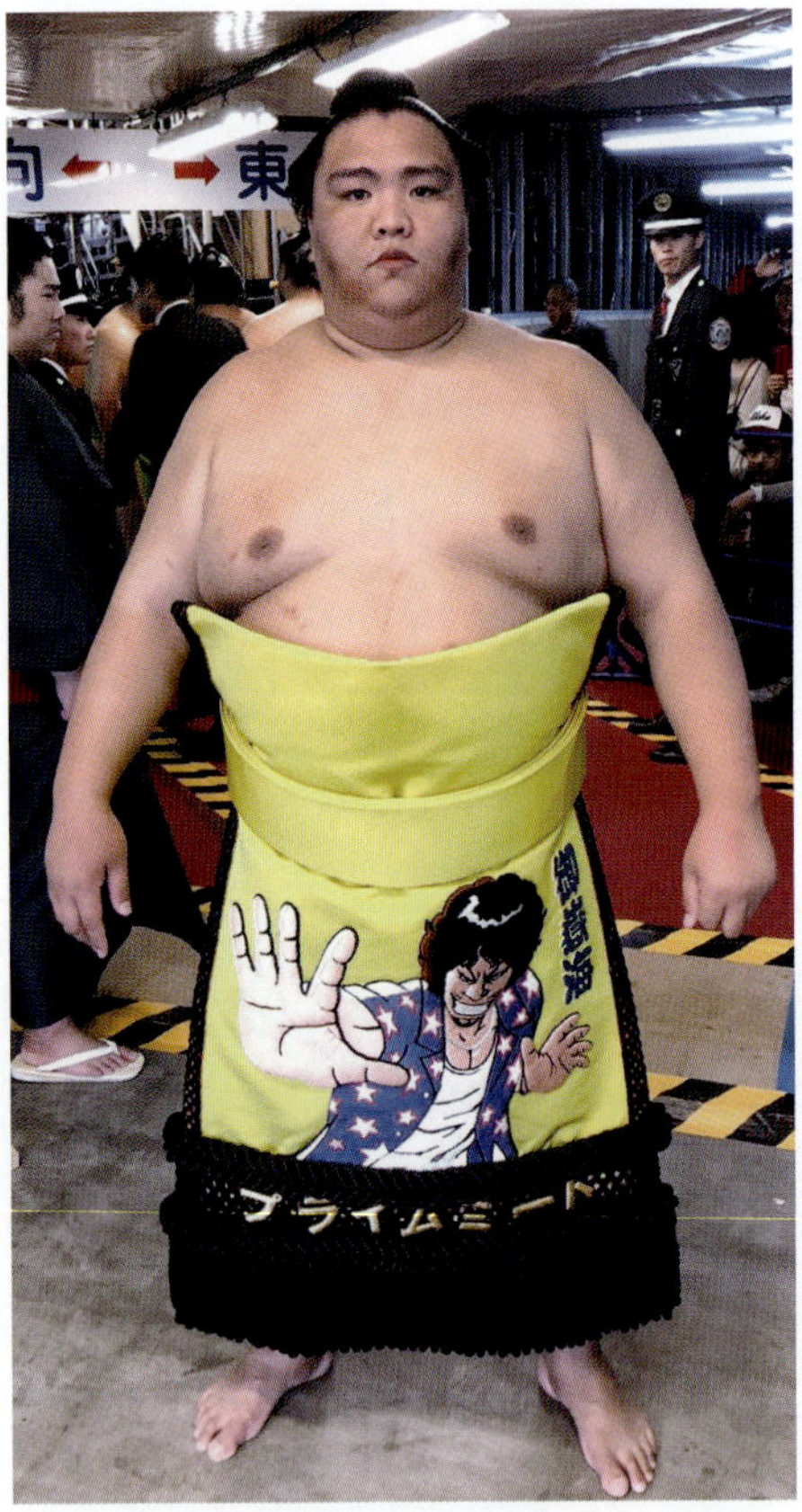

初日から通算6本目の新たな化粧まわしを着けて土俵入り。松本市在住の漫画家、高橋ヒロシさんの作品の登場人物が描かれ、御嶽海は「（高橋さんの）漫画の中から、無敗の強さを誇る九州出身のキャラクターを選んだ。とても格好いい」

3日目

御嶽海 ○寄り切り● 錦木

2−1

東前頭3枚目　岩手県出身、伊勢ノ海部屋

盤石の攻め　錦木に何もさせず
力強く2連勝

御嶽海が盤石の相撲で完勝した。先場所2桁の白星を挙げて、自身最高位の前頭3枚目で今場所に臨んでいる錦木に、ほとんど何もさせなかった。取組後の支度部屋では「突き放したかったね。まあ結果が全て」と涼しい表情で語った。

呼吸が合わずに、2度目で成立した立ち合い。御嶽海は鋭い出足から低く当たって前に出ると、すぐさまもろ差しに成功。苦し紛れに右小手投げを繰り出そうとする錦木に構わず、土俵際へと追い込んだ。最後までうまく体を密着させ、右差しに左はずを交えて力強く寄り切った。

錦木との前回の対戦は２０１６年夏場所。平幕同士だった当時とは違い、初優勝も経験した御嶽海は今場所で大関昇進を狙う立場にいる。「いつも通り自分の相撲を取る。どんな相手でもやっていければ」。久しぶりの顔合わせでも関係なく、自身の相撲に集中する姿勢を重視する。

前に出る意識は、3日間とも継続できている。その一方で、朝稽古時に「フィニッシュが良くない」と語ったように、土俵際の詰めはまだ微調整を重ねている段階だ。残り12日間。着実にその精度を高めていくつもりだ。

4日目

御嶽海　2－2　●寄り切り○　東前頭筆頭　妙義龍

兵庫県出身、境川部屋

詰め甘く　早くも2敗
大関昇進に雰囲気高まらず

「勝負どころで決められなかった。甘いね、相撲が」。御嶽海は左はず、右喉輪で土俵際まで一気に妙義龍を押し込んだが、腰が沈まずに仕留めきれない。回り込んだ相手と右四つとなると、妙義龍に左上手をひかれて重心が浮く。もろ差しを狙った左の巻き替えの動きに乗じて相手に寄りを許し、土俵を割った。

妙義龍には過去2戦で負けなしだったため、「負けたことが想定外」と御嶽海。32歳の妙義龍は膝の故障が回復し、幕内に復帰した3月の春場所から今場所は前頭筆頭まで番付を戻してきた。御嶽海が初日に敗れた栃煌山とは同学年。ともに三役復帰を狙って健在ぶりを示す結果を残したが、御嶽海にとっては、2戦とも同じように土俵際の詰めが甘くて敗れただけに、悔しさが募る。

「(詰めは)微調整の部分。ほんの少しのところで、それが命取りになる」。初日から前に出て相手を押し込めているものの、背中を丸め、腰を下ろした自身の追い求める「フィニッシュ」の出来に不安定さがのぞく。

4日目に早くも2敗目を喫し、勝ち星数と内容次第で実現する大関昇進について、雰囲気が高まらない。5日目の相手は巨漢の魁聖。左ふくらはぎの肉離れで2日目まで休場しており、万全ではないが、御嶽海は過去1勝5敗と苦手とする。「まあ、いつも通りやるだけ」と切り替え、昇進を諦めずに集中する。

5日目

御嶽海　2－3　●寄り切り○　西小結　魁聖

ブラジル出身、友綱部屋

3敗、大関とり窮地
魁聖の怪力に屈し

先場所まで御嶽海が魁聖に勝ったのは、初優勝した7月の名古屋場所だけ。苦手な怪力の長身力士は魁聖以外にもいるものの、「大きくて速いのが、栃ノ心関や高安関。大きくて遅いのが、魁聖関」。持ち味の動きのスピードを生かそうとしても、リズムが狂い、つかまってしまうという。

7度目の顔合わせとなったこの日も同じ。踏み込んで押し込み、素早く右を差したが、左の攻めが中途半端になってしまい、魁聖に右四つに組み止められた。左ふくらはぎの肉離れで2日目まで休場していた相手とはいえ、左上手を取ってパワー勝負に出られては、御嶽海は分が悪かった。

勝ち星の数と内容次第で大関昇進の可能性がある今場所。初日から相手を押し込んで取れているものの、詰めが甘い。5日目に下位に連敗し、序盤戦で2勝3敗では、印象が悪すぎる。稀勢の里が休場し、3横綱全員が不在となったため、昇進に向けては求められる内容のハードルも上がる。越えるのは至難の業だ。

支度部屋では「中盤戦からもう一度、気持ちをつくって臨みたい」と語った。中盤戦初戦となる6日目は、稀勢の里、栃ノ心に勝って自信をつけている北勝富士と当たる。同学年で、学生相撲出身者同士であることが、これまでも御嶽海の発奮材料になってきたが、今場所はどうか。

御嶽海(右)が押し出しで北勝富士を下す

6日目

御嶽海　3－3　○押し出し●　西前頭筆頭　北勝富士

埼玉県出身、八角部屋

一直線に押し出し
土俵際の詰めも改善、星五分に

ようやく御嶽海らしい相撲で快勝した。力強く踏み込んで下から突き、押しで攻め、右はずを効かせて北勝富士を後退させる。上体の起きた相手の腹を押して退け、「しっかり前に出られたし、(はず押しが)うまく入ったね」。一直線に押し出した内容に、本人も好感触があった様子だった。

初日から土俵際の詰めが甘く、前日に下位に連敗したばかり。同学年の北勝富士とは大学時代にライバル関係で、4場所ぶりの対戦は「相手の調子が良く、怖い部分があった」という。北勝富士は膝の故障で幕尻まで番付を下げていたが、復調し、今場所は前頭筆頭まで復帰。来場所の新三役を目指し、稀勢の里や栃ノ心を破っていた。

それでも「(7月の名古屋場所で)優勝したので、力の差を見せつけようと思った」と経験を自信にし、押しの真っ向勝負に出た。朝稽古で下半身に刺激を与え、土俵際の詰めを改善している成果も生かし、4日目からの3連敗を回避。星を3勝3敗と五分に戻した。「負けが込んでいるわけではない。気持ちを前に前に持って行きたい」と自分の背中を押した。

御嶽海の大関昇進の是非を預かる日本相撲協会審判部の阿武松部長(元関脇益荒雄)は序盤戦を終えた前日、「勝ち進んでからの話。論じる段階でもない」と厳しい言葉を並べて見解を示した。しぼんでしまった昇進への空気を再燃させるには勝ち続けるしかない。

7日目

御嶽海 4－3 ○はたき込み● 貴景勝

東小結
兵庫県出身、千賀ノ浦部屋

つかんだ流れ　貴景勝に土
再び白星先行

御嶽海は突き、押しで下から攻めて前進。貴景勝に左で強くいなされたが、「読んでいた」と泳いだ体をぴたっと止める。向き直って再び攻勢に出ると、相手の両足がそろった瞬間に左に大きく動き、右手で貴景勝の後頭部をつかんではたき込み。手がまげに掛かったと物言いがついたものの、軍配通りだった。

「自分の中では、掛かってないと思った」と御嶽海。ただ一人無敗だった4学年下の貴景勝との注目の一番を持ち味を出して制し、「冷静に、気を引き締めてやれた」と納得顔だった。審判長の阿武松親方（元関脇益荒雄）も確認のための物言いだったとした上で、「良い相撲で、見応えがあった。下からあてがってしのいで、御嶽海らしい相撲がようやく出てきた」と内容をたたえた。

5日目に下位に連敗して3敗目を喫し、大関昇進から大きく遠のいた。そこから土俵際の詰めを改善して2連勝とし、再び白星を先行させた。

「御嶽海は流れで取る力士だから、流れが悪い時は連敗もする。集中力がある時はああいう（この日のような）相撲を取るし、流れが出てきた」と阿武松親方。3横綱が休場した中で3大関もピリッとせず、優勝争いの行方は混沌《こんとん》としている。3敗の御嶽海にも、挽回と躍進の可能性は残されている。

御嶽海は帰り際、サッカー松本山雅のJ2初優勝、J1再昇格を知り、刺激を受けていた。

8日目

御嶽海 5－3 ○押し出し● 逸ノ城

西関脇
モンゴル出身、湊部屋

足止めず3連勝
227キロを「電車道」

相撲用語でいう「電車道」の圧勝だった。呼吸が合わず、3度目で成立した立ち合い。御嶽海は低く踏み込み、右はず押しで227キロの逸ノ城に下から圧力をかける。相手の右差しを防いだ左おっつけをはず押しに変え、万全。腰の低さ、前傾角度を維持したまま出足を止めず、相手をレールに乗せて運び出すように一直線に押し出した。

自身も最初の立ち合いで犯した待ったを反省した上で、内容には「良かったんじゃないか」と手応えがあった。これで、6日目から3連勝。2勝3敗で終えた序盤戦のような、土俵際の詰めの甘さがなくなってきた。

序盤戦で、朝稽古を終えた御嶽海は「前に出て、相手を押し込めている。（腰を下ろして隙のない）理想のフィニッシュのイメージもある。そこをつなぐ1、2ピースがない感じ」と語った。

欠けた要素を探りつつ、6日目の朝稽古から意識しているのが、太もも裏を中心に下半身に刺激を入れること。10月の秋巡業では、稀勢の里や栃ノ心と相撲を取って稽古したが、「基礎運動が足りなかった」。場所前の稽古でも、親方衆や付け人に足の運びの甘さを何度も指摘されていた。

突貫工事でどこまで好結果が続くか、不透明な部分はあるが、混沌《こんとん》としている優勝争いの行方で、11場所連続で三役に在位する3敗の御嶽海も、再び注目され始めている。

元幕内大鷲・伊藤平さん語る

基本・全力　稽古の質高めて

序盤戦の御嶽海は、大関昇進を意識したのだろう。勝ち急ぎ、腰が高かった。盤石の体勢ではないまま、前に出ていって平幕の栃煌山、妙義龍に敗れた。器用だから、器用貧乏になって、迷いが出る。5日目は、苦手な巨漢の魁聖に安易に右を差し、自身のまわしと相手との距離が近くなって左上手を与えてしまい、敗れた。はず押しに徹しないといけなかった。

精神面に影響されて腰が高くなるのは、稽古のやり方に原因がある。仕上げのぶつかり稽古で相手を押し切る際、腰をしっかり下ろすという基本をおろそかにしていないか。場所前の実戦的な稽古は6日間で86番を取ったと聞いたが、一番ごと全力を出し切ることをおろそかにしていなかったか。詰めの甘さや悪い癖が身に付いてしまわないように、稽古の質を高めてほしい。

迷いを防ぐために、自分の十八番を磨くことにこだわってほしい。御嶽海でいえば、出足の良さや体の寄せ方。腰が浮いては、威力が落ちる。自分の現役時代、大横綱の柏戸さんは、前まわしを取って前に出ることしか、師匠の親方に教わらなかったと聞いた。親方の配慮で、最初は格下とばかりやって自身の型を固めてから、どんどん質を上げていったという。

優勝争いは混戦だ。6日目以降は良い相撲が出てきた。無敗の貴景勝にも土をつけた。終盤戦の時点で3大関を倒し、優勝争いを引っ張って11勝以上を挙げたら、大関昇進の芽も出てくる。

10勝なら、来場所に昇進のチャンスが続く。9勝止まりなら白紙だが、大関に上がったらすぐにかど番になったり、陥落したりするのでは困る。焦らず、地力をつけ、巡ってくるチャンスをつかんでほしいと願う。

9日目

御嶽海 5－4 ●寄り切り○ 竜電

西前頭3枚目 竜電 山梨県出身、高田川部屋

しぶとい竜電と根比べ 大関昇進さらに遠のく4敗目

御嶽海は苦労人の竜電のしぶとさに屈した。当たって左を差したが、もろ差しを狙った右をおっつけられ、左四つで根比べの展開に。左下手を取り、右を巻き替えたものの、低く頭をつけた相手に両前まわしを引かれ、上体が浮く。1分近い相撲となって力尽き、抵抗むなしく寄り切られた。

竜電は山梨県出身の28歳。中学卒業後、相撲未経験で入門した〝たたき上げ〟だ。金星や三賞の獲得数で歴代1位の高田川親方（元関脇安芸乃島）の厳しい指導の下、6年前に新十両となったものの、股関節の故障で序ノ口まで番付を下げ、今年1月の初場所でようやく入幕した。自己最高位の今場所は高安に挑んだ7日目に大関戦初白星を挙げ、涙を流した。

学生相撲出身で歩みが対照的な御嶽海は、三役在位12場所の貫禄を示せなかった。師匠の出羽海親方（元幕内小城乃花）は「今日は相撲になっていない。一歩踏み込んで止まった」と指摘。「狙い通りに差せないなら、2歩、3歩と踏み込んで突き放せば良かった」と、相手の良さを出させてしまった取り口に注文を付けた。

連勝が3で止まった御嶽海は、支度部屋に戻ると、置いてあった掲示板を左拳でたたき、憤りをあらわにした。報道陣からの質問にも今場所初めて無言。場所後の大関昇進がさらに遠のく4敗目を喫しただけでなく、初めて相手を押し込めなかった。思い通りに動けてない自身にいら立っている様子で、10日目以降に不安を残した。

10日目

御嶽海 5－5 ●押し出し○ 正代

東前頭4枚目 正代 熊本県出身、時津風部屋

力負け5敗目 場所後の昇進絶望的

大関昇進に再挑戦していた御嶽海は痛恨の5敗目を喫した。4敗止まりで11勝を挙げて終えれば、昇進の目安とされる3場所33勝に到達したものの、5日間を残して届かないことが決まった。

昇進の是非を預かる日本相撲協会審判部長の阿武松親方（元関脇益荒雄）は、場所前から「内容」も重んじる姿勢を示した。その中で、御嶽海の印象は黒星を重ねるごとに悪くなった。「（数日前の）切れ味はどこにいったのか、立て直してほしい」と阿武松親方。来場所以降に大関とりを継続させるため、奮起を促した。

1学年上の正代に力負けした御嶽海。「立ち合いがだめ。相手を見ちゃっている」と、4敗目の前日に続いて押し込めなかった。締め方の甘い右脇を正代の左おっつけが襲い、重心が浮く。差し手争いからもろ差しを許すと、「我慢できなかった」。安易に右を巻き替えようとしてさらに重心が浮き、墓穴を掘って押し出された。

場所後の昇進が絶望的となり、「仕方ない。またチャンスは来る」と話したが、初優勝した名古屋場所の13勝を生かすためには、今場所が最後のチャンスだった。3横綱不在という状況も生かせなかった。終盤戦は3大関との対戦も控える中、5敗を堅持して10勝を挙げて終えられなければ、大関とりは白紙に戻る。

場所前は実戦的な稽古で番数を重ねたが、10月の秋巡業中の食事によって増えた体重の影響で、初日から出足の調子が乱高下する。下半身への刺激や体づくりのメニューで安定化を図るが、その場しのぎになって根本的な改善に至らない。

「まず今場所。気持ちは切れていない。連敗する癖をどうにかしたい」。中盤戦以降の失速癖を露呈させるようなら、勝ち越しも危うい。

11日目

御嶽海 5－6 ●上手出し投げ○ 嘉風

西前頭4枚目 嘉風 大分県出身、尾車部屋

ずるずる失速 2桁勝利届かず 大関とり白紙

大関とりが白紙に戻った御嶽海は「こういう時もある」と支度部屋で淡々と話し、再び昇進のチャンスを待つことになった。ただ、今場所の戦いぶりからは、チャンスを到来させるための材料が乏しく映る。

この日敗れて届かないことが決まった「10勝」には、大きな意味があった。達成できれば、3場所33勝が目安とされる大関昇進の是非の議論は、可能性が低いながらも来場所以降に続いた。また、三役での2桁勝利が初優勝した7月の名古屋場所の13勝しかない御嶽海は、確たる成長を示すために「自分の中の勝ち越しは10勝」と宣言していた数字でもあった。

嘉風への攻めは「立ち合いは悪くなかったが、ばらついた」と空回り。突き、押しから喉輪を繰り出すが、腰が高く、足の運びも悪い。強引な攻めで脇が空き、左差しを許して食いつかれる。振りほどこうとしてバランスを崩し、左上手出し投げに屈した。

9日目から3連敗。先場所は、今年3度目となる8日目からの5連敗を喫した。中盤戦以降の失速癖の印象はより強くなっている。

秋巡業から場所前にかけて実戦的な稽古を中心に調整したが、基本的な体の鍛錬が不足。腰高の動きのまま、本場所に突入した。師匠の出羽海親方（元幕内小城乃花）は「もっと体を動かさないといけない」と朝稽古で汗をかくよう求めたが、体重増の影響で下半身に痛みも出ていたため、思うように進まなかった。

依然として、何か一つでも歯車が狂ったり、いったん不安になったりすると、出足の良さが影を潜め、分析力や相撲勘、体の寄せ方を生かせない。大関昇進には、安定した高い地力が必要。「名関脇」で終わらないためには、心技体のあり方、つくり方を見つめ直す時期に来ている。

12日目

御嶽海 6－6 □不戦勝■ **豪栄道**
東大関
大阪府出身、境川部屋

豪栄道休場で不戦勝「あした次第」

御嶽海は今場所初めて挑む大関戦だったが、豪栄道が休場。思わぬ形で連敗が止まり、淡々とした表情で不戦勝の勝ち名乗りを受けた。

今場所の御嶽海はなかなか波に乗れない。体重が増えた影響もあって下半身が安定せず、成績は乱高下。6日目から3連勝したかと思えば、そこから3連敗を喫して前日に大関とりが白紙になった。

この日の休養がいい切っ掛けになるか。師匠の出羽海親方（元幕内小城乃花）は「いいワンクッションになれば」と心身の切り替えを願う。

残り3日は栃ノ心、高安との大関戦も控える。2敗すれば4場所ぶりの負け越しが決まる厳しい状況だ。流れを変えられるかは「あした次第」と御嶽海。自らに言い聞かせるように話した。

はたき込みで千代大龍（右）に敗れる

13日目

御嶽海 6－7 ●はたき込み○ **千代大龍**
東前頭5枚目
東京都出身、九重部屋

7敗目、崖っぷち 乏しい好材料

左に動いて立ち合ったのは、千代大龍の強烈な左かち上げを回避するため。御嶽海は朝稽古で部屋力士を相手に何度も同じ動きを繰り返した。回避した後、朝稽古では左上手を取って出し投げを打つ狙いを見せたが、本場所では動いた際に腰が浮き、「足に力が入らなかった」。そのまま突っ込み、はたき込まれた。

前日は対戦相手の豪栄道が休場し、戦わずして6勝目を手にした。だが、平幕相手に再び力なく敗れ、これで不戦勝を除けば、8日目を最後に勝ち星から見放されている。大関とりも白紙になった。報道陣から気持ちのつくり方に苦労するかと問われ、「どうかな。難しいよね」と語った。

腰高の傾向を脱せないのは、場所前の過ごし方に原因がある。

秋巡業中を含め、実戦的稽古で相撲を取った相手は、栃ノ心、碧山、稀勢の里ら身長190センチ前後の力士が中心。180センチの御嶽海は、番数を重ねることを意識し、彼らの体格に合わせるように体が伸びてしまい、染み付いた感があった。

腰高を修正する手段として、部屋力士の胸を押す普段のメニューを考えたものの、連合稽古が日々組まれ、下半身に痛みも出ていたため、なかなか実行できなかった。巡業中の四股、すり足も不足していたと見られても仕方ない。

好材料が乏しいまま、残り2日間は大関2連戦。連勝しなければ、下位の戦績によっては来場所は三役から落ち、2年ぶりの平幕もあり得る。「大関戦だからね、楽しみ」と挑戦者の気持ちを支えに土俵に立つ。

14日目

御嶽海 6－8 ●寄り切り○ **栃ノ心**
西大関
ジョージア出身、春日野部屋

あえなく負け越し 4場所ぶり 動きに精彩を欠く

大関昇進に再挑戦した今場所は、勝ち星を伸ばせずに昇進を白紙に戻しただけでなく、負け越しという結果に終わった。

栃ノ心戦は結びの一番だったものの、一つ前で注目の貴景勝―高安戦が終わり、帰路に就く観客もいた。御嶽海は、7勝6敗と振るわない大関に勝って館内を盛り上げたいところだったが、上向かない自身の調子に心と体がバラバラなのだろう。動きが精彩を欠いた。

踏み込みが弱く、栃ノ心のかち上げに上体を起こされた。秋巡業から場所前の連合稽古にかけて最も多く相撲を取った相手の立ち合いの手は、「想定していたけれど、自分が起き上がったら意味がない」。右差し、左上手の相手万全の形で腰が伸びる。一気の寄りにあえなく土俵を割った。

不戦勝を除けば、9日目から黒星が続く。今年は自己流の調整に加えて実戦的な稽古や体づくりへの意識も高め、7月の名古屋場所で初優勝を飾った。一方で、何場所も中盤戦以降の失速癖を露呈する。流れや勢いに左右されず、地力で自分の相撲を15日間取り続けるには、今の鍛錬の質と強度では限界が来ている。

九州場所は3年前から新入幕、新三役、幕内ただ一人の年6場所全て勝ち越しと良い節目になってきたが、今年は違った。千秋楽は貴景勝と初優勝を争う大関の高安戦。「1年最後の一番。盛り上げる相撲を取りたい」。三役に来場所踏みとどまるためにも、何とか立て直して7勝目をもぎ取れるか。

千秋楽

御嶽海 ○すくい投げ● 高安

7−8

西大関

茨城県出身、田子ノ浦部屋

慕う高安下す 7勝目確保 減量で挽回狙う

すくい投げで高安（左）を破り、高安の優勝を阻む

3学年上の高安とは、平成生まれの次世代の担い手同士。母親がフィリピン出身という共通点もあり、これまで巡業中の食事などを通して何度も励まされてきた。慕う先輩に初優勝が懸かる千秋楽の一番だったが「そこは勝負だから」と御嶽海。相撲教習所で共に学んだ貴景勝を7日目に下したように、目前の一番に集中して力を尽くした。

高安のかち上げに耐え、もろ差しから、巻き替えられた右をおっつけて前進。土俵際で残されたが「今場所はあそこから攻めきれない相撲が多かったから、冷静だった」。左四つの半身となって辛抱する。右上手を取って強引に前に出てきた大関に対し、右を巻き替えて再びもろ差し。重心を浮かせておいて左を抜き、右ですくい投げた。

「90パーセント負けたと思ったけれど、捨て身の手だった」と、俵を背にしても最後まで攻めを貫いた。15度目の顔合わせとなった高安戦は接戦続きで、先場所も先々場所も物言いがついた。初優勝を逃し、顔をしかめて天を仰いだ高安が起き上がろうとすると、御嶽海は右手を出して助けた。高安は左手で御嶽海の腕を2度たたき、礼を示した。

今場所は体重が170キロまで増え、場所前から腰高で出足の鈍い動きが続いた。下半身への負担増で痛みが出たのか、膝の辺りにテーピングを施して稽古場に姿を見せた。不振を脱せず、大関とりが白紙となり、4場所ぶりに負け越した。

それでも何とか千秋楽に7勝目を確保し、来場所の三役残留へ望みをつないだ。「出し切った。次につながる良い相撲だった」。体重は初優勝した名古屋場所の時よりも少し軽い160キロくらいが適正と自覚。体づくりの専門家に既に助言を仰ぎ、挽回に向けて取り組みを始める。

元関脇鷲羽山（先代出羽海親方）・石田佳員さん語る

精神面のつくり方、見つめ直して

御嶽海は大関とりの場所で、負け越したことを悔しがる必要はない。自分の相撲が取れなかったことを悔やんでほしい。

初日の栃煌山戦を見た時、技術じゃなく、精神面が原因だと思った。昇進を意識し、硬かった。玉鷲戦、北勝富士戦などは良かったが、その後も立ち合いの踏み込みが弱く、安易に差してまわしを取られ、相手につかまる相撲が目立った。下位にも挑戦者の気持ちで臨まないといけない。受け身になり、足が出ず、手も伸びていなかった。

先場所が9勝止まりで、今場所は11勝以上の勝ち星と好内容が必要だった。3横綱が休場し、負けられないと考えたのだろう。今の精神面のつくり方では、大関に上がってもすぐに落ちる。

大関昇進後の栃ノ心や高安も、負けられないという気持ちになってしまい、関脇の時のような安定した強さがない。御嶽海は関脇の段階で、そうなってしまっている。

初優勝した7月の名古屋場所からさらに2場所が経過した。ちやほやされて浮足立たず、地に足をつけてやらないといけない。力を付けているのは間違いないが、発揮できるかどうかは、精神面のつくり方。何が必要かを見つめ直さなければ、同じことを繰り返す。

関脇を10場所前後務めた30代の栃煌山や妙義龍だって、大関に上がっていない。かつては優勝2度の琴錦も上がれなかった。壁を乗り越えた人間が大関や横綱になる。そういう先輩力士や、例えば、苦労して会社を立て直した社長さんなど、いろいろな人に話も聞いて、参考にしてほしい。

本人も周りも、まさか負け越すとは思っていなかったはずだ。落ち込むし、考え込む。膝の痛みが足を引っ張ったようだけれども、体重が増えても耐えられる下半身をつくっておくべきだった。

勝ち負けよりも、相撲が取れる喜びを感じることを重視した方が、大事なものが見えてくる。プロは見ている人に喜んでもらって、飯を食っている。御嶽海らしい相撲をみんなが期待している。それを大切にすれば、結果はついてくる。おろそかにすれば、地元の人の声援だって減りかねない。

鳴り響く御嶽海コール

場所ごとに高まる大声援

御嶽海

御嶽海
御嶽海
御嶽海
御嶽海
御嶽海

がんばれ 御嶽海関

あっぱれ御嶽海
の星
がんばれ御嶽海
木曽
御嶽海

大相撲名古屋場所
がんばれ 御嶽海関
名古屋 長野県人会

御嶽海御嶽海

がんばれ
御嶽海

贈
出羽海部屋さん江
あげまつ元気会
贈
御嶽海関江
祝
関脇昇進
あっぱれ!!御嶽海
今後のご活躍を期待します

御嶽海
御嶽海
御嶽海
御嶽海
頑張れ
御嶽海
頑張れ!!

がんばれ
御嶽海
がんばれ
御嶽海

信州の秋野菜
もりもり食べて強くなれ！
JA全農長野は長野県の農畜産物を通して御嶽海関を応援しています
BECK'S

地元は大熱狂

「目指せ大関！」故郷の期待受けて

2017年 春巡業 松本場所 4月14日 松本市総合体育館

三役昇進後初めての地元巡業

正代を豪快なすくい投げで下し、大歓声を浴びる御嶽海（中央）

「地元出身だから自分から指名した」と横綱鶴竜が仕上げのぶつかり稽古で御嶽海を指名。出してもらった胸を9分近く押し、途中で要求されたすり足も反復。御嶽海は疲労で脚がついていかず何度も土俵に転がった

松本場所前日、会場で出羽海部屋の呼出しらを中心に、地元のボランティアやアルバイトが土俵作り

当日限定200食の「御嶽海応援ちゃんこ」（500円）をPRする松本場所の伊藤実行委員長と君ケ浜親方

公開稽古で松本ハイランド農協相撲部の挑戦を受け、会場を沸かせた御嶽海

2018年 春巡業　伊那場所 4月10日 伊那市民体育館

56年ぶりとなる伊那市での大相撲

土俵上の御嶽海や力士たちの動きに沸く観客ら

横綱鶴竜や大関高安と一緒に四股を踏む三役そろい踏みで土俵に上がる御嶽海。会場は熱気に包まれた

観客の声援を受けながら子供に稽古をつける

「元気な赤ちゃんが生まれますように」。握手会で女性のおなかをなでる御嶽海。奥は栃ノ心

横綱白鵬からの厳しい稽古は巡業では初めて。御嶽海は5分近く、俵と俵を往復したり、白鵬に頭を押さえ付けられた低い姿勢ですり足をしたり、「自分みたいな者に胸を出してもらい、光栄だった」

場所終了後、解体された土俵の俵をもらい、持ち帰る少年

土俵上に座って髪結いの実演。出羽海部屋付き床山の床力が、まげをいったんほどいて油を付けて髪のくせを直し、数種類のくしを使いながら約20分かけて髪を整えた

2018年 春巡業　雷電場所 4月11日 東御中央公園第1体育館

史上最強力士、雷電の故郷で28年ぶり

豪栄道（手前左）と対戦した御嶽海に大声援

土俵入りする御嶽海（左から2人目）ら幕内力士に沸く大勢の観客たち

会場外のグッズ売り場に人があふれ、力士と記念撮影するファンの姿も目立った

地元の小学生が参加した「ちびっこわんぱく相撲」や「相撲甚句」で披露された力士たちの美声、安曇野市出身の幕下、高三郷（東関部屋）が登場した「初っ切り」などに、詰めかけた観客は盛んな声援を送っていた

2018年 夏巡業　長野場所 8月5日 ホワイトリング

初V後、初の信州凱旋

公開稽古で碧山（右）に喉輪で攻められる

来場者と握手する御嶽海。6000人が詰めかけ「次も優勝だ」などと祝福の嵐

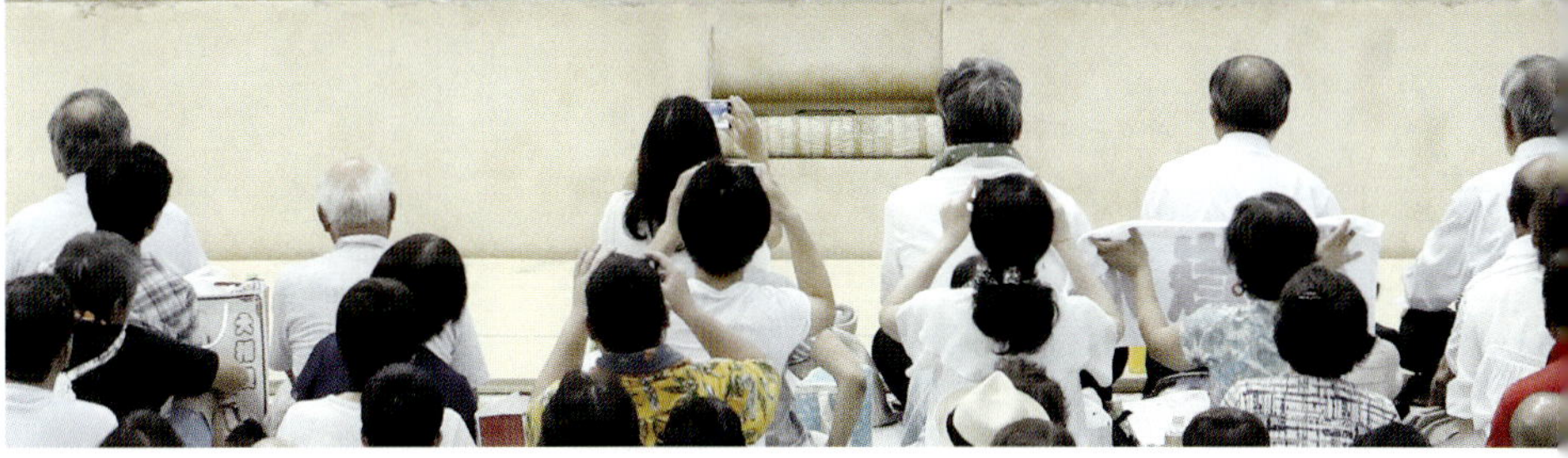

初優勝後の凱旋巡業となった長野場所。豪栄道（左）と対戦する御嶽海に場内は盛り上がった

2018年 夏巡業　諏訪湖場所 8月6日 下諏訪町赤砂崎公園

諏訪地方での大相撲は17年ぶり

稽古を終え、支度部屋に引き揚げる御嶽海に拍手を送る観客

8月6日は広島原爆の日。力士たちは原爆投下時刻に合わせて稽古を中断し、黙とうした

「優勝おめでとう！」。幕内土俵入りで声援に応え、観客に手を振る御嶽海（中央）

場所		勝敗	決まり手	対戦相手
18夏場所 9勝6敗 東小結	初日	○	押し出し	大栄翔
	2日目	●	上手投げ	白鵬
	3日目	○	押し倒し	阿炎
	4日目	●	寄り切り	栃ノ心
	5日目	○	引き落とし	玉鷲
	6日目	○	上手出し投げ	遠藤
	7日目	●	寄り切り	魁聖
	8日目	○	押し出し	松鳳山
	9日目	○	押し出し	豊山
	10日目	○	突き落とし	勢
	11日目	●	はたき込み	鶴竜
	12日目	●	突き出し	千代大龍
	13日目	○	寄り切り	琴奨菊
	14日目	●	すくい投げ	正代
	千秋楽	○	押し出し	逸ノ城
18名古屋場所 13勝2敗 西関脇 幕内最高優勝(初) 殊勲賞(3) 技能賞(2)	初日	○	押し出し	阿炎
	2日目	○	上手出し投げ	勢
	3日目	○	送り倒し	貴景勝
	4日目	○	押し出し	玉鷲
	5日目	○	押し出し	松鳳山
	6日目	○	押し出し	正代
	7日目	○	寄り切り	琴奨菊
	8日目	○	寄り切り	千代の国
	9日目	○	寄り切り	大翔丸
	10日目	○	寄り切り	輝
	11日目	○	押し出し	魁聖
	12日目	●	突き落とし	高安
	13日目	○	送り出し	豪栄道
	14日目	○	寄り切り	栃煌山
	千秋楽	●	掛け投げ	豊山
18秋場所 9勝6敗 東関脇	初日	○	押し出し	正代
	2日目	○	押し出し	千代大龍
	3日目	○	はたき込み	玉鷲
	4日目	○	押し出し	逸ノ城
	5日目	○	寄り切り	栃ノ心
	6日目	●	寄り切り	豪栄道
	7日目	○	突き落とし	貴景勝
	8日目	●	押し出し	勢
	9日目	●	寄り切り	白鵬
	10日目	●	寄り切り	鶴竜
	11日目	●	寄り倒し	魁聖
	12日目	●	寄り切り	稀勢の里
	13日目	○	押し出し	妙義龍
	14日目	○	突き落とし	高安
	千秋楽	○	はたき込み	阿炎
18九州場所 7勝8敗 東関脇	初日	●	突き落とし	栃煌山
	2日目	○	押し出し	玉鷲
	3日目	○	寄り切り	錦木
	4日目	●	寄り切り	妙義龍
	5日目	●	寄り切り	魁聖
	6日目	○	押し出し	北勝富士
	7日目	○	はたき込み	貴景勝
	8日目	○	押し出し	逸ノ城
	9日目	●	寄り切り	竜電
	10日目	●	押し出し	正代
	11日目	●	上手出し投げ	嘉風
	12日目	□	不戦勝	豪栄道
	13日目	●	はたき込み	千代大龍
	14日目	●	寄り切り	栃ノ心
	千秋楽	○	すくい投げ	高安

場所		勝敗	決まり手	対戦相手
17夏場所 8勝7敗 東小結 殊勲賞(初)	初日	○	押し出し	鶴竜
	2日目	○	押し出し	大栄翔
	3日目	○	すくい投げ	玉鷲
	4日目	●	首投げ	高安
	5日目	●	上手投げ	白鵬
	6日目	●	下手投げ	豪栄道
	7日目	●	寄り切り	稀勢の里
	8日目	●	きめ出し	照ノ富士
	9日目	●	はたき込み	嘉風
	10日目	○	押し出し	千代の国
	11日目	○	寄り切り	日馬富士
	12日目	○	寄り切り	琴奨菊
	13日目	○	引き落とし	遠藤
	14日目	○	押し出し	勢
	千秋楽	●	寄り切り	正代
17名古屋場所 9勝6敗 西関脇 殊勲賞(2)	初日	○	寄り切り	稀勢の里
	2日目	○	押し出し	北勝富士
	3日目	●	押し出し	豪栄道
	4日目	●	突き出し	高安
	5日目	○	押し出し	玉鷲
	6日目	○	寄り切り	嘉風
	7日目	○	押し倒し	宇良
	8日目	●	押し倒し	貴景勝
	9日目	○	はたき込み	琴奨菊
	10日目	○	下手出し投げ	正代
	11日目	○	寄り切り	白鵬
	12日目	●	寄り切り	日馬富士
	13日目	●	寄り倒し	栃ノ心
	14日目	●	寄り切り	栃煌山
	千秋楽	○	押し出し	阿武咲
17秋場所 8勝7敗 東関脇	初日	●	はたき込み	阿武咲
	2日目	●	はたき込み	千代大龍
	3日目	○	引き落とし	松鳳山
	4日目	●	押し出し	玉鷲
	5日目	○	寄り切り	栃ノ心
	6日目	○	すくい投げ	琴奨菊
	7日目	○	押し出し	栃煌山
	8日目	●	寄り切り	北勝富士
	9日目	○	引き落とし	貴景勝
	10日目	●	はたき込み	碧山
	11日目	●	寄り切り	豪栄道
	12日目	○	はたき込み	正代
	13日目	○	押し出し	逸ノ城
	14日目	●	寄り切り	日馬富士
	千秋楽	○	はたき込み	嘉風
17九州場所 9勝6敗 東関脇 年間勝利2位(54)	初日	○	押し出し	栃煌山
	2日目	●	押し出し	北勝富士
	3日目	○	すくい投げ	琴奨菊
	4日目	○	押し倒し	千代の国
	5日目	□	不戦勝	照ノ富士
	6日目	○	はたき込み	阿武咲
	7日目	●	押し出し	玉鷲
	8日目	●	押し出し	貴景勝
	9日目	●	はたき込み	高安
	10日目	○	はたき込み	豪栄道
	11日目	○	押し出し	千代大龍
	12日目	●	寄り切り	白鵬
	13日目	●	押し出し	逸ノ城
	14日目	○	押し出し	荒鷲
	千秋楽	○	引き落とし	嘉風
18初場所 8勝7敗 東関脇	初日	○	寄り切り	琴奨菊
	2日目	○	寄り切り	千代大龍
	3日目	○	突き落とし	阿武咲
	4日目	○	引き落とし	貴景勝
	5日目	○	押し出し	玉鷲
	6日目	○	押し出し	北勝富士
	7日目	○	引き落とし	嘉風
	8日目	●	寄り切り	逸ノ城
	9日目	●	つり出し	栃ノ心
	10日目	●	とったり	荒鷲
	11日目	●	押し出し	正代
	12日目	●	突き出し	隠岐の海
	13日目	○	押し出し	鶴竜
	14日目	●	寄り切り	豪栄道
	千秋楽	●	上手投げ	高安
18春場所 7勝8敗 東関脇	初日	○	すくい投げ	荒鷲
	2日目	○	寄り倒し	宝富士
	3日目	●	はたき込み	遠藤
	4日目	○	押し出し	逸ノ城
	5日目	○	押し出し	玉鷲
	6日目	●	押し出し	貴景勝
	7日目	○	押し出し	千代大龍
	8日目	●	肩透かし	栃ノ心
	9日目	●	すくい投げ	琴奨菊
	10日目	●	寄り倒し	松鳳山
	11日目	●	寄り切り	千代丸
	12日目	●	下手投げ	正代
	13日目	○	はたき込み	北勝富士
	14日目	●	突き落とし	高安
	千秋楽	○	浴びせ倒し	豪栄道

場所		勝敗	決まり手	対戦相手
16夏場所 11勝4敗 西前頭8枚目 敢闘賞(初)	初日	○	押し出し	豊ノ島
	2日目	○	送り出し	大砂嵐
	3日目	●	寄り切り	蒼国来
	4日目	○	押し出し	徳勝龍
	5日目	●	突き落とし	高安
	6日目	○	下手投げ	千代鳳
	7日目	○	押し出し	豪風
	8日目	○	寄り切り	栃煌山
	9日目	○	押し倒し	栃ノ心
	10日目	●	寄り切り	遠藤
	11日目	○	寄り切り	貴ノ岩
	12日目	●	寄り切り	松鳳山
	13日目	○	寄り切り	錦木
	14日目	○	肩透かし	臥牙丸
	千秋楽	○	寄り切り	大翔丸
16名古屋場所 5勝10敗 東前頭筆頭	初日	●	寄り切り	稀勢の里
	2日目	●	寄り切り	鶴竜
	3日目	●	寄り切り	白鵬
	4日目	●	寄り切り	日馬富士
	5日目	●	押し出し	琴奨菊
	6日目	○	押し出し	照ノ富士
	7日目	●	上手出し投げ	豪栄道
	8日目	●	寄り切り	魁聖
	9日目	○	押し出し	琴勇輝
	10日目	●	寄り切り	正代
	11日目	●	寄り切り	栃ノ心
	12日目	○	寄り切り	松鳳山
	13日目	○	寄り切り	勢
	14日目	●	寄り切り	蒼国来
	千秋楽	○	寄り切り	徳勝龍
16秋場所 10勝5敗 西前頭5枚目	初日	○	押し出し	千代の国
	2日目	○	上手出し投げ	千代鳳
	3日目	○	寄り切り	玉鷲
	4日目	●	はたき込み	豪風
	5日目	●	押し出し	嘉風
	6日目	○	押し出し	琴勇輝
	7日目	○	寄り切り	荒鷲
	8日目	●	寄り切り	隠岐の海
	9日目	○	寄り切り	貴ノ岩
	10日目	○	寄り切り	勢
	11日目	○	外掛け	照ノ富士
	12日目	●	寄り切り	遠藤
	13日目	○	押し倒し	高安
	14日目	●	寄り切り	琴奨菊
	千秋楽	○	寄り切り	宝富士
16九州場所 6勝9敗 東小結	初日	●	押し出し	鶴竜
	2日目	○	肩透かし	琴奨菊
	3日目	●	首投げ	高安
	4日目	●	寄り切り	豪栄道
	5日目	●	寄り切り	照ノ富士
	6日目	●	寄り切り	稀勢の里
	7日目	●	寄り切り	日馬富士
	8日目	●	寄り切り	白鵬
	9日目	○	寄り切り	栃煌山
	10日目	○	押し出し	碧山
	11日目	●	寄り切り	魁聖
	12日目	○	押し出し	玉鷲
	13日目	●	上手出し投げ	嘉風
	14日目	○	突き落とし	隠岐の海
	千秋楽	○	寄り切り	千代の国
17初場所 11勝4敗 西前頭筆頭 技能賞(初)	初日	○	寄り切り	豪栄道
	2日目	○	寄り切り	日馬富士
	3日目	●	寄り切り	白鵬
	4日目	○	押し出し	鶴竜
	5日目	●	寄り切り	稀勢の里
	6日目	○	寄り切り	琴奨菊
	7日目	●	押し出し	照ノ富士
	8日目	○	寄り切り	高安
	9日目	○	突き出し	玉鷲
	10日目	○	寄り倒し	正代
	11日目	○	引き落とし	豪風
	12日目	○	押し出し	宝富士
	13日目	●	寄り切り	蒼国来
	14日目	○	押し出し	北勝富士
	千秋楽	○	すくい投げ	千代の国
17春場所 9勝6敗 東小結	初日	●	下手出し投げ	鶴竜
	2日目	○	押し出し	松鳳山
	3日目	○	上手出し投げ	玉鷲
	4日目	●	寄り切り	高安
	5日目	□	不戦勝	白鵬
	6日目	●	寄り切り	琴奨菊
	7日目	●	寄り切り	稀勢の里
	8日目	●	押し出し	照ノ富士
	9日目	○	寄り切り	正代
	10日目	○	送り出し	勢
	11日目	●	寄り切り	日馬富士
	12日目	○	押し出し	豪風
	13日目	○	寄り切り	蒼国来
	14日目	○	押し出し	千代の国
	千秋楽	○	引き落とし	栃煌山

場所		勝敗	決まり手	対戦相手
15春場所 6勝1敗 幕下10枚目格付け出し	1番相撲	○	寄り切り	明生
	2番相撲	●	肩透かし	大翔鵬
	3番相撲	○	寄り倒し	照強
	4番相撲	○	押し出し	磋牙司
	5番相撲	○	突き落とし	宝香鵬
	6番相撲	○	押し出し	肥後嵐
	7番相撲	○	寄り切り	川端
15夏場所 6勝1敗 幕下3枚目	1番相撲	●	下手投げ	正代
	2番相撲	○	押し出し	魁
	3番相撲	○	寄り切り	双大竜
	4番相撲	○	突き落とし	徳真鵬
	5番相撲	○	上手投げ	大翔丸
	6番相撲	○	押し倒し	安彦
	7番相撲	○	押し出し	東龍
15名古屋場所 11勝4敗 西十両12枚目 十両優勝	初日	○	寄り切り	明瀬山
	2日目	○	突き落とし	徳真鵬
	3日目	○	押し出し	玉飛鳥
	4日目	○	引き落とし	高立
	5日目	○	押し出し	翔天狼
	6日目	○	押し出し	若乃島
	7日目	○	押し出し	大道
	8日目	○	寄り切り	千代皇
	9日目	●	突き落とし	北磻磨
	10日目	●	上手出し投げ	常幸龍
	11日目	○	押し出し	朝赤龍
	12日目	○	はたき込み	蒼国来
	13日目	●	押し出し	大栄翔
	14日目	○	上手出し投げ	錦木
	千秋楽	●	寄り切り	千代鳳
15秋場所 12勝3敗 西十両5枚目	初日	○	はたき込み	旭日松
	2日目	○	突き出し	里山
	3日目	○	押し出し	常幸龍
	4日目	●	すくい投げ	松鳳山
	5日目	○	押し出し	荒鷲
	6日目	○	はたき込み	貴ノ岩
	7日目	○	突き出し	若乃島
	8日目	○	突き落とし	大翔丸
	9日目	●	はたき込み	豊響
	10日目	●	寄り倒し	正代
	11日目	○	押し出し	輝
	12日目	○	引き落とし	阿武咲
	13日目	○	寄り切り	富士東
	14日目	○	寄り切り	英乃海
	千秋楽	○	寄り切り	明瀬山
15九州場所 8勝7敗 西前頭11枚目	初日	○	突き出し	豪風
	2日目	○	押し出し	高安
	3日目	●	つり出し	蒼国来
	4日目	●	上手投げ	松鳳山
	5日目	○	押し出し	豊響
	6日目	○	はたき込み	玉鷲
	7日目	●	きめ倒し	臥牙丸
	8日目	●	寄り倒し	千代鳳
	9日目	○	押し出し	北太樹
	10日目	●	送り出し	宝富士
	11日目	●	寄り切り	旭秀鵬
	12日目	●	引き落とし	千代大龍
	13日目	○	寄り切り	阿夢露
	14日目	○	突き出し	佐田の海
	千秋楽	○	押し出し	誉富士
16初場所 5勝8敗2休 西前頭10枚目	初日	○	押し出し	千代鳳
	2日目	○	押し倒し	遠藤
	3日目	○	押し出し	佐田の海
	4日目	●	寄り切り	高安
	5日目	●	寄り切り	正代
	6日目	●	押し倒し	臥牙丸
	7日目	●	寄り切り	千代大龍
	8日目	■	不戦敗	徳勝龍
	9日目	休場		
	10日目	休場		
	11日目	●	押し出し	誉富士
	12日目	○	すくい投げ	豊響
	13日目	○	押し倒し	玉鷲
	14日目	●	突き出し	碧山
	千秋楽	●	押し出し	旭秀鵬
16春場所 10勝5敗 西前頭13枚目	初日	●	すくい投げ	大翔丸
	2日目	○	引き落とし	大栄翔
	3日目	○	肩透かし	千代鳳
	4日目	○	寄り倒し	英乃海
	5日目	●	送り出し	逸ノ城
	6日目	○	寄り切り	北太樹
	7日目	●	押し出し	臥牙丸
	8日目	○	寄り切り	明瀬山
	9日目	○	押し出し	阿夢露
	10日目	●	寄り切り	徳勝龍
	11日目	●	寄り切り	魁聖
	12日目	○	寄り切り	里山
	13日目	○	寄り切り	妙義龍
	14日目	○	押し出し	千代大龍
	千秋楽	○	寄り切り	正代